마음이 아니라 **뇌**가 불안한 겁니다

최신 과학이 밝힌 **뇌 유형별** 회복 탄력의 비밀

마음이 아니라 뇌가 불안한 겁니다

다니엘 G. 에이멘 지음 | 이은경 옮김

위즈덤하우스

행복에 관하여 넘쳐나는 조언들이 왜 나한텐 효과가 없을까 궁금했던 적이 있는가? 그렇다면 이 책에 주목하길. 에이멘 박사는 모든 면에서 희망이 넘치는 이 책에서 '행복은 뇌 유형에 따라 달라진다'는 획기적인 개념을 소개한다. 오직 당신의 뇌 유형에 맞춘 행복 레시피를 상상해보라!

_짐 퀵Jim Kwik, 『마지막 몰입Unlock Your Exceptional Life』 저자

에이멘 박사는 이 책에서 '행복을 가꿀 수 있다'는 단순하지만 심오한 개념을 명료하게 밝힌다. 우리는 오래전부터 체중 감량과 체력 향상 같은 중요한 목표를 달성하는 방법을 알고 있었지만, 뇌를 바꿔서 더욱 행복해질 수 있는 방법을 뒷받침하는 과학적 근거는 쉽게 찾지 못했다. 이 책은 당신의 인생에 없던 행복을 꽃피울 기적의 길잡이가 될 것이다.

_데이비드 펄머터David Perlmutter, 『그레인 브레인Grain Brain』 저자

다니엘 에이멘 박사는 훌륭한 친구일 뿐 아니라 내가 아는 가장 친절한 사람 중 한 명이다. 이런 친절함은 사람들이 정신 건강을 관리하는 데 도움이 되는 대답을 지칠 줄 모르고 찾는 과정에서 비롯된다. 그가 발표한 신간은 이를 보여주는 증거이며, 155여 개국 사람들의 뇌 스캔 22만여 장을 탐구한 광범위한 연구와 함께 이 책을 읽는 모든 독자에게 통찰력을 줄 것이라 장담한다!

_캐롤라인 리프Caroline Leaf, 『뇌의 스위치를 켜라Switch on Your Brain』 저자

이토록 힘겨운 시기에 우리 모두가 기다려왔던 책이다. 그리고 그 기대를 저버리지 않는다! 에이멘 박사가 뇌를 기반으로 제시하는 행복으로 가는 비밀을 일상에서 실천한다면 금세 기분이 좋아질 것이다.

_제니 가스Jennie Garth, 미국 영화배우

나는 지난 30년 동안 에이멘 박사와 함께 일했다. 22만 장이 넘는 스캔을 분석하면서 캐낸 보석들이 당신이 더 행복한 오늘과 더 즐거운 내일을 보내도록 도와줄 건전한 신경과학 법칙으로 탄생했다! 당신과 당신의 가족, 친구들을 위해 이 책을 구매하고 사람들이 행복과 기쁨을 발견하도록 돕자!

_얼 헨슬린Earl R. Henslin, 미국 외상 스트레스 전문가

이 책에 담긴 행복으로 가는 비밀 일곱 가지를 모든 학교에서 가르쳐야 한다. 기쁨과 긍정성, 자족을 더 많이 느끼고 싶다면 에이멘의 법칙을 당신 자신의 개인 '핵심 교육 과정'에 포함시키길!

_루이스 하우스Lewis Howes, 미국 라이프 스타일 전문 사업가

나는 뇌 안에서 어떤 일이 일어나는지 이해하도록 도와주고 우리가 바라는 변화를 만들어나가도록 실행 가능한 단계를 제시하는 책들을 무척이나 좋아한다. 이 책이 바로 그런 책이다. 자신과 주변 사람들의 뇌 유형을 이해함으로써 우리는 행복 스위치를 켜고 더 많은 기쁨을 경험하며 사랑하는 사람들 그리고 세상과 훨씬 더 깊은 수준에서 이어질 수 있다. 당신도 자신이 그렇게 할 수 있는 힘이 있다는 사실을 발견하게 될 것이며, 심지어 하루에 단 몇 분만 투자하면 된다!

_샬린 존슨Chalene Johnson, 『뉴욕타임스』 베스트셀러 저자, 건강 및 라이프 스타일 전문가

다니엘 에이멘 박사가 또 한 번 해냈다. 언제나처럼 과학적 근거가 충분한 놀라운 책을 내놓았다. 만약 의사들이 신체 혹은 정신 건강 문제를 치료하는 약을 나눠주듯이 행복 처방전을 쓴다면 이 책은 미국에서 가장 많이 발행되는 처방전이 될 것이다! 기분이 처지거나 불안하거나 스트레스를 받는다면 주저 없이 이 책을 찾아 읽자.

_우마 나이두Uma Naidoo, 『미라클 브레인 푸드This Is Your Brain on Food』 저자

행복은 우리 모두를 위한 길입니다

『마음이 아니라 뇌가 불안한 겁니다』가 한국 독자분들을 만나게 되어 정말 영광입니다. 미국에서 열띤 호응을 얻은 이 책이 한국 독자분들에게도 좋은 반응을 얻을 수 있기를 바랍니다.

40여 년 동안 정신과 의사로 일하며 사람들을 만나보니 '행복 추구'는 보편적인 목표였습니다. 사람은 누구나 자기 자신과 사랑하는 사람들이 행복하기를 갈구합니다. 건강하고 발전해나가는 삶을 살아가는 기본 원칙은 전 세계 어디에서나 비슷합니다. 하지만 나라마다 사람들이 행복을 정의하는 방식은 미묘하게 달랐습니다. 최근에 저는 한국의 행복을 다룬 흥미로운 연구*를 읽었습니다. 2020년에 발표된

---

* Doh YY, Chung JB, "What Types of Happiness do Korean Adults Pursue? – Comparison of Seven Happiness Types", *Int J Environ Res Public Health*, 2020.

이 연구에서는 한국 성인들이 추구하는 행복에 일곱 가지 유형이 있다고 밝혔습니다.

- 자기실현
- 소속감
- 사명
- 사회적 인정
- 즐거움
- 물질적 성공
- 양육

이 책에서도 이 중 여러 주제를 다룹니다.

이 책은 세계사에서 중요한 시기에 출간되었습니다. 전 세계가 팬데믹을 겪은 이후 사람들은 지속적으로 울적한 기분과 불안, 스트레스에 시달리고 있습니다. 그만큼 우리에게는 일상생활에서 쉽게 실행할 수 있는 간단한 해결책이 필요합니다. 이 책은 우리가 일상에서 더 행복한 시간을 보낼 수 있도록 신경과학에 기반을 둔 여러 실용적인 전략을 소개합니다.

구체적으로는 신경과학이 알려주는 진정한 행복의 비밀을 이야기합니다. 이는 사회과학 전문가 대부분이 간과하는 행복으로 가는 중요한 비결입니다. 뇌 스캔 영상을 22만 5,000장 이상 분석한 뇌 건강 전문가 입장에서 볼 때, 뇌는 행복에서 빼놓을 수 없을 만큼 중요한 부분입니다.

이 책에서 다룰 내용을 간단히 소개합니다.

1. 행복은 뇌 유형에 따라 달라집니다. 모든 뇌가 똑같지는 않습니다. 더 행복해지기 위해 무엇이 필요한지는 뇌 유형마다 서로 다릅니다. 따라서 우리는 자신의 뇌 유형을 알고 각자의 욕망에 맞춰 자기만의 해결책을 만들어가야 합니다. 이 내용을 다루는 부분에서는 각각의 뇌 유형이 지니는 공통 특징, 당신을 행복하거나 불행하게 만드는 요인, 뇌 영상에 나타나는 특징, 행동과 행복에 영향을 미치는 중요한 신경화학물질을 설명합니다. 그리고 그 모두를 토대로 당신의 뇌 유형에 맞는 행복 처방전을 알려주고자 합니다.

2. 건강한 뇌는 행복해지기 위한 토대입니다. 뇌가 제대로 작동할 때 우리도 제대로 작동하고 더 행복하다고 느낍니다. 뇌에 문제가 생기면 인생에도 문제가 생길 가능성이 높고, 인생에 문제가 생기면 여러모로 불행해질 가능성이 높아집니다. 우리는 모두 자신의 뇌 기능을 최적화하고 행복을 증진하는 전략을 배워야 합니다.

3. 매일 뇌 유형에 맞춘 영양소를 공급해야 합니다. 건강하게 사고하기 위해서는 자신의 뇌 유형에 따라서 뇌의 균형을 잡는 데 도움이 되는 영양 보충제를 섭취해야 합니다. 이 책에서는 더 행복하다고 느

끼고 삶을 더 긍정적으로 바라볼 수 있도록 신체 건강을 증진하는 궁극적인 해결책을 소개합니다.

4. 식단은 더 행복해지도록 도울 수도 있고 행복을 빼앗을 수도 있습니다. 이 책에서는 당신을 행복하게 만드는 음식과 슬프게 만드는 음식을 구분하고, 뇌 유형별로 인생을 더 즐겁게 만들어줄 식단을 제시합니다.

5. 행복해지려면 반드시 생각을 다스리는 법을 배워야 합니다. 이 책은 우리가 행복의 심리에 눈뜨도록 이끌고 긍정적인 사고방식을 키우도록 도와줄 것입니다. 언제 어디에서나 더 행복하다고 느끼도록 돕는 간단한 기법, 특히 긍정성을 키우고 행복에 더 예민한 감각을 키우는 방법들을 배우게 될 것입니다.

6. 싫어하는 것보다 좋아하는 것에 초점을 맞추면 더 행복해집니다. 사고방식을 개선하는 가장 단순한 방법 중 하나가 삶의 긍정적인 부분을 보는 것이지만, 그게 말처럼 쉽지는 않습니다. 이 책은 부정적인 측면보다 긍정적인 측면에 더 집중하도록 만드는 실용적인 방법을 제공합니다. 이 단순한 전략이 행복의 수준을 놀라울 만큼 끌어올릴 수 있습니다. 제가 만난 수많은 환자를 보며 확인한 사실입니다.

7. 행복하게 살려면 목적의식과 사명감이 꼭 필요합니다. 당신은 자신의 인생이 왜 중요한지 알고 있나요? 이 책에서는 목적의식이 영

속적인 행복에 결정적으로 중요한 이유를 소개합니다. 나아가 인생의 목적과 핵심 가치를 찾을 수 있도록 도와줄 간단한 단계별 연습법도 찾아볼 수 있습니다. 무엇이 '행복해지고 싶다'는 동기를 부여하는지 발견하면 행복해질 가능성이 훨씬 더 높아집니다.

행복이란 단순한 것 같아도 행복해지려면 노력이 필요합니다. 이 책에서 발견하게 될 주요한 깨달음 중 하나가 바로 '행복해지려면 노력해야 한다'는 사실입니다. 공감이 되는 전략들을 일상생활에 적용하는 것부터 시작해보기 바랍니다. 하나둘씩 습관으로 자리 잡기 시작하면 조금씩 다른 전략들을 추가해보세요. 이런 습관들이 더 행복한 삶을 이루는 구성 요소라고 생각해주세요.

우리가 이 책에서 배우게 될 기본적인 내용 중 하나는 바로 행복이 우리 자신만의 문제가 아니라는 점입니다. 우리가 불행하거나 부정적인 태도를 보이면 주변 사람들에게 부정적인 영향을 미칩니다. 이로 인해 우리가 가장 사랑하는 사람들의 삶에 심각한 결과를 초래할 수 있습니다. 반면에 우리가 행복하면 다른 사람들도 더 행복해집니다. 그 덕분에 우리와 우리가 사랑하는 사람들이 다 함께 커다란 혜택을 누릴 수 있습니다. 행복은 신체 건강, 정신 건강, 학업 성취, 직업상 성공과 직접적인 관련이 있습니다. 그러니 행복 추구가 개인적인 목표라고 생각하지 말길 바랍니다. 행복 추구는 우리 자신만이 아니라 우리 가족과 미래 세대를 위하는 일입니다.

당신이 떠나는 행복 여정에 함께할 수 있어서 정말 행복합니다. 우리 함께 더 행복해집시다.

2023년 7월

다니엘 G. 에이멘

차례

1장

우리는 행복을 오해하고 있다

2장

행복과 불행을 결정하는 5가지 뇌 유형

당신의 뇌 유형이 무엇이든
30일 만에 더 행복해질 수 있다

내가 이 책을 쓰고 있는 지금은 전 세계가 아수라장에 휘말리고 지난 50년 중 가장 불행한 시기다. 불행할 일이 그야말로 차고 넘친다. 2021년 7월 현재 미국에서 코로나바이러스감염증-19에 걸린 사람은 3천만 명을 넘어섰고, 미국 전역의 거의 모든 가정에 사회적 고립과 슬픔, 두려움을 불러온 이 글로벌 팬데믹으로 사망한 미국인 수가 60만 명을 넘었다. 게다가 높은 실업률, 너덜너덜해진 경제 상태, 계속된 정치적 분열로 다들 감정적으로 무너진 상태다. 국가 전체가 극심한 스트레스와 불행을 느끼고 있어서 항우울제, 항불안제, 수면 보조제 신규 처방 수치가 급격히 치솟았다. 2020년 초, 미국에서 우울증 환자 비율은 이미 사상 최고인 8.5퍼센트를 기록하고 있었고, 이는 불과 몇 달 뒤에 세 배로 증가해 27.8퍼센트라는 무서운 수치를 기록했다.

암울한 통계지만 우리는 행복할 자격이 있고, 세상이 무너지는 듯이 보일 때도 행복을 키울 수 있다.

2021년, 팬데믹 여파로 마음에 상처를 입은 사람들을 보면서 나는 온라인상에서 '30일 행복 도전' 프로그램을 시작했고 3만 2,000명이라는 엄청난 숫자의 사람이 몰려들었다. 나는 30일 동안 매일 과학으로 증명된 행복 및 긍정성 증진 전략과 팁을 공유했다. 도전 과정에서 참가자들이 얼마나 좋아졌는지 확인하고 싶어서 '이 질문지 Oxford Happiness Questionnaire'를 작성하도록 했다. 이 질문지는 1점에서 6점 척도로 점수를 기록하는 검증된 평가 방법이다. 참가자들은 프로그램을 시작할 때와 마칠 때, 총 두 차례 질문지를 작성했다. 도전 1일 차에 측정한 참가자들 평균 행복 점수는 3.58점으로 '특별히 행복하지 않다'에 해당했고, 프로그램을 수료한 사람들의 30일 차 결과는 22퍼센트 증가한 평균 4.36점으로 껑충 뛰었다. 이는 '약간 행복하다', '제법 행복하다'에 해당한다! 더욱 고무적인 사항은 참가자들이 스스로 보고한 행복 수준이 32퍼센트 증가했다는 점이다. 하루에 10분에서 15분 투자로 만들어낸 결과였다. 이는 행복을 키울 수 있을 뿐 아니라 심지어 빠른 시일 내에 해낼 수 있다는 뜻이다.

한 참가자는 다음과 같은 후기를 올렸다.

"30일 전에 나는 너무나 비참하고 절망적이고 우울했습니다! 이 프로그램은 말 그대로 내 인생을 바꿔놓았고 내 삶을 견딜 수 있는 수준을 넘어 기쁨이 넘치게 만들었습니다."

당신에게도 같은 경험을 선사하고 싶다. 이제부터 이 책에서 그 방법을 소개하고자 한다.

"팬데믹을 지나며 삶이 뒤흔들리는 사건을 수차례 겪었지만,

에이멘 박사의 '30일 행복 도전' 프로그램을 끝까지 해내서 더없이 기쁩니다.

행복한 삶이란 결코 저절로 문 앞으로 찾아오지도 않고,

또 제게 행복을 선사할 책임을 진 사람이 없다는 사실도 깨달았습니다.

행복해지려면 매일, 직접, 부단히 노력해야 하죠.

이제 갖춰야 할 것은 다 알았으니

이 도구들로 스스로 내 행복을 책임지려 합니다."

_K. P.

1장

우리는 행복을 오해하고 있다

행복에 관한 11가지 거짓말

성공은 행복의 열쇠가 아니다. 행복이 성공의 열쇠다.
_알버트 슈바이처ALBERT SCHWEITZER, 독일계 프랑스 의사

일반적인 믿음과 달리 행복이란 부유하거나 유명하거나 운이 좋거나 아름다운 사람의 전유물이 아니다. 나는 이런 사람들을 많이 치료해봤고, 그들은 내가 아는 가장 불행한 사람들에 속했다. 유전자 로또를 맞아야만 행복한 성향을 누릴 수 있는 것도 아니고, 인생이 마음대로 되지 않는다고 해서 항상 울적할 운명인 것도 아니다. 실제로 응용할 수 있는 신경과학을 활용하고 아무도 이야기하지 않는 행복의 비밀 일곱 가지를 안다면 나이나 수입, 상황에 상관없이 계속해서 긍정적인 감정을 이끌어내는 방법을 배울 수 있다.

왜 우리는 행복에 초점을 맞춰야 할까? 정신과 의사인 나는 그동

안 책에서 불안, 우울증, 조울증, 주의력결핍과잉행동장애^{ADHD}, 노화, 폭력, 비만, 기억 상실, 사랑, 양육을 비롯한 여러 중요한 주제를 다뤘다. 하지만 사람들이 에이멘 클리닉을 찾는 가장 주요한 이유는 불행이다. 정신적으로나 육체적으로 건강해지고 그런 건강 상태를 유지하려면 사람들이 하루하루 좀 더 행복해지도록 도와야 한다. 수많은 연구에서 행복은 낮은 심박수, 낮은 혈압, 전반적인 심장 건강과 관련이 있다는 사실을 증명했다. 행복한 사람들은 감염될 확률이 낮고 스트레스 호르몬인 코르티솔^{cortisol} 수치가 낮으며 통증과 고통을 적게 느낀다. 행복한 사람들은 비교적 오래 살고 바람직한 인간관계를 맺으며 일에서도 성공할 가능성이 높다. 게다가 행복엔 전염성이 있어서 다른 사람도 행복하게 만든다.

나는 나를 찾아오는 모든 환자에게 데니스 프래거^{Dennis Prager}가 만든 짧은 동영상 하나를 보라고 권한다. '왜 행복해야 하는가^{Why Be Happy}'라는 제목의 이 영상에서 프래거는 행복이 도덕적 의무라고 주장한다.

"여러분의 행복, 좀 더 정확하게 말해 행복해 보이는 행동은 이기심이 아니라 이타심에서 비롯됩니다. 이는 다른 사람들의 삶에 영향을 미치기 때문입니다. 불행한 부모 밑에서 자란 사람에게 행복이 도덕적 쟁점인지 아닌지 물어본다면 분명히 '그렇다'라고 대답할 것입니다. 불행한 부모 밑에서 자라거나 불행한 사람과 결혼하거나 불행한 아이를 키우거나 불행한 동료와 함께 일하려면 즐겁지 않으니까요."

행복에 관한 거짓말

    행복해지기 위해 신경과학을 활용하는 방법을 알아보고 아무도 이야기하지 않는 비밀 일곱 가지를 밝히기 전에, 먼저 행복에 관한 거짓말을 살펴볼 필요가 있다. 지난 수십 년 동안 마케터들은 경제적 이득을 얻을 목적으로 실제로는 우리 뇌를 손상시키고 정신을 파괴하며 우울증을 증가시키고 우리를 불행하게 만드는 것들에 행복이 달려 있다고 믿도록 사람들을 세뇌시켰다.

    거짓말 #1: 뭔가(사랑, 섹스, 명성, 약물 등)를 더 많이 가질수록 행복해질 것이다. 안타깝게도 주의를 기울이지 않는 한, 쾌락이란 많이 느낄수록 그 강도가 점점 더 세져야만 앞으로도 계속해서 행복하다고 느낄 수 있다. 이 현상을 가리켜 쾌락 적응hedonic adaptation이라고 한다. 우리 뇌가 강한 쾌락에 적응해서 같은 효과를 얻으려면 매번 더 큰 쾌락이 필요하다는 뜻이다. 마치 코카인과 같다. 계속해서 더 강한 쾌락을 추구하다 보면 우울증으로 이어지는 경우가 많다. 강한 쾌락을 추구하다 보면 뇌에 있는 쾌락 중추가 망가진다. 나는 마음을 다스리는 법을 배운 적 없는 올림픽 운동선수와 프로 운동선수, 영화배우, 음악인들에게서 이런 현상을 자주 목격했다.

    거짓말 #2: '걱정하지 말고 행복하자Don't Worry, Be Happy'라는 마음가짐(1988년 바비 맥퍼린Bobby McFerrin이 발표한 동명의 히트송이 그래미 올해의 노래상까지 받으면서 더욱 널리 퍼졌다)이 행복을 가져올 것이다. 사실 이런 마음가짐은 불행뿐 아니라 요절을 초래할 수 있다. 장기간에 걸쳐 실시한 한 수명 연구에 따르면 '걱정하지 않고 행복한 사람들'은 사고와 예방 가능한 질병으로 일찍 사망한다. 행복하려면 어느 정도 불안이 필요하다. 적절한 불안은 더 바람직한 결정을 내리는 데 도움이 된다. 어린이 시절에는 멋모르고 길거리로 달려나가 몸이 망가지는 사태를 방지하고, 어른이 되어서는 무턱대고 치명적인 관계에 뛰어들었다가 마음이 망가지는 사태를 방지한다.

거짓말 #3: 광고주와 패스트푸드 음식점은 무엇이 행복을 가져다 주는지 안다. 맥도날드 해피밀(및 대부분의 식당에서 판매하는 어린이용 메뉴)을 예로 들어보자. 단언컨대 해피밀은 아이들을 행복하게 만들지 않는다. 이런 식사는 '언해피밀'이라고 불러야 마땅하다. 이런 메뉴에 포함된 질이 낮고 영양소가 부족한 가공식품 성분은 염증을 증가시키고 우울증, ADHD, 비만, 암, 낮은 지능지수와 연관성을 나타낸다.

거짓말 #4: 여기가 아닌 어딘가가 행복을 가져올 것이다. 행복이 다른 곳에 있다는 생각은 틀렸다. 이를 아주 잘 보여주는 예가 바로 '지구상에서 가장 행복한 곳'이라고 주장하는 디즈니랜드다. 나는 서던캘리포니아에서 자랐고, 내가 한 살이었던 1955년에 디즈니랜드가 문을 열었다. 나는 디즈니랜드에 여러 번 가봤다. 누구와 함께 가느냐에 따라 재미있을 때도 있었고, 인파와 기나긴 줄, 우는 아이들, 비싸게 판매하는 싸구려 장난감에 스트레스를 받고 지칠 때도 있었다. 스트레스는 뇌에 있는 주요 감정 중추와 기억 중추를 줄어들게 할 수 있으므로 디즈니랜드가 지구상에서 가장 행복한 장소는 아니었으면 좋겠다.

거짓말 #5: 행복하려면 스마트폰, 스마트워치, 태블릿 같은 최신 전자제품이 필요하다. 신기술에는 중독성이 있다. 각종 전자장치와 앱은 우리 관심을 끌어서 가족이나 친구, 건강, 믿음 등 더 중요한 대상에 온전히 집중하지 못하도록 방해한다. 같은 식탁에 앉아서 식사를 하면서도 서로 소통하는 대신 스마트폰을 들여다보는 사람들이 많다. 최근 조사에서는 많은 10대 청소년이 수면보다 소셜미디어에 더 많은 시간(평균 아홉 시간)을 쓴다는 결과가 나왔다. 8세에서 12세 사이 어린이들은 하루 평균 여섯 시간을 온라인에서 보낸다. 기술이 발달 중인 뇌를 장악했고 이는 많은 사람에게 심각한 결과를 초래할 수 있다.

거짓말 #6: 비디오게임이 행복을 가져올 것이다. 비디오게임과 기술에 많은 시간을 쓰는 사람들에게서 우울증과 비만 비율이 증가하고 있다. 유명한 비디오 게임 설계자이자 조지아공과대학교에서 언론학과 학과장 겸 인터랙티브 컴퓨팅interactive computing 교수로 재직 중인 이언 보고스트Ian Bogost는 습관성 기술을 가리켜 '금세기의 담배'라고 칭하면서 이에 맞먹는 중독성과 파괴적인 부작용이 있다고 경고했다. 2018년 세계보건기구는 국제질병분류 11차 개정판을 발표하면서 '게임 이용 장애'를 추가했다.

거짓말 #7: 제일 좋아하는 언론 매체를 주시하는 '정보통'이 된다면 행복할 것이다. 언론 매체들은 반복해서 의도적으로 우리 뇌에 부정적인 사고를 들이부으며 우리가 도처에서 공포나 재앙을 보게 만든다. 이 모두가 시청률과 수익을 올리기 위한 노력이다. 무서운 영상을 반복해서 보면 우리 뇌 편도체에 있는 원시적인 공포 회로가 활성화된다. 원시시대에야 이 회로가 생존을 보장하는 역할을 했겠지만 지금은 아무런 쓸모가 없다.

뉴스는 자기 채널이나 웹사이트에 시청자들을 붙들어놓으려고 항상 추문과 공포를 조성하는 내용에 열을 올린다. 뉴스를 보는 시간에 각별히 유의하지 않는다면 이런 언론사들은 당신의 스트레스 호르몬 수치를 높이는 데 성공한다. 앞에서 이미 언급했듯이 스트레스 호르몬은 뇌의 주요 감정 중추와 기억 중추를 오그라들게 하고 뱃살을 늘리는 원인이다.

혹시 아침에 눈을 뜨자마자 스마트폰으로 최신 뉴스를 보지 않는가? 무심코 그랬던 사람도 있겠지만 아침에 단 몇 분이라도 부정적인 뉴스를 보면 그날 하루 행복 지수를 27퍼센트까지 떨어뜨릴 수 있으니 지금이라도 주의하기 바란다. 이 책을 쓰는 기간 중에 나는 토크쇼 「닥터 필Dr. Phil」에 출연해 2020년 미국 대통령 선거 무렵에 단기 정신병 증세를 일으킨 여성을 진단한 적이 있었다. 그 여성은 대통령 후보 중 한 명이 자기 딸을 세뇌했고 딸을 잡으려 한다고 생각했다. 그 여성은 원래 정치에 관심이 없었지만 온종일 뉴스를 보기 시작하면서 단기 정신병을 일으켰다.

거짓말 #8: 술을 마시면 행복해진다. 속단은 금물이다. 미국암학회American Cancer Society는 어떤 술을 섭취하든 일곱 가지 암 발생과 연관성이 있다고 밝혔다. 암은 행복을 가져오지 않는다. 술을 마시면 당장은 기분이 좋아지지만 동시에 뇌를 손상시키고, 결정의 질을 떨어뜨리며, 인간관계를 해칠 수 있다. 쉽게 중독되는 사람이라면 술에 쾌락 중추를 빼앗겨 인생을 망칠 수 있다.

거짓말 #9: 대마초를 피우면 행복해진다. 잠깐은 행복할 수도 있지만 시간이 지나면서 대마초는 뇌의 조기 노화를 유발하고 전반적인 혈류를 감소시킨다. 행복한 뇌와는 거리가 멀다. 게다가 10대에 대마초를 피우면 정신병을 일으킬 위험이 450퍼센트 증가할 뿐 아니라 성인 초기에 우울증에 걸리거나 자살할 위험 역시 증가한다.

거짓말 #10: 달콤한 간식과 디저트를 먹으면 행복해진다. 당류를 섭취하면 잠깐은 기분이 좋아질 수 있지만 결코 장기적인 행복은 가져오지 않는다. 당은 중독성이 있고 염증 반응을 유발하며, 우울증, 비만, 당뇨병, 치매와 관련이 있다. 이 거짓말의 예로 코카콜라가 내거는 슬로건 '행복을 여세요Open happiness'를 살펴보자. 이 슬로건은 사실 '우울증, 비만, 당뇨병, 중독, 치매, 요절을 여세요'라고 읽어야 한다. 코카콜라를 비롯한 청량음료를 마신다는 말은 염증 반응을 유발하는(염증은 우울증, 암, 당뇨병, 치매를 증가시킨다) 설탕물, 갈증을 유발하는 소금, 기운을 쭉 끌어올렸다가 급격하게 떨어뜨리고 수면에 부정적인 영향을 미치는 카페인을 마신다는 뜻이다.

거짓말 #11: 돈이 많으면 행복해진다. 이 말은 사실이지만 미국을 기준으로 연간 7만 5천 달러까지만 사실이다. 그 이후로는 상관관계가 급격히 줄어든다. 돈이 중요하지 않다고 말하는 사람은 노숙자들을 봐야 한다. 돈으로 행복을 살 수 있다고 말하는 사람들은 아름답고 부유하고 유명한 사람들의 자살을 봐야 한다. 둘 다 사실이 아니다. 돈으로 상황을 어느 정도까지는 바꿀 수 있지만 일단 기본 욕구가 충족되고 나면 돈은 그다지 도움이 되지 않는다. 부유한 사람들에게 완벽하게 행복하려면 무엇이 필요한지 물었을 때 대부분이 지금보다 재산이 두 배에서 열 배 더 필요하다고 답했다. 더 많은 것을 바라는 욕구는 결코 완전히 충족될 수 없으므로 사람들을 불행하게 한다. 흥미롭게도 몇몇 최빈국을 대상으로 실시한 최근 연구에서 이런 국가의 국민들이 공동체 및 가족들과 친밀하게 지내고 자연에서 시간을 보낼 때 행복을 느낀다는 결과가 나왔다. 그들이 느끼는 주관적인 행복감에 돈은 거의 영향을 미치지 않았다.

우리는 이런 사례에서 배울 수 있다. 동시에 돈의 초점을 당신에게 중요한 대의와 사람들에게 주는 쪽으로 돌린다면 돈이 행복에 기여할 수 있다. 마찬가지로 다른 사람들과 경험하는 데 돈을 쓰면 물건을 사는 데 돈을 쓰는 것보다 훨씬 더 큰 행복을 느낄 수 있다. 그러니 흥청망청 쇼핑하는 데 돈을 탕진하는 대신에 경기를 보러 가거나 콘서트에 가거나 좋아하는 사람들과 맛있는 식사를 하는 데 돈을 써서 행복 지수를 높이도록 하자.

행복의 기준을 바꿔야 한다

지난 수십 년 동안 사회과학자들은 행복이 비롯되는 근원을 찾아 헤맸다. 이런 연구 결과를 바탕으로 행복을 좌우하는 요인은 유전(조상에게 물려받은 요소)이 40퍼센트, 처한 상황이나 일어나는 일이 10퍼센트, 습관과 마음가짐이 50퍼센트를 차지한다고 보는 의견이 통설이다. 이는 행복이 대부분의 사람들이 생각하는 것보다 더 마음먹기에 달려 있다는 뜻이다.

연구자들은 대개 행복이 새로움, 즐거운 경험, 긍정적인 인간관계, 웃음, 감사, 기대, 상부상조, 비교 경계, 명상, 자연, (과거를 후회하거나 미래를 두려워하기보다는) 현재에 충실한 태도, 생산적인 일, 목적의식, 영적인 믿음, 더 많이 원하기보다는 가진 것에 만족하는 데 있다고 말한다. 하지만 이러한 연구의 대부분이 중요한 일곱 가지 측면을 완전히 놓치고 있다.

1. 각 개인의 고유한 뇌 유형에 맞춰 행복 전략을 세워야 한다. 획일적인 접근 방법으로는 절대 효과를 얻을 수 없다.
2. 뇌 건강(뇌라는 기관의 실제 물리적 기능)이 행복을 좌우하는 가장 중요한 기본 요건이다.
3. 행복을 증진하려면 매일 뇌에 목표 영양소를 공급해야 한다.
4. 당신이 선택한 음식이 행복 수준을 높일 수도, 낮출 수도 있다.
5. 행복을 지키려면 반드시 마음을 다스리고 머릿속 소음과 헤어지거나 심리적으로 거리를 둬야 한다.

6. 다른 사람에게서 마음에 들지 않는 점보다 마음에 드는 점을 찾아내는 것이 행복한 인간관계와 전반적인 행복을 찾는 비결이다.

7. 행복을 뒷받침하는 튼튼한 기반을 쌓으려면 명확한 가치관, 목적, 목표가 있어야 한다.

꾸준하게 바람직한 결정을 내리다 보면 인생 자체도 바람직하게 흘러간다. 지난 40여 년에 걸친 임상 경험을 바탕으로 행복을 연구하면서 나는 정기적으로 자문해야 할 질문 일곱 가지를 뽑았다. 이 책에서는 당신이 더욱 행복해지고 모든 일에서 더 큰 성공을 거두도록 도와줄 비밀 일곱 가지와 질문 일곱 가지를 하나씩 살펴보고자 한다.

비밀 1) 자신의 뇌 유형을 알자.

질문 1) 내가 행복해지는 고유한 요인에 초점을 맞추고 있는가?

1980년대 말에 뇌를 들여다보기 시작하면서 나는 환자들에게 좀 더 효율적으로 다가갈 수 있도록 도와줄 도구를 찾아 나섰다. 나는 정신과 의사라는 직업이 좋았지만, 이 일을 하면서는 정신과 의사가 다른 의학 전문가들에 비해 불리하다는 사실을 깨달았다. 불안, 우울증, 중독, 주의집중력 결핍 등 증상 군집만을 바탕으로 진단을 내리자니 영 흡족하지 않았다. 증상은 문제 이면에 숨은 생리 작용을 전혀 알려주지 않았다. 다른 의학 전문가들은 모두 치료 대상인 기관을 직접 들여다보지만 정신과 의사들은 우울증, ADHD, 조울증, 중독 같은 문제 이면에 숨은 생리 기제를 추측하고 추정하는 법을 배웠다. 하지만 정신과 환자들도 심장 질환이나 당뇨병, 암을 앓고 있는 환자들처럼 괴롭기는 마찬가지였다.

나는 동료들과 함께 전기적 활성을 측정하는 '정량화 뇌파 검사quantitative EEG, qEEG'라는 방법으로 뇌를 들여다보기 시작했다. 개인의 뇌 유형을 알게 되면 약물, 뉴트라수티컬nutraceutical(의약 효과가 있는 영양 보충제), 뉴로피드백neurofeedback(정신을 이용해 생리작용을 조절하는 방법) 같은 기법들을 활용해 뇌를 바꾸는 방법을 환자들에게 가르쳤다. 이 과정에서 나는 처음으로 『그것은 뇌다Change Your Brain, Change Your Life』를 써야겠다고 생각했다. 당신은 지금 뇌 상태 그대로에 만족하지 않아도 된다. 뇌는 더 좋아질 수 있고, 우리는 이를 증명할 수 있다.

1991년에 우리는 뇌 SPECT 영상법을 활용하기 시작했다. SPECT single photon emission computed tomography(단일광자단층촬영) 스캔은 뇌혈류와 활동 유형을 측정한다. 다들 들어봤을 방법인 구조 CT나 MRI 스캔은 뇌 해부 구조만을 평가한다. SPECT 스캔은 뇌가 어떻게 기능하는지 나타내고 뇌 활동에 관한 기본 사항 세 가지, 즉 뇌가 건강한지, 활동 수준이 지나치게 낮거나 높은지 알려준다. 처음에 우리 팀은 단순히 우울증, 불안 장애, 중독, 조울증, 강박장애, 자폐증, 주의력결핍장애ADD, 주의력결핍과잉행동장애ADHD와 같은 주요 정신 질환 각각에서 나타나는 고유한 전기 및 혈류 특징 유형을 찾기 시작했다. 하지만 얼마 지나지 않아 이 각각의 질병에 따른 뇌 패턴이 딱 한 가지가 아님을 발견했다. 각 질환마다 여러 가지 뇌 유형이 있었고, 각 유형에 맞는 치료법이 필요했다. 우울한 사람들이 다 똑같지 않다는 사실을 고려하면 우울증에 딱 한 가지 유형만 있을 수는 없으므로 당연한 결과였다. 우울증 환자라도 내성적인 사람이 있는가 하면 화가 난 사람도 있고, 불안이나 강박에 사로잡힌 사람들도 있다. 어떤 정신 질환이든 간에 증상만을 바탕으로 똑같이 접근하면 실패와 좌절을 초래하게 마련이다.

SPECT 스캔 덕분에 우리는 우울증, 불안, ADHD, 비만, 중독의 유형을 이해하게 됐고, 각 개인의 뇌에 맞는 치료법을 적용할 수 있었다. 이런 한 가지 생각이 환자 치료 효율을 획기적으로 올리는 돌파구로 이어졌고, 우리 병원으로 찾아오는 10만 명이 넘는 사람들과 내 책을 읽거나 내가 출연한 공영 텔레비전 방송을 본 수백만 명에게 새로운 이해와 희망의 세계를 열어줬다. 앞서 발표한 책들에서 나는 불안과 우울증 유형 일곱 가지, ADD/ADHD 유형 일곱 가지, 중독 유형 여섯 가지, 과식자 유형 다섯 가지를 설명했다. 제대로 된 도움을 얻으려면 먼저 자신의 뇌 유형을 이해해야 한다.

처음으로 SPECT 스캔을 실시하기 시작했을 때 나는 환자에 관한 어떤 정보도 모른 채 무작정 해독하곤 했다. 스캔 그 자체만으로도 한 사람에 대해 많은 사실을 알 수 있었다. 물론 새로운 환자를 진단할 때는 언제나 환자 생활에 관한 구체적인 정보를 수집한다. 하지만 스캔만 보면서 "아마도 환자분은 이런 식으로 행동하실 것 같네요"라고 이야기하는 일이 즐거웠다.

예전에 지역 알츠하이머 협회장인 짐을 만난 적이 있었다. 짐은 우리 병원이 기억력에 문제가 있는 사람들을 어떻게 돕는지 좀 더 자세히 알고 싶어 했다. 그는 실사 과정의 일환으로 직접 SPECT 스캔을 받고 싶다고 요청했다. 내가 짐의 이력에 대해서 묻자 그는 스캔만 보면서 자신에 대해서 말해주기를 원한다고 말하면서 어떤 정보도 주지 않겠다고 했다. 나는 '우리는 환자를 그런 식으로 보지 않는다'고 말했다. 우리는 항상 환자 인생의 맥락을 고려해서 스캔을 해석하려고 한다. 그런데도 짐은 거절했다. 건강한 집단과 비교할 때 짐은 뇌의 앞부분이 지나치게 활발하게 일하는 유형이었다. 이는 집요한 뇌 유형에서 주로 나타나는 특징이다.

짐의 아내가 있는 앞에서 나는 "좋습니다. 당신은 집요하고 목적 지향적이며 일단 시작한 일은 끝내는 사람입니다"라고 말했다.

짐은 내 말에 동의하면서 고개를 끄덕였다.

이어서 나는 "동시에 걱정이 많고 완고하며 융통성이 없을 가능성이 높습니다. 일이 마음대로 되지 않으면 쉽게 동요합니다. 또한 원한을 품는 경향이 있고, 실제로 그렇게 생각하든 그렇지 않든 간에 논쟁에서 반대 입장을 취할 때가 많으며, 논쟁을 좋아하고 반대를 많이 합니다."

내가 관찰한 결과를 이야기하는 동안 짐의 아내는 계속해서 고개를 끄덕였다.

"맞아요······ 맞아요······ 맞아요······ 맞아요."

짐의 스캔을 보면서 나는 그의 뇌 유형과 성격에 관해 많은 단서를 얻을 수 있었다.

임상의로서 스캔을 보며 뇌 유형과 정신 질환을 이해하려고 노력하는 과정에서 우리는 성격 특징도 발견하기 시작했다.

뇌가 전반적으로 꽉 차 있고 고르며 대칭적인 활동을 나타낸다면 균형 잡힌 뇌 유형이다.

뇌의 앞부분이 다른 부위보다 생기가 없고 활기가 떨어진다면 창의력이 뛰어나고 충동적이며 즉흥적일 가능성이 높다.

짐의 경우처럼 뇌의 앞부분이 평균보다 훨씬 더 활발하다면 걱정이 많고 집요한 경향을 나타낸다.

감정을 좌우하는 둘레계통limbic system(변연계)이 평균보다 더 활발하다면 남들보다 더 슬픔을 잘 느끼고 예민한 경향을 나타낸다.

편도체amygdala와 바닥핵basal ganglia(기저핵)이 평균보다 더 활발하다면 불안에 시달리고 신중한 경향을 나타낸다.

SPECT 스캔은 사람들의 됨됨이, 사고방식, 행동 방식, 다른 인간의 뇌와 상호작용하는 방식, 행복을 느끼는 원인에 관한 중요한 이야기를 들려주기 시작했다. 예를 들어, 나의 아내가 어렸을 때, 아내의 어머니는 아내를 데리고 「공포의 휴가길The Hills Have Eyes」, 「소리 없는 비명The Silent Scream」 같은 청소년 관람불가 영화를 보러 다녔다. 어머님은 즉흥적인 뇌 유형이라 흥분과 자극을 좋아해서 공포영화를 무척 선호했다. 공포영화는 생기 없는 뇌를 깨운다. 반면 아내는 즉흥-집요-신중형이 복합적으로 나타나는 뇌 유형이라서 공포영화를 보면 불안이 몰려왔고 끔찍한 영상이 머릿속을 떠나지 않았다. 자신의 뇌 유형과 사랑하는 사람의 뇌 유형을 알면 기분이 좋아지고 주변 사람들과 더 잘 지내는 데 도움이 된다.

열한 살인 애나와 열여섯 살인 앰버는 자매 사이로 같은 방을 쓴다. 애나의 뇌 유형은 집요형(뇌의 앞부분이 아주 활발하게 작동한다)으로 깔끔하고 잘 정돈된 공간을 좋아하며, 물건들이 제자리에 있지 않을 때 언짢은 기분을 느낀다. 앰버의 뇌 유형은 즉흥형(뇌의 앞부분이 활발하게 움직이지 않는다)으로 늘 사람들과 어울릴 궁리를 하고 물건이 제자리에 있지 않아도 알아차리지 못한다. 앰버는 방을 정돈된 상태로 유지하려면 무척 노력해야 한다. 그러다 보니 애나와 앰버 자매는 늘 갈등과 불만에 시달렸다. 두 사람은 뇌 균형을 바로잡음으로써 서로를 비난하고 비판하지 않고 더 잘 지낼 수 있게 됐다.

비밀 2 뇌의 물리적 기능을 최적화하자.

질문 2 이것은 뇌에 이로운가, 아니면 해로운가?

뇌는 우리가 하는 모든 일과 우리 존재를 이루는 모든 요소에 관여한다. 155여 개국에서 온 환자 22만여 명의 뇌 스캔을 살펴본 결과, 나는 뇌가 제대로 작동하면 사람도 제대로 작동하고 뇌가 제대로 작동하지 않으면 인생에서 어려움을 겪게 될 가능성이 훨씬 높다고 확신하게 됐다. 뇌는 행복을 관장하는 기관이다. 뇌가 건강하면 더 바람직한 결정을 하는 결과로 더 행복해지고, 더 건강해지고, 더 부유해지며, 인간관계와 업무를 비롯해 우리가 하는 모든 일에서 성공할 가능성이 증가한다. 우리가 내리는 결정의 질(뇌 기능)은 삶의 모든 영역에서 행복과 성공을 좌우하는 공통분모다.

행복을 다루는 연구자와 저자 대부분은 어떤 이유로든 뇌에 문제가 발생했을 때 사람들은 나쁜 결정을 내리는 경향을 나타내고, 이로 인해 더 슬프고 아프고 가난하고 성공에서 멀어지며, 그 결과 우울증과 불행이 찾아온다는 이야기를 하지 않는다. 뇌가 건강하지 않으면 위에서 언급한 행복한 삶의 요소들을 전부 다 손에 쥐고서도 여전히 삶을 끝내고 싶다고 생각할 수 있다. 행복의 요건을 모두 가졌다는 자체가 불행을 더욱 강조할 뿐이다. 행복해지고 싶다면 내 환자 스티븐이 그랬듯이 뇌의 물리적 기능을 평가하고 최적화해야 한다.

스티븐 힐턴은 마흔여섯 살이 될 때까지 거의 평생을 우울증에 시달렸다. 그는 어릴 때 종종 아무런 이유 없이 슬픈 기분을 느꼈다고 한다. 또한 체중 문제로 고생했고 슬픔에 대처하고자 음식을 이용하기 시작했다. 학교에서는 자주 단절감을 느꼈고, 학교에 갈 생각만 해도 불안했다. 그렇게 학교에 자주 결석하다가 음악을 하겠다며 일찍 중퇴했다. 이후 열여섯 나이에 메스암페타민methamphetamine(각성 작용을 일으키는 마약류로 '필로폰'이라는 상품명으로 잘 알려져 있다)을 접했고 마치 '머릿속에 불이 켜지는 기분'에 빠졌다. ADHD를 앓고 있는 환자들이 흔히 하는 말이지만 스티븐은 그런 경우가 아니었다.

열여덟 살이 되면서 스티븐은 메스암페타민을 끊고 술을 우울증과 불안에 대처할 수단으로 삼았다. 그는 금방 술을 많이 마시게 됐고, 젊은 시절 거의 매일같이 과음했다. 이 기간 동안 내내 술을 마셨는데도 우울증은 사라지지 않았다. 그는 사회생활을 할 수 있었고 음악 경력도 쌓아나갔지만, 자주 무기력하고 절망적이며 '작동이 멈춘' 듯한 기분에 휩싸였다. 결국 스티븐은 약물 및 알코올 재활 치료를 받기 시작하며 10년 동안 술과 마약에 손을 대지 않았다. 하지만 잉글랜드에서 로스앤젤레스로 이사하면서 후원자와 연락이 끊겼고 금주 모임에도 발길을 끊었다. 얼마 안 가 스티븐은 처방 약물을 남용하기 시작했고 다른 재활 치료를 시작했다. 그가 에이멘 클리닉을 찾아왔을 때는 6년 동안 술과 약을 끊은 상태였다.

스티븐을 만나기 전에 나는 그의 아내이자 배우 겸 코미디언 로라 클레리^{Laura Clery}를 진단했다. 로라는 집중력 부족과 불안, 음울한 생각으로 힘들다고 했다. 로라는 진단 과정을 영상으로 찍어 인터넷에 올렸고, 이 동영상들은 천만 건이 넘는 조회 수를 기록했다. 스티븐을 임상 평가하는 과정에서 우리는 그의 인생사를 이해하고자 자세한 이력을 받았고, 실험실 검사 일체와 SPECT 스캔을 실시했다. 다음 그림은 건강한 뇌를 찍은 SPECT 스캔으로, 꽉 차고 고르며 대칭적인 활동을 보여준다.

건강한 사람의 뇌 표면 SPECT 스캔

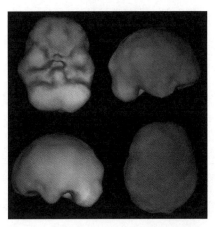

좌상단부터 시계 방향으로 뇌의 아랫부분, 오른쪽, 윗부분, 왼쪽.
건강한 뇌는 꽉 차고 고르며 대칭적인 활동을 보인다.

스티븐의 뇌 표면 SPECT 스캔

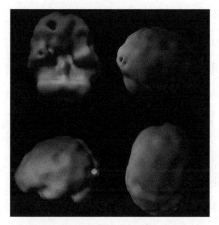

뇌의 아랫부분(좌상단)에서 보이는 구멍은
앞이마겉질과 오른쪽 관자엽에 혈류가 부족하다는 뜻이다.
좌우 뒤통수엽에서도 혈류가 감소한 것이 관찰된다.

스티븐의 SPECT 스캔을 보면 예전에 머리에 부상을 입은 흔적이 오른쪽 앞이마겉질, 오른쪽 관자엽, 좌우 뒤통수엽의 혈류 부족 형태로 뚜렷하게 나타났다. 스티븐은 아주 어렸을 때 계단에서 굴러떨어져 의식을 잃은 적이 있다고 말했다.

어렸을 때 굴러떨어진 경험이 평생 가는 슬픔을 유발할 수 있을까? 물론이다. 제대로 진단받지 않은 뇌 손상은 우울증, 불안, ADHD, 중독, 노숙, 자살을 유발하는 주요 원인이다. 스티븐은 정신과 의사, 심리학자를 비롯한 여러 치료사들을 만났지만 뇌 손상 이력을 문제 삼은 적은 한 번도 없었다. 아무도 그의 뇌를 들여다보지 않았기 때문이다. 두 달 동안 광선 요법bright light therapy과 스티븐의 뇌 유형에 맞춘 뉴트라수티컬을 사용하고 머릿속에 떠오르는 나쁜 생각을 낱낱이 밑지 않는 법을 배워 뇌를 치료한 결과, 스티븐은 더 행복하고 희망찬 마음을 느꼈고 감정을 좀 더 잘 조절할 수 있게 됐다.

이 책을 쓰는 동안 에이멘 클리닉에서는 SPECT 스캔을 받은 환자 중 344명을 대상으로 옥스퍼드 행복 질문지를 실시했다. 그 결과 뇌가 건강하면 인생이 더 행복해진다는 사실이 명확하게 드러났다. 이 흥미진진한 연구는 뒤에서 좀 더 자세히 소개하겠다.

(비밀 3) 자기 뇌에 맞는 영양분을 공급하자.
(질문 3) 나는 내 뇌에 필요한 영양분을 공급하고 있는가?

의대에 진학하기 전에 나는 자연 치유 방법에 관심이 있었다. 내게 이름을 물려주셨고 어릴 적에 가장 친한 친구이기도 했던 할아버지는 내가 10대였을 때 심근경색을 일으켰다. 회복 과정에서 어머니는 할아버지를 자연 건강 전문가들에게 데려갔다. 그들은 식단을 바꾸고 천연 보충제를 처방했다. 어머니와 나는 건강 이야기를 자주 나눴다. 하지만 의대에 다니고 5년 동안 정신과 수련의와 연구원으로 근무하는 동안 식단이 정신 건강에 미치는 영향에 대해서는 거의 배우지 못했고 천연 보충제에 관한 교육은 사실상 전혀 없었다. 안타깝지만 지금도 여전히 그런 상황이다. 놀랍게도 뉴트라수티컬과 건강에 관한 문헌은 1991년에도 이미 아주 많이 나와 있었고, 이후로 급격하게 증가했다. 예를 들어 미국 국립의학도서관에 속한 검색 엔진 펍메드PubMed.gov에서 오메가-3와 기분을 검색하면 2,400건, 비타민 D와 기분을 검색하면 3,900건, 기분 장애에 흔히 사용하는 뉴트라수티컬인 세인트존스워트St. John's Wort를 검색하면 3,500건이 넘는 과학 논문 초록이 나온다.

최근 연구에 따르면 뇌에 영양분이 풍부한 환경(좋은 영양소, 오메가-3 지방산, 산소, 혈류, 자극)을 제공하면 하루에 새로운 뇌 세포를 최대 700개까지 생산할 수 있다고 한다. 뇌와 몸에 영양분을 제대로 공급하면 해마(바다생물인 해마를 닮았다)가 더욱 튼튼해질 수 있다. 인간의 뇌에는 해마가 왼쪽 관자엽과 오른쪽 관자엽에 각각 하나씩, 총 두 개 있다. 해마는 학습과 기억, 기분(행복)에 중요한 역할을 수행한다. 생명 활동에 지장이 발생하면 해마가 줄어든다.

기본 영양소와 자신에게 맞는 보충제 몇 가지로 뇌 건강을 향상하고 행복에 관여하는 뇌 화학물질을 뒷받침하며, 자기 뇌 유형에 맞는 구체적인 요구 사항의 균형을 맞출 수 있다.

(비밀 4) 내 사랑에 보답할 음식을 고르자.
(질문 4) 오늘 나는 내 사랑에 보답할 음식을 골랐는가?

정신의학과 심리학을 연구하는 과학자들은 음식이 우울증과 불안 같은 기분 및 정신 건강 문제와 밀접한 관계가 있다는 사실을 계속해서 밝혀내고 있다. 2017년 「BMC 의학BMC Medicine」에 실린 한 연구에서 중등도에서 고도 우울증을 앓고 있는 사람들이 영양 상담을 받고 12주 동안 좀 더 건강한 식단을 먹었을 때 증상이 유의미하게 개선되는 결과가 나왔다. 실제로 우울 증상이 현저하게 좋아져서 참가자 중 32퍼센트 이상이 '관해 기준remission criteria'을 달성했다. 이는 그들이 더는 기분 장애를 앓고 있다고 볼 수 없다는 뜻이다. 이런 결과를 바탕으로 연구팀은 식생활 변화가 우울증에 효과적인 치료 전략이 될 수 있다고 제안했다. 즉 기분이 좋아지고 싶다면 좋은 음식을 잘 먹어야 한다는 뜻이다.

'행복에 관한 거짓말'을 다시 떠올려보자. 코카콜라가 내세우는 슬로건 '행복을 여세요'와 맥도날드가 판매하는 '해피밀'은 먹을 때 맛은 있지만 시간이 지날수록 행복도를 떨어뜨리는 질 낮은 원료로 만든다. 일반적으로 패스트푸드는 슬픔을 유발하는 음식이다. 오스트레일리아와 뉴기니 사이에 있는 토레스해협에 위치한 작은 섬 두 곳을 대상으로 실시한 음식과 우울증에 관한 연구 결과를 보자. 두 섬 중 하나에는 곳곳에 패스트푸드 매장이 있는 반면, 나머지 하나는 패스트푸드 매장이 단 하나도 없는 외딴섬이다. 패스트푸드 매장이 넘치는 섬 주민들은 생선 소비량이 낮은 반면, 외딴섬 주민들은 생선 소비량이 많다고 답했다. 연구자들이 주민들을 대상으로 우울증 검사를 실시한 결과, 외딴섬 주민 중에는 중등도에서 고도의 우울증 증상을 보고한 사람이 세 명에 그친 반면, 패스트푸드 매장이 넘치는 섬 주민 중에서는 열여섯 명에 달했다. 이는 음식 섭취에 따른 우울증 발생률이 500퍼센트 증가했다는 뜻이다.

우리가 먹고 마시는 음식물은 우리 뇌 속 화학물질의 균형을 유지하고, 건강을 증진하며 최적으로 작동하는 능력, 즉 행복을 좌우하는 모든 요소에 직접적인 영향을 미친다.

질문 5 그 생각은 진실인가? 오늘은 어떤 일이 잘 풀렸나?

우리 마음은 문제를 일으킬 수 있다. 마음은 자주 문제를 일으킨다. 생각과 감정은 다음과 같은 다양한 원천에서 비롯된다.

- 어떤 순간에 뇌가 어떻게 작동하는지에 따라 달라진다(이는 식생활, 장 건강, 면역, 염증, 독소 노출, 수면에 영향을 받는다).
- 유전 암호에 기록돼 내려오는 조상의 경험
- 유전적 성향. 예를 들어 내 첫째 딸은 어렸을 때 수줍음을 많이 타서 낯선 사람이 다가오면 내 다리 뒤로 숨곤 했다. 반면에 둘째 딸은 만나는 사람마다 "안녕하세요, 내 이름은 케이틀린이에요"라고 말했다. 막내딸 클로이는 언어 재능을 타고났고(두 살에 이미 열두 단어로 된 문장을 말했다) 걸음마를 뗄 때 이미 "내가 리더야, 내가 보스야"라고 주장했다.
- 개인 경험(의식 및 무의식)과 기억
- 부모, 형제자매, 친구, 적, 지인이 하는 말과 몸짓을 해석하는 방식
- 접하는 뉴스와 음악, 소셜 미디어, 그 외 다수

우리는 우리 마음이 아니다. 행복하다고 느끼려면 마음과 거리를 두고 마음을 다스리며 마음의 희생자가 되지 않는 능력이 반드시 필요하다. 나는 스물여덟 살에 정신과 수련의를 시작하면서야 비로소 나는 내 마음이 아니며, 내 의식에 떠오르는 온갖 멍청한 생각을 낱낱이 믿지 않아도 된다는 사실을 깨달았다. 생각이 감정을 만들어내고,

감정이 행동을 유도하며, 마지막으로 행동이 인간관계와 업무, 재정 상태, 신체 및 정서적 건강 상태의 결과를 좌우한다는 것을 배웠다. 생각과 자기 자신을 분리하고 생각을 냉정하게 바라볼 수 있다면 시간이 지날수록 더욱 꾸준하게 행복하게끔 느끼고 행동할 수 있을 것이다.

12장에서 소개할 유용한 심리적 거리 두기 기법으로 마음에 이름을 붙이는 방법이 있다. 마음에 이름을 붙이면 자신과 마음을 분리할 수 있고, 마음에 귀를 기울일지 말지를 선택할 수 있다. 나는 열여섯 살 때 키우던 너구리의 이름을 따서 내 마음에 '허미'라는 이름을 붙였다. 나는 너구리 허미를 사랑했지만 허미는 내 마음처럼 말썽꾸러기였다. 허미 때문에 나는 부모님과 형제자매, 여자친구와 갈등을 빚게 됐다(허미 이야기는 나중에 좀 더 자세히 들려줄 예정이다). 나는 허미가 내 머릿속에서 다음과 같은 부정적인 생각을 쓴 팻말을 들고 있는 모습을 자주 상상한다.

- 넌 실패자야.
- 넌 바보야.
- 넌 고소당할 거야.
- 넌 충분하지 않아.
- 다른 사람들이 너보다 나아.

내가 내 마음이 아니라는 것을 알고 있으므로 나는 허미를 우리에 넣는 상상을 하면서 허미가 하는 말을 무시할 수 있다. 당신이 하는 생각이 당신에게 도움이 되는지, 해를 끼치는지 항상 자문해보길 바란다. 허미가 문제를 일으킬 때면 나는 허미를 쓰다듬거나, 같이 놀거나, 바닥에 눕혀서 간지럽히는 상상을 한다. 허미, 즉 내 마음이 하는 말을 진지하게 받아들이지 않아도 된다. 나는 심리적 거리를 둘 수 있고, 당신도 마찬가지다. 허미는 이 책에 계속 등장하면서 심리적 거리 두기가 행복에 어떻게 기여할 수 있는지 설명할 것이다.

(비밀 6) 다른 사람을 볼 때 마음에 들지 않는 점보다 마음에 드는 점에 더 주목하자.

(질문 6) 오늘 내가 이끌어낸 그의 행동은 내가 좋아하는 행동인가, 싫어하는 행동인가?

어느 날 내 환자인 열여섯 살 소녀 제시가 갑자기 내 진료실로 들어와 소파에 앉더니 엄마가 미워서 집을 뛰쳐나왔다고 말했다. 나는 제시를 막을 수 없었다. 그 아이는 확실히 불행했다. 몇 년 동안 제시를 보면서 나는 제시의 가족을 잘 알게 됐다. 제시의 어머니는 ADD가 분명했지만 치료를 받지 않았고, 자신의 뇌에 자극을 주고자 제시를 괴롭히곤 했다. 갈등 추구 행위는 ADD를 치료받지 않은 사람들에게 아주 흔한 증상이다. 나는 제시의 어머니에게 도움을 받으라고 설득했지만 어머니는 도움을 받으려고 하지 않았고 이제는 딸이 집을 나가고 싶다고 느끼기에 이르렀다.

불평을 토로하던 와중에 제시는 화살을 내게로 돌렸다. 그는 "에이멘 선생님, 대체 왜 다 큰 어른이 펭귄을 모아요?"라고 물었다.

당시 내 진료실에는 펭귄이 정말이지 많았다. 펭귄 펜, 인형, 손 인형은 물론이고 펭귄 모양 진공청소기에 풍향계까지 있었다. 나는 웃음을 터뜨리며 "널 본 지 2년이 지났는데 이제야 펭귄이 눈에 들어왔어? 그럴 만한 사연이 있어"라고 말했다.

"오래전 일이야. 아들이 일곱 살이었는데 대하기가 어려웠어. 나는 우리 관계를 좀 개선해보려고 아들을 바다 동물 공원에 데려갔어. 고래 쇼와 바다사자 쇼를 즐겁게 보고 나서 마지막에는 아들이 펭귄 쇼를 보고 싶다고 하더라고. 주인공은 '뚱보 프레디'라는 펭귄이었어. 정말 귀엽게 생긴 통통하고 작은 펭귄이었지. 프레디는 높은 다이빙대에서 뛰어내리고, 코로 공을 굴리고, 날개로 숫자도 세고 불타는 후프를 통과하는 묘기도 보였어. 공연이 끝날 때쯤 훈련사가 프레디에게 뭔가를 가져오라고 시켰고, 프레디는 곧장 가서 그 물건을 가져왔지."

"나는 속으로 '우와, 아들에게 뭘 좀 가져오라고 하면 20분 동안 말씨름을 하다가 가져오기 싫다고 말할 텐데'라고 생각했어. 내 아들은 펭귄보다 더 똑똑했다는 뜻이지."

"공연이 끝난 뒤에 훈련사에게 가서 어떻게 해서 프레디에게 그 멋진 묘기들을 다 시킬 수 있었는지 물었어. 훈련사는 내 아들을 보고 나서 나를 보더니 '부모와 달리 저는 프레디가 시키는 일을 할 때마다 늘 인정해주거든요. 안아주고 물고기도 주죠'라고 말했어."

"초밥을 좋아하는 내 딸 클로이와는 달리 아들은 날생선을 좋아하지 않았지만 머릿속에 불이 들어오는 느낌이었어. 나는 아들이 내 마음에 드는 일을 할 때 아무런 관심을 주지 않았어. 내 아버지처럼 나도 바빴거든. 하지만 아들이 내가 원하는 대로 하지 않을 때면 엄청난 관심을 기울였지. 나쁜 아이로 키우고 싶지 않았거든. 의도하지는 않았지만 아들에게 내 관심을 받고 싶으면 나쁜 행동을 하라고 가르쳤던 셈이야. 그래서 지금은 내 주변 사람들에게서 나쁜 점보다 좋은 점을 더 많이 알아차리겠다고 다짐하는 차원에서 펭귄을 모으고 있어."

이야기를 마친 뒤 나는 제시에게 진짜 참신한 생각이 떠올랐다고 말했다. 나는 "네 어머니가 화를 덜 내고 너를 덜 괴롭히도록 훈련해보면 어떨까?"라며 말문을 열었다.

제시는 "계속 말씀해보세요"라고 말했다.

"어렵기는 하겠지만 어머니가 네게 잔소리를 시작할 때마다 과하게 반응하지 않았으면 좋겠어. 반박하지도 말고 흥분하지도 마."

이쯤 되자 제시가 눈을 크게 떴다. 그는 말꼬리를 흐리며 "그건 자신 없는데요"라고 말했다.

나는 "조금만 더 들어봐. 어떻게 해야 할지 말해줄게. 어머니가 네게 잘해주거나 네 말을 귀 기울여서 들어주거나 네게 잘 맞춰줄 때 어머니에게 사랑하고 고맙다고 말하면 돼"라고 말했다.

제시는 이해하기 시작했다. 프레디의 행동을 형성한 훈련사처럼 제시도 마음에 들지 않는 것보다 좋아하는 부분에 좀 더 주목함으로써 어머니의 행동에 영향을 미칠 수 있었다. 나는 제시에게 개인이 지닌 힘을 가르쳤다.

확실히 제시는 어머니를 자극하는 방법을 알고 있었다. 표정 하나, 말 한마디로도 어머니가 몹시 흥분하게 만들 수 있었다. 하지만 제시에게는 그런 힘뿐 아니라 상황을 차분히 정리하고 삶을 더 즐겁게 이끌 힘도 있었다.

그날 밤, 나는 제시에게 집을 나가지 않기로 했다는 문자를 받았다. 일주일 뒤에 제시는 우리 계획이 효과가 있었다고 말했다. 그로부터 2주가 지나서 우리가 다시 만났을 때 제시는 집안 분위기가 훨씬 좋아졌다고 말하면서 내 수집품에 추가할 펭귄을 선물했다.

다들 "손바닥도 마주쳐야 소리가 난다"라는 말을 들어봤을 것이다. 정신과 의사로서 내 경험만으로 하는 말이 아니다. 환자들에게 그들이 얼마나 유능한지 알려주면 그들은 사랑하는 사람들과 함께 상황을 개선시킬 수도 있고 악화시킬 수도 있다는 사실을 확실하게 깨닫는다.

(비밀 7) 명확하게 규정한 가치와 목적, 목표를 바탕으로 하루하루 살아나가자.

(질문 7) 그것이 잘 들어맞는가? 오늘 내가 한 행동이 내 삶의 목표에 부합하는가?

정신과 의사로 일하면서 나는 세상과 단절됐다고 느끼고 스스로 하찮다고 생각하는 환자들을 많이 만났다. 그들은 의미와 목적의식이 부족하다. 신처럼 자기 자신보다 더 큰 존재와 관계를 맺지 않는다. 종교나 교파, 개인적으로 신을 믿는지 여부와 관계없이, 영적인 연계가 없으면 근원적인 절망이나 무의미를 경험하기 쉽다. 그런 사람들은 뼛속 깊이 불행하다. 하지만 꼭 그래야 할 필요는 없다.

신을 믿든 그렇지 않든 간에 우리는 모두 신성한 목적을 가지고 이 세상에 태어난 영적인 존재다. 모든 사람에게는 저마다 주변 사람들의 삶에서 맡아야 할 역할이 있고 완수해야 할 사명이 있다. 의미와 목적의식이 뚜렷한 사람은 일어나서 뇌를 잘 돌봐야 할 이유가 확실하다. 목적은 삶과 영원의 웅장한 계획에서 가장 중요한 점이 무엇인지 알려주므로 행복하려면 꼭 목적이 필요하다. 목적을 모른다면 중요한 가치와 목표를 정하기가 어렵다. 목적을 바탕으로 결정을 내릴 때, 우리의 초점은 자기 자신에서 다른 사람으로 옮겨간다. 나는 인생이 중요한 이유를 발견하도록 돕고자 할 때 사람들에게 "당신이 숨 쉬고 있어서 이 세상이 좀 더 좋은 곳이 되는 이유는 무엇일까요?"라는 질문을 던지곤 한다. 이 질문에 대한 대답을 모르겠다면 다시 생각해보자. 당신과 가장 친한 사람들에게 통찰력을 구해보도록 하자. 당신은 오늘 누군가에게 도움이 될 수 있는 기술을 가지고 있는가? 당신은 이 세상을 좀 더 나은 곳으로 만들기 위해 무엇을 할 수 있을까?

목적이 무엇인지 알면 네 영역Four Circles에서 어떤 목표와 결정을 내려야 할지 아는 데 도움이 된다. 여기에서 네 영역이란 한 사람의 본질을 구성하는 삶의 네 영역을 말한다. 좀 더 자세히 설명하겠다.

환자를 진단하고 치료할 때 나는 환자들을 증상으로 생각하는 대신에 생물적·심리적·사회적·영적(근본적인 의미와 목적) 영역이라는 커다란 영역 네 가지에 속한 온전한 사람으로 여긴다. 이 네 가지 영역은 모두 행복이나 불행을 불러오는 원인이 되므로 이 책의 각 부에서는 그 네 가지 영역을 하나씩 다루고자 한다.

당신이 내 환자라면 행복의 네 영역 연습을 하면서 각 영역에서 행복을 가져오는 요소가 무엇인지 알아보도록 할 것이다.

- **생물적 영역:** 물리적인 신체와 뇌가 어떻게 기능하는지
- **심리적 영역:** 발달 문제와 사고방식
- **사회적 영역:** 사회적 지원, 현재 생활 상황, 사회적 영향
- **영적 영역:** 당신과 신, 지구, 과거 및 미래 세대와의 연계, 가장 심오한 의미와 목적

소소한 순간에서 행복 찾기

삶이 완전히 바뀌는 커다란 사건이 있어야 큰 행복이 찾아오는 것은 아님을 명심하자. 작디작은 일에서 기쁨을 찾기 시작하자. 창밖에서 새소리가 들리거나 얼굴을 비추는 햇살의 온기가 느껴지거나 반려견이나 반려묘를 쓰다듬을 때도 좋고, 당신이 제일 좋아하는 음료 첫 모금을 마실 때나 새 책을 펼칠 때도 좋다. 나는 이런 순간들을 가리켜 '소소한 행복의 순간'이라고 부른다. 우리는 대부분 이런 소소한 일상은 무심코 넘겨버리고 거창한 경험을 찾는다. 나는 당신이 소소하지만 소중한 일상을 음미했으면 좋겠다. 뇌가 이런 순간들에 주의를 기울이면 소소한 일상이 모여 삶에 대한 전반적인 자족감과 만족도가 높아지기 때문이다. 소소한 순간들을 소중하게 여길수록 기쁨이 더욱 커진다. 이 책에서 나는 내가 느끼는 소소한 행복의 순간들을 소개하고 우리 각자가 뇌 유형에 따라 어떤 순간을 찾아보면 좋을지 제안할 것이다. 한 번에 한 순간씩, 더욱 행복해지자.

내가 직접 작성한 행복의 네 영역을 소개한다.

생물적 영역

- 숙면
- 푹 잤다는 느낌으로 기상
- 정신적으로 예리한 느낌
- 체질량지수, 혈압, 비타민D, 오메가-3 지수, C-반응성단백질C-re-active protein(염증이나 암 등으로 조직이 파괴됐을 때 나타나는 단백질), 당화혈색소HbA1C(포도당과 결합한 헤모글로빈으로 당뇨병을 진단하는 수치 중 하나), 공복 혈당, 페리틴ferritin(철결합 단백질의 일종) 등과 건강 지수가 양호함
- 탁구 같은 내가 좋아하는 운동, 역기 들기, 반려견인 화이트 셰퍼드 아슬란과 함께 해변 산책
- 따뜻한 날씨
- 내 사랑에 보답할 음식: 아침에 마시는 뇌 건강 셰이크, 딱 적당하게 익은 달걀, 신선한 연어
- 아내와 하는 스킨십
- 해변, 숲, 산과 같은 자연 속에 머무르기. 특히 샌프란시스코 북쪽에 있는 삼나무 숲인 뮤어 숲
- 통증이 없는 상태

☺ **생물적으로 경험하는 소소한 순간들:** 뇌 건강에 좋은 카푸치노나 코코아 첫 모금, 아버지 목장에서 키운 오렌지를 처음 맛보는 한 입, 아버지가 키운 아보카도로 만든 과카몰리, 내가 운동화를 신을 때 신나는 아슬란, 걸을 때 아내의 손을 잡는 느낌, 아내와 눈 맞추기, 벽

난로에 불을 지피는 모습을 보거나 불타는 모습을 지켜보기, 좋아하는 노래 듣기

심리적 영역

- 건강한 일상 습관
- '오늘은 멋진 하루가 될 거야'라는 마음가짐으로 시작하는 아침
- '오늘은 뭐가 잘됐더라?'라는 보물찾기로 하루를 마감하기
- 학부 졸업 후 딱 40년 뒤에 모교 졸업식에서 연설을 한 경험 같은 뿌듯한 기억들
- 부정적인 사고 패턴 수정하기
- 새로운 생각을 쓰고 떠올리기
- 생산적인 느낌
- 새로운 학습
- 훌륭한 오디오북 듣기
- 영화, 특히 코미디
- 재미있는 텔레비전 시리즈
- 목표를 달성하고자 노력하기

☺ **심리적으로 경험하는 소소한 순간들:** 명쾌한 숫자 퍼즐 풀이, 영화나 텔레비전에 나오는 농담이나 유쾌한 장면을 보면서 웃기, 오디오북에 나오는 멋진 반전에 귀 기울이기, 말로 다른 사람 웃기기

사회적 영역

- 아내와 연락하기
- 자녀, 손주들과 자주 연락하기
- 어머니와 시간 보내기
- 형제자매, 친구, 동료들과 연락하기
- 직장에서 내가 아끼는 사람들과 한 팀으로 원활하게 업무 수행하기
- 즐거운 대화
- 말하기와 가르치기
- 경제적 안정감, 가치 소비 실천하기
- 운동경기 시청
- 일을 잘했을 때 이를 인정하기
- 반려견, 반려묘와 시간 보내기

☺ **사회적으로 경험하는 소소한 순간들:** 어머니에게 전화를 걸었을 때 나라는 걸 알고 반기는 어머니의 목소리 듣기, 손주들 생각하기, 친구나 환자가 보내는 재미있는 문자 받기, 반려견과 반려묘를 쓰다듬거나 껴안기

영적 영역

- 신과 가까이 지내기
- 아끼는 사람들과 함께 종교의식에 참여하기
- 지구 지키기(재활용)

- 과거(특히 이미 돌아가셨지만 여전히 내 안에 살아 있는 할아버지와 아버지)와 교류하기
- 미래(손주들)와 교류하기
- 중요한 일 하기
- 중요한 삶을 살고 전 세계에서 정신 건강 의료가 실행되는 방식을 바꾸기
- 목적의식 느끼기
- 다른 사람들의 삶에 변화 주기
- 죽음을 두려워하지 않기

☺ **영적으로 경험하는 소소한 순간들:** 매일 밤 기도하기, 내가 속한 상황에 맞는 성경 구절 떠올리기, 오늘 하루 더 살아 있음에 감사하기, 할아버지와 아버지 기억하기

이제 당신 차례다. 지금 당장 종이나 스마트 기기에 직접 행복의 네 영역을 기록해보도록 하자. 각각의 동그라미에 다음과 같은 제목을 쓰자.

생물적 영역

_____
_____
_____
_____
_____

☺ 생물적 소소한 순간

심리적 영역

_____
_____
_____
_____
_____

☺ 심리적 소소한 순간

사회적 영역

_____
_____
_____
_____
_____

☺ 사회적 소소한 순간

영적 영역

_____
_____
_____
_____
_____

☺ 영적 소소한 순간

다음 질문을 염두에 두고 각 동그라미 안에 무엇이 당신을 행복하게 하는지 기록하자.

- 무엇이 나를 미소 짓게 하는가?
- 무엇이 삶이 행복하다고 느끼게 하는가?
- 나는 무엇을 가장 소중하게 생각하는가?

각 동그라미 안에 소소한 순간을 기록할 부분도 꼭 남겨놓자. 다 작성했으면 동그라미 안에 몇 가지를 기록했는지 살펴보자. 유난히 짧은 영역이 있는가? 어느 하나라도 균형에서 벗어난 영역이 있는가? 만약 그렇다면 당신이 그 영역을 소홀히 하고 있다는 뜻이다. 매일 행복의 네 영역을 들여다보면서 무엇이 당신에게 기쁨을 주는지 상기하도록 하자. 당신이 좋아하는 일을 하는 데 초점을 맞추면 확실히 더 행복해질 수 있다.

이제 당신은 아무도 이야기하지 않는 행복으로 가는 비밀 일곱 가지를 알았다. 이제는 당신과 당신이 사랑하는 사람들이 더 행복해질 수 있도록 도와줄 방법을 좀 더 진지하게 살펴보도록 하자.

행복은 뇌에서 찾을 수 있다

빈정거리는 말에 곧장 맞받아칠 수 있다면 뇌가 건강하다는 뜻이다.
_화자 미상

뇌는 행복을 좌우하는 기관이다. 뇌는 취향과 욕구, 학습을 관장하며, 행복해지려면 이 모든 요소가 반드시 필요하다. 또한 뇌는 행복의 적인 슬픔과 불안, 공황, 분노를 느끼고, 지나간 정서적 외상을 저장하는 기관이기도 하다. 귀와 귀 사이에 있는 1.4킬로그램짜리 조직을 평가하고 최적화하겠다는 결심은 더 행복해지기 위해 가장 먼저 내려야 할 근본적인 결정이다. 하지만 사람들은 좀처럼 뇌에 대해 생각하지 않는다. 뇌가 물리적으로 제대로 작동할 때 비로소 성공과 행복이 시작된다는 사실을 고려하면 이는 대단히 큰 실수다.

사람들이 뇌에 대해 조금도 생각하지 않는다는 증거는 어디에서

나 찾아볼 수 있다. 축구가 뇌 손상을 초래할 수 있다는 온갖 증거가 있는데도 여전히 어른들은 아이들이 축구를 하도록 내버려둔다. 머리로 축구공을 들이받고 내내 곡예 같은 위험한 동작을 하는데도 그냥 둔다. 앞서 소개한 내 환자 스티븐 힐턴 사례에서 봤듯이 두부 외상은 불행을 유발하는 주요 원인이다. 내가 사는 캘리포니아주 뉴포트 비치는 전 세계에서 성형외과 의사가 가장 많은 지역 중 하나다. 나는 우리 사회가 뇌보다 얼굴과 가슴, 뱃살, 엉덩이에 더 관심이 많다는 생각을 자주 한다. 외모가 완벽하면 행복할 것이라는 생각을 하는 사람들이 많다. 하지만 이는 사실이 아니다. 완벽한 외모가 행복으로 이어지지는 않는다. 놀랍도록 아름다웠던 영화배우 매릴린 먼로와 슈퍼모델 마고 헤밍웨이가 스스로 목숨을 끊은 사실만 봐도 알 수 있다.

왜 사람들은 좀처럼 뇌 건강에 관심을 갖지 않을까? 이는 뇌가 눈에 보이지 않기 때문이다. 피부 주름이나 뱃살은 눈에 보이고, 외모가 만족스럽지 않다면 대책을 세울 수 있다. 하지만 자기 뇌를 볼 기회는 드물다 보니 진짜 문제가 발생했다는 징후가 나타나기 전까지는 아무도 신경을 쓰지 않는다. 내과 의사들도 심장과 뼈, 자궁경부, 전립선은 검진하지만 환자가 편두통이나 어지럼증, 발작, 기억 장애 같은 심각한 증상을 나타내지 않는 한, 뇌 건강을 평가하는 경우는 드물다.

1991년 SPECT 영상법으로 뇌를 들여다보기 시작했을 때 나는 다니던 의대 신경과학과 수석이었고 이미 일반 정신과와 소아청소년 정신과 전문의 면허를 취득한 상태였지만, 정작 나 자신의 뇌에는 관심이 없었다. 5년 동안 정신과 수련을 받으면서 뇌 건강 강의를 한 번도 들은 기억이 없다. 지금 생각해보면 창피하지만, 정신과에서 주로 다루는 기관이 뇌인데도 내 뇌의 물리적 건강 상태는 생각해본 적이 없었다. 그랬던 내가 순식간에 바뀐 계기가 있었다.

SPECT 스캔 지시를 내리기 시작한 지 얼마 지나지 않아 나는 건강 데이터베이스 프로젝트의 일환으로 환갑을 맞은 어머니의 뇌를 촬영했다. 어머니의 뇌는 60세라고는 믿기 어려울 만큼 아름답고 젊었다. 어머니 뇌의 상태는 어머니가 살아온 삶을 반영했다. 당시 어머니 곁에는 자녀 일곱 명과 손주 수십 명이 있었고, 어머니는 모두에게 적극적이고 긍정적으로 대했다. 게다가 1976년 뉴포트 비치 골프 클럽 여자 챔피언이었다. 어머니 뇌를 보면서 나는 나 자신의 뇌를 스캔하겠다는 용기를 냈다. 내 뇌는 건강하지 않았고 37세라고 보기엔 심각하게 늙은 상태였다. 이유를 곰곰이 생각하던 나는 고등학교에서 축구를 했고(뇌에 해롭다), 육군 복무 시절 뇌수막염에 두 차례 걸렸으며(이 또한 뇌에 해롭다), 뇌에 해로운 습관이 있었다는 사실을 떠올렸다. 술을 마시거나 담배를 피우거나 마약에 손을 댄 적은 한 번도 없었다. 하지만 당시 나는 집과 직장에서 만성 스트레스에 시달렸고 하루에 네 시간 이상 자지 못할 때가 많았다. 정상 체중보다 7킬로그램 정도 많이 나갔고 끼니는 대개 패스트푸드로 대충 때웠다.

어머니의 뇌와 내 뇌를 찍은 SPECT 영상을 비교해보면서 나는 샘이 났다. 나도 어머니처럼 건강한 뇌를 갖고 싶다는 생각이 들었고, 뇌를 개선하고자 애쓰기 시작했다. 내 뇌는 금방 건강해졌고 그 상태를 유지했다. 몇십 년이 지났을 때 내 뇌의 모습은 더 꽉 차고 통통하고 건강해졌고 여기에서 에이멘 클리닉의 진료를 뒷받침하는 '여러분의 뇌는 바뀔 수 있습니다. 뇌는 더 좋아질 수 있고, 우리는 이를 증명할 수 있습니다'라는 근본 원칙이 생겨났다. 나뿐 아니라 우리가 치료한 환자 수만 명도 이를 경험했다. 뇌가 건강해지면 더 바람직하고, 더 행복하고, 더 성공적인 삶이 따라온다.

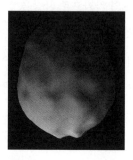

내 어머니의 SPECT 스캔 영상(60세)
꽉 차고 고르며 대칭인 건강한 상태

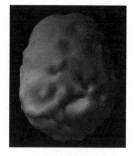

나의 뇌(37세)
울퉁불퉁하고 불량한 상태

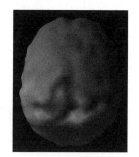

나의 뇌(62세)
훨씬 건강해진 상태

인간의 뇌를 둘러보자

뇌란 한 인간으로서 우리 존재를 만들고 유지하고자 함께 일하는 부분들이 한데 모여 있는 군집 기관이다. 뇌의 각 영역은 특정한 기능을 담당하지만 그 기능은 좀처럼 단순하지 않다. 이를 염두에 두고서 당신이 뇌를 잘 이해할 수 있도록 다소 일반화해서 알려주고자 한다. 인간의 뇌는 아테네, 로마, 파리처럼 역사가 오래된 현대 도시와 비슷하다. 이런 유명한 도시들처럼 뇌에도 수십억 개에 이르는 신경 경로로 연결된 다양한 이웃이 있다. 잠시 둘러보도록 하자.

인간의 뇌에는 생존에 꼭 필요한 활동을 담당하는 원시적인 영역이 있다. 신경과학자들이 '파충류 뇌reptilian brain'라고 하는 이 부위는 뇌줄기brain stem와 소뇌cerebellum를 포함하며, 호흡과 심박수, 체온, 균형, 협응coordination(여러 움직임을 서로 조정하는 능력)을 조절한다. 뇌줄기와 소뇌는 도파민과 세로토닌 같은 화학물질 처리 속도와 생산에 관여하므로 행복을 느끼는 데도 중대한 역할을 한다. 도파민과 세로토닌은 기분과 동기, 학습에 관여하며 이는 나중에 좀 더 자세히 다룰 것이다.

뇌줄기와 소뇌 주변에는 '감정의 뇌emotional brain'라고 하는 둘레계통이 있다. 둘레계통은 우리가 느끼는 감정을 긍정적 혹은 부정적으로 물들이고 유대감 형성, 보금자리 꾸리기, 감정 등 생존에 필요한 기본 욕구에 관여한다. 둘레계통은 무엇이 생존을 유지하거나 위협하는지 기억해서 기록하고 충동과 갈망(욕구와 욕망), 어떤 것이 얼마나 즐거운지(좋아함)를 관장한다. 둘레계통은 종종 무의식적으로 우리 행동에 강한 영향을 미친다.

둘레계통은 다음 구조물로 이뤄진다.

- 해마hippocampus: 기분에 관여, 새로운 기억 형성

- 편도체amygdala: 공포를 비롯한 정서에 관여, 식량이나 성행위 상대, 경쟁자, 도움이 필요한 어린이의 존재를 알리는 기능 담당
- 시상하부hypothalamus: 체온과 식욕, 성행동, 감정 조절
- 바닥핵basal ganglia (기저핵): 동기, 쾌락, 신체 운동 조정
- 앞띠이랑anterior cingulate gyrus (전대상회): 주의 돌리기, 오류 감지

마지막으로 뇌에는 파충류 뇌와 둘레계통을 둘러싸고 있는 대뇌겉질cerebral cortex(대뇌피질)이 있다. 대뇌겉질은 언어와 추상적 사고, 상상력, 문화를 창조하고 이해하는 기능을 담당한다. 대뇌겉질은 무한한 학습 가능성을 지니고 우리가 행복하거나 슬픈 이유를 만들어내는데, 이는 진실일 수도 있고 그렇지 않을 수도 있다. 대뇌겉질은 인간의 뇌에서 가장 큰 구조물이다. 주름진 호두 모양의 대뇌겉질은 나머지 뇌를 둘러싸는 가장 바깥 조직이며 총 네 개의 엽으로 이뤄져 있다.

- 이마엽frontal lobes(전두엽): 이마엽은 움직임을 지시하는 역할을 담당하는 운동겉질motor cortex, 움직임을 잘 계획하도록 돕는 전운동겉질premotor cortex, 집행 기능을 담당하는 앞이마겉질prefrontal cortex(전전두피질)로 이뤄져 있다. 이마엽은 인간의 뇌에서 가장 진화한 부분으로 집중, 사전 숙고, 판단, 조직, 계획, 충동 조절, 공감, 실수에서 배우기 같은 기능을 담당한다. 이마엽이 인간의 뇌에서 차지하는 비율은 약 30퍼센트에 달한다. 이에 비해 침팬지는 11퍼센트, 개는 7퍼센트, 고양이는 3퍼센트(그래서 고양이 목숨이 아홉 개인 모양이다), 쥐는 1퍼센트(쥐가 고양이에게 잡아먹히는 이유)를 차지한다. 앞이마겉질 아래쪽 눈구멍 바로 위에는 행복과 밀접한

관련이 있는 눈확이마겉질orbitofrontal cortex(안와전두피질)이 있다.

- 관자엽temporal lobes(측두엽): 관자놀이 안쪽이자 눈 뒤쪽에 위치한 관자엽은 언어와 청각 정보 처리, 학습과 기억, 감정에 관여한다. 관자엽은 사물이 '무엇'인지 이름을 붙이는 기능을 하므로 '무엇 경로What Pathway'라고 한다. 관자엽 내부에는 둘레계통(감정의 뇌)에 속한 중요한 구조물인 해마(기억과 기분)와 편도체(감정 반응과 공포)가 있다.

- 마루엽parietal lobes(두정엽): 뇌의 윗부분과 뒷부분에 걸쳐 있는 마루엽은 감각 처리(촉각), 지각, 방향감각을 관장하는 중추다. 마루엽은 사물이 어디에 있는지 위치를 파악하도록 도와주므로 '어디에 경로Where Pathway'라고 한다. 또한 숫자 계산과 옷 입기, 몸단장에도 관여한다.

- 뒤통수엽occipital lobes(후두엽): 대뇌겉질 뒷부분을 가리키는 뒤통수엽은 주로 시각 및 시각 처리를 담당한다.

대뇌겉질은 좌우반구로 나뉜다. 좌반구와 우반구의 기능은 상당 부분 겹치지만, 일반적으로 오른손잡이의 좌반구(왼손잡이의 경우 반대일 수도 있고 그렇지 않을 수도 있다)는 언어 능력에 관여하고 분석적, 논리적, 구체적인 동시에 좀 더 긍정적인 뇌 영역이다. 우반구는 큰 그림을 보고 직감과 직관에 관여한다. 또한 문제를 보고 인정하는 경향을 나타내고 좀 더 불안을 많이 느끼는 뇌 영역이다. 경두개자기자극법transcranial magnetic stimulation은 고빈도 전자기로 왼쪽 앞이마겉질을 자극해 우울증을 치료하고 저빈도 전자기로 오른쪽 앞이마겉질을 자극해 불안을 누그러뜨리는 정신 질환 치료법이다.

감각기관을 거쳐 뇌로 들어간 세상의 정보는 일단 둘레계통으로 가서 의미 있다거나 안전하다거나 위험하다는 꼬리표를 받는다. 그렇게 꼬리표를 단 정보는 뇌의 뒷부분(관자엽, 마루엽, 뒤통수엽)으로 이동해 처음으로 처리되고 과거 경험과 비교된다. 그다음에 정보가 뇌의 앞부분으로 이동하면 우리는 그 정보를 평가하고 정보를 바탕으로 행동할지 여부를 결정한다. 뇌에 들어간 정보는 시속 435킬로미터 속도로 이동하며, 바깥세상에서 의식적인 인식으로 들어가는 정보 전달은 순식간에 일어난다.

뇌의 외부

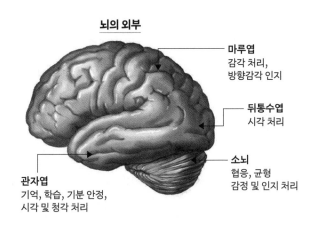

마루엽
감각 처리,
방향감각 인지

뒤통수엽
시각 처리

소뇌
협응, 균형
감정 및 인지 처리

관자엽
기억, 학습, 기분 안정,
시각 및 청각 처리

뇌의 내부

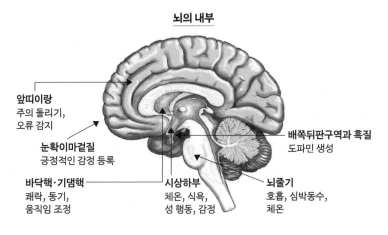

앞띠이랑
주의 돌리기,
오류 감지

눈확이마겉질
긍정적인 감정 등록

바닥핵·기댐핵
쾌락, 동기,
움직임 조정

시상하부
체온, 식욕,
성 행동, 감정

배쪽뒤판구역과 흑질
도파민 생성

뇌줄기
호흡, 심박동수,
체온

행복을 좌우하는 뇌

뇌 구조를 간단히 살펴봤으니 이제 구체적으로 행복을 다룬 연구로 관심을 돌려보자. 행복은 지금부터 소개할 중요한 뇌 영역 세 곳의 상호작용에서 비롯된다고 한다.

- 대뇌겉질 앞쪽 밑면에 위치한 눈확이마겉질
- 바닥핵, 특히 둘레계통에서 보상과 보상 예측에 반응하는 기댐핵의 앞쪽 절반 부위
- 도파민, 세로토닌, 페닐에틸아민 같은 신경전달물질을 생성하며, 파충류 뇌에 속하는 뇌줄기

눈확이마겉질: 자녀가 헤딩을 하도록 허락해서는 안 되는 이유

눈확이마겉질은 이마 바로 뒤, 눈 바로 윗부분에 있다. 이를 둘러싼 단단하고 솟은 뼈에 충격이 가해지면 눈확이마겉질에 손상이 발생할 수 있다. 눈확이마겉질은 행복과 밀접한 관련이 있으므로 어린이들(어른 역시)이 축구공을 머리로 들이받도록 허락해서는 안 된다. 외상성 뇌 손상을 입은 사람 중 앞이마겉질과 눈확이마겉질을 다치는 경우는 90퍼센트가 넘는다. 뇌 영상법 연구 결과에 따르면 눈확이마겉질은 쾌락 코딩에 중요한 영역이다. 내측(가운데) 영역은 음식(초콜릿 등), 오르가슴, 약물, 음악 등에서 느끼는 주관적인 쾌락(좋아함)과 관련이 있다. 또한 이 영역은 우리가 무엇에서 행복을 느끼는지 학습하고 기억하도록 돕는다. 불쾌한 감각은 외측(바깥쪽) 눈확이마겉

질에 기록된다.

바닥핵

바닥핵은 뇌 깊숙한 곳에 자리 잡은 커다란 구조물로 쾌락, 동기, 습관 형성, 움직임에 관여한다. 바닥핵에 속한 기댐핵nucleus accumbens은 쾌락을 향해 나아가고(욕구) 고통에서 벗어나고 싶다는 동기를 부여하는 보상 체계의 일부로, 갈망 및 중독과 관련된 신경전달물질 도파민에 강렬하게 반응한다. 기댐핵이 활발히 작동하지 않을 때 사람들은 생기가 없고 우울하다고 느끼는 경향이 있으며 중독과 약물, 알코올, 섹스, 달달한 고칼로리 음식처럼 중독을 활성화하는 갈망 물질에 취약해진다. 흑질substantia nigra(바닥핵의 일부)과 배쪽뒤판구역ventral tegmental area(복측피개영역, 뇌줄기에 위치)은 도파민을 생성한다. 이 영역이 활발히 작동하지 않거나 멈추기 시작하면 도파민이 줄어들어 파킨슨병Parkinson's disease, 무관심, 우울증이 발생한다.

뇌줄기

뇌줄기는 생명을 지탱하는 데 대단히 중요한 역할을 하며, 일부 세포 무리는 앞에서 언급했듯이 움직임, 동기, 쾌락에 관여하는 도파민을 만드는 배쪽뒤판구역이라는 영역으로 이어진다. 솔기핵raphe nuclei(봉선핵, 뇌줄기에 속한 또 다른 세포 무리)은 잘 알려진 신경전달물질 세로토닌을 만들어내며 기분과 인지 유연성에 관여한다.

이 세 뇌 영역의 상호작용 외에 뇌에서 고통을 유발하는 영역을 잠재우는 것 역시 행복에 영향을 미친다. 이는 특히 공포를 기록하는 영역인 편도체, 이마엽과 관자엽 사이에 있으면서 불안이나 불행을 느낄 때 더욱 활성화되는 부위인 섬겉질insular cortex(뇌섬엽)의 활동을 가라앉힌다는 뜻이다.

원함과 좋아함

둘레계통, 즉 감정의 뇌는 욕망과 애호를 구분하는 역할도 수행한다. 카지노에서 몇 시간 동안 슬롯머신 앞에 앉아 코인을 넣으며 레버를 당기는 사람들을 상상해보자. 대부분이 피곤하고 지루해 보이며 이겨도 거의 웃지 않는다. 이것이 기쁨을 동반하지 않는 강박적 끈기compulsive persistence를 보여주는 사례다. 뇌가 지금 하고 있는 행동을 계속해서 하고 '싶어' 하지만 실제로 '좋아한다'는 증거는 없다. 원함wanting과 좋아함liking은 둘 다 행복에 중요하지만 뇌에서 이 둘은 별개다. 그래서 우리는 좋아하지 않는 것을 원할 수 있다. 어머니가 자녀를 잃는 위험을 감수하면서도 마약을 갈망(원함)하거나 남자가 집과 가족을 잃으면서도 도박을 끊지 못할 수 있다.

개인적인 예를 들자면, 나는 명절을 어머니 집에서 보낼 때가 많다. 어머니는 요리를 무척 잘하시고, 89세인 지금도 가족들을 위해 함께 보내는 시간을 특별하게 만들고자 엄청나게 노력하신다. 나는 어머니가 만든 소시지 피자, 볶음밥, 꿀을 바른 시리아식 빵을 비롯한 건강에 좋지 않은 음식들을 원한다. 하지만 그런 음식을 먹었을 때 느끼는 기분(지나친 포만감, 자기혐오, 언짢음)은 좋아하지 않는다. 평소에 나는 건강한 체중을 유지하고 좋아하는 일을 최대한 오랫동안 하는 데 필요한 에너지를 확보하려고 열심히 노력하고 있으므로 그런 음식들이 내 몸에 끼칠 영향도 달갑지 않다. 세월이 흐르면서 나는 어머니 집에 가기 한 시간 전에 몸에 좋은 음식을 먹으면 혈당치를 안정시키는 데 도움이 되고, 더 많이 먹고 싶다는 감당할 수 없는 충동에 시달리거나 행복이나 건강을 위태롭게 하지 않고도 원하는 음식을 조금씩 먹을 수 있다는 사실을 알게 됐다. 내 머릿속에 있는 원함과 좋아함 체계의 균형을 맞추는 법을 배운 셈이다.

- 원함은 브라우니를 먹거나 담배를 피우거나 카지노에 가고 싶다는 갈망처럼 미래에 보상을 받기를 고대하는 '기대 욕망anticipatory desire'이다. 나중에 살펴보겠지만 원함은 가능성의 화학물질인 도파민에 좌우된다. 뇌에 있는 '원함' 체계는 크고 탄탄하고 강력하므로 이를 통제하려면 앞이마겉질이 건강해야 한다.
- 좋아함은 '완결된 쾌락consummatory pleasure'으로 이에 관여하는 뇌 체계는 훨씬 작고 망가지기 쉬우며 세로토닌과 엔도르핀을 이용해 지금 이 순간에 하고 있는 일에서 얻는 쾌락의 신호를 보낸다. 중독성 물질은 섭취하는 순간에 쾌락을 만들어내는 '동시에' 원함 회로를 도용한다. 즉 주의를 기울이지 않으면 중독성 물질이 말 그대로 우리 뇌와 인생을 장악할 수 있다.

원함과 좋아함의 가장 큰 차이점은 우리 뇌가 작동하는 방식과 관련이 있다. 즉 하나는 의식적으로 일어나고 다른 하나는 무의식적으로 일어난다. 노벨상을 수상한 심리학자 대니얼 카너먼Daniel Kahneman은 정보 처리를 무의식적, 즉 저절로 일어나는 시스템 1과 의식적으로 일어나는 시스템 2로 나눴다. 좋아함은 의식적으로 행해지므로 우리는 이를 알아차린다. 원함은 무의식적으로 일어날 때가 많다. 즉 욕망은 우리가 알아차리지 못하는 사이에 저절로 발생하곤 한다. 우리 마음이 하는 일 대부분이 시스템 1에서 일어난다. 무의식적 정보 처리의 예로는 자동적 기술, 직감, 꿈을 들 수 있다. 인지 활동의 최대 95퍼센트가 무의식 속에서 일어난다.

그러니 원함 시스템이 작동하기 전에 먼저 좋아해야 한다. 심리학자들은 이를 가리켜 '각성 보기판arousal template'이라고 부른다. 각성 보기판이란 행복이나 쾌락을 처음으로 불러일으킨 생각과 영상, 행동, 감각 정보를 전부 모아놓은 집합체를 말한다. 아이를 단 음식이나 전자기기로 달래는 방법이 나쁜 전략인 이유도 여기에 있다. 이런 전략은 나중에 음식이나 기기 중독을 일으킬 수 있다. 좋아하는 강도가 클수록 나중에 그 사람의 인생에 더 큰 영향을 미친다. 이것이 많은 사람이 첫사랑을 극복하지 못하는 이유이기도 하다. 옥시토신과 도파민 같은 새로운 사랑 화학물질이 폭발해 처음으로 기댐핵을 덮치면 뇌의 쾌락 중추에 오래도록 지속되는 흔적을 남긴다. 첫사랑을 떠올리게 하는 것이라면 무엇이든 같은 화학물질의 폭발을 다시 불러일으킬 수 있다.

뇌에서 행복 찾기

이 책을 쓰고 뇌 체계와 행복에 대해 더 많이 배우면서 나는 우리 병원에서 실시하는 뇌 영상법 스캔에서 실제로 행복을 발견할 수 있는지 살펴보기로 했다. 우리는 9세에서 89세까지 환자 344명을 대상으로 옥스퍼드브룩스대학교의 마이클 아가일 박사와 피터 힐스 박사가 함께 개발한 옥스퍼드 행복 질문지를 실시했다. 이 질문지는 응답자들에게 질문 29개에 6점 척도로 얼마나 동의 혹은 동의하지 않는지 묻는다.

1 = 전혀 동의하지 않는다
2 = 다소 동의하지 않는다
3 = 약간 동의하지 않는다
4 = 약간 동의한다
5 = 다소 동의한다
6 = 매우 동의한다

긍정적으로 표현한 진술도 있고 부정적으로 표현한 진술도 있다. 다음은 긍정적인 진술의 예다.

· 나는 삶이 무척 보람 있다고 느낀다.
· 나는 많이 웃는다.
· 나는 기쁨과 환희를 자주 경험한다.

부정적인 진술의 예로는 다음을 들 수 있다.

- 나는 미래를 딱히 낙관적으로 보지 않는다.
- 나는 내 외모가 매력 있다고 생각하지 않는다.
- 나는 삶에서 특별한 의미나 목적의식을 느끼지 않는다.

작성을 마치면 채점자가 점수를 계산한다.

1~2: 불행함. 자기 자신과 자신이 처한 상황을 실제보다 나쁘게 보고 있을
　　 가능성이 있음.
2~3: 다소 불행함.
3~4: 중립. 행복하지도 불행하지도 않음.
4~5: 다소 행복함.
5~6: 매우 행복함.
6: 지나치게 행복함.

특히 낮은 점수를 받은 사람들은 자신의 삶을 실제보다 나쁘게 보고 있을 가능성이 있다. 만점을 받은 사람들은 지나치게 행복하고 일상생활에서 잘 살 가능성이 낮다. 건강 문제를 겪을 가능성도 있다. 지나치게 행복하면 건전한 불안과 의사 결정 능력이 떨어질 수 있다.
　우리 연구팀은 1.03점에서 2.72점을 받은 하위 50명과 4.38점에서 5.76점을 받은 상위 50명을 비교했다. 그다음에는 우리 병원의 통계 전문가이자 캘리포니아대학교 어바인 캠퍼스 연구원인 데이비드 키터 박사가 참여자 전원에 대해 행복 점수 상관관계를 보여주는 분석을 추가로 실시했다. 그 결과는 무척 흥미로웠다.

행복도가 높은 집단의 뇌 SPECT 스캔에서는 전반적인 활성과 혈류가 높게 나타났다. 이는 뇌가 건강할수록 행복할 가능성이 높다는 뜻이다. 또한 눈확앞이마겉질orbital prefrontal cortex, 둘레계통에 속한 바닥핵과 기댐핵에서도 활성과 혈류가 높게 나타났다.

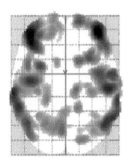

행복도가 높은 집단에서 나타나는 전반적인 활성 증가
행복도가 높은 집단은 뇌 전체, 특히 앞이마겉질에서 혈류 증가가 나타난다.

행복도가 낮은 집단의 SPECT 스캔에서는 앞띠이랑(뇌의 변속기)에서 활성이 높게 나타났다. 이는 이 사람들이 부정적인 생각에 사로잡힐 가능성이 높다는 뜻이다.

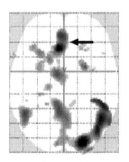

행복도가 낮은 집단에서 나타나는 앞띠이랑 활성 증가
화살표는 행복도가 낮은 집단에서 나타나는 앞띠이랑 활성 증가를 가리킨다.

키터 박사는 우리 연구에서 배쪽뒤판구역, 기댐핵, 눈확이마겉질로 이루어진 보상 회로(행복 회로)에서 발견된 결과가 가장 흥미로웠다고 말했다. 이 회로들은 미소, 웃음, 즐거운 감정, 행복과 연관이 있다. 이런 영역에서 활성이 높게 나타날수록 총 행복 점수가 더 높게 나타났다.

이제 뇌에서 행복을 찾았으니 우리 각자가 행복해지는 고유한 요인과 관련된 뇌 유형의 신경과학을 살펴보도록 하자.

나는 행복해지는 뇌 유형일까?

내 생각에 내 뇌는 다른 수많은 사람과 마찬가지로
걱정거리에서 흥미나 보람을 찾는 유형인 것 같아요.
_마리아 뱀포드Maria Bamford, 미국 영화배우

'나는 왜 이런 일을 할까?'

'남들은 왜 그런 일을 할까?'

'무엇이 나를 행복하게 할까?'

'무엇이 내가 사랑하는 사람들을 행복하게 할까?'

이런 핵심 질문에 답하려면 자신의 뇌, 특히 자신의 뇌 유형과 다른 사람들의 뇌 유형을 알아야 한다.

역사가 시작된 이래 우리는 다양한 방법으로 사람과 성격을 분류했다. 5세기 그리스 의사 히포크라테스는 기본 기질을 네 가지로 나눠 설명했고, 각 기질은 체액(혈액, 담즙, 우울, 점액)의 과잉이나 부족에

서 생겨난다고 믿었다. 네 가지 기질은 다음과 같다.

- 다혈질(외향적, 사교적, 위험 감수)
- 점액질(느긋함, 평화로움, 태평)
- 담즙질(보스 기질, 단호함, 목표 지향적)
- 우울질(사려 깊음, 내성적, 내향적, 슬픔, 불안)

대학교에 들어가 심리학 수업「기질과 성격」을 들을 때 나는 과제를 하면서 만화「피너츠」의 등장인물을 히포크라테스의 기질 유형으로 분석했다. 스누피는 확실히 다혈질이었다. 슈뢰더는 점액질, 루시는 담즙질, 찰리 브라운은 우울질이었다. 그 과제를 한 이후로 나는 성격을 분류하는 학문에 매료됐다.

요즘에는 여러 성격 검사가 있지만 그중에서도 다음에 소개하는 검사들이 가장 잘 알려져 있다.

- MBTI: 인간의 행동을 외향과 내향, 감각과 직관, 사고와 감정, 판단과 인식이라는 네 범주로 나누어 조합한 열여섯 가지 유형으로 성격을 분류한다.
- DiSC: 기업에서 주로 사용하는 검사로 주도형, 사교형, 안정형, 신중형이라는 네 가지 특질을 바탕으로 평가한다.
- 빅 파이브Big Five: 외향성, 친화성, 개방성, 성실성, 신경성이라는 기본적인 성격 특성 다섯 가지를 평가한다.

학교, 기업, 치료사들은 학생, 직원, 환자들을 좀 더 잘 이해하기 위해 이런 성격 검사를 활용한다. 사람들은 성격 검사를 하면서 자기만의 고유한 개성과 소속감을 느낀다. 이런 검사들은 널리 사용되고 있지만 그 응용을 뒷받침할 신경과학적 근거는 놀라울 만큼 부실하다. 이 중에서 빅 파이브 모형이 신경과학자들 사이에서 가장 널리 받아들여지는 체계다.

뇌 스캔 22만 장을 바탕으로 만든 새로운 모형

에이멘 클리닉의 뇌 영상 연구가 정신 건강 문제를 겪고 있는 사람들에게 도움이 된다는 사실이 널리 알려지면서 스캔을 받고 싶어 하는 사람들이 늘어났다. 하지만 경제적으로 여유가 없거나 근처에 에이멘 클리닉이 없는 경우가 많았다. 최대한 많은 사람을 돕고 싶다는 생각에 우리는 뇌 스캔을 받았을 때 뇌 모습이 어떻게 나올지 예측할 수 있도록 돕는 설문지를 개발했다. 설문지는 스캔 수만 장을 바탕으로 만들었다. 물론 질문지가 스캔을 받는 만큼 정확하지는 않았지만 차선책이었다. 지난 30년 동안 정신 건강 전문가 수천 명이 진료에서 우리 설문지를 사용했다. 그들은 뇌 유형을 알게 된 덕분에 환자에 대해 생각하고 돕는 방식이 완전히 바뀌었다고 전했다.

2014년에 우리 팀은 온라인 뇌 건강 검사Brain Health Assessment를 내놓았다. 총 6분 정도가 소요되는 이 검사를 실시하면 뇌 건강 점수와 함께 열여섯 가지 뇌 유형 중 자신이 어디에 속하는지 알 수 있다. 우리는 40년간 환자들을 도운 경험을 바탕으로 뇌 영역 활성을 질문 3백 개에 대한 답변과 비교하고 가장 예측력이 높은 질문 서른여덟 개를 선택해 뇌 건강 검사를 검증했다. 이 글을 쓰고 있는 현재 전 세계에서 250만 명이 넘는 사람들이 이 검사를 받았다.

우리가 발견한 기본 뇌 유형 다섯 가지는 다음과 같다.

1. 균형형
2. 즉흥형
3. 집요형
4. 예민형
5. 신중형

뇌 유형 6에서 16까지는 유형 2에서 유형 5까지가 함께 나타나는 복합 유형이다

6. 즉흥-집요형
7. 즉흥-집요-예민형
8. 즉흥-집요-예민-신중형
9. 집요-예민-신중형
10. 집요-예민형
11. 집요-신중형
12. 즉흥-집요-신중형

13. 즉흥-신중형

14. 즉흥-예민형

15. 즉흥-예민-신중형

16. 예민-신중형

자신의 뇌 유형을 알면 세상과 소통하는 방법을 아는 데 도움이 된다. 또한 자기만의 뇌를 최적화하는 방법을 알아내서 삶의 거친 굴곡을 헤쳐나가고 자신과 자신이 사랑하는 사람들이 행복해질 가능성이 높아지는 방법을 이해하는 데도 도움이 된다. 그런 사례를 소개한다.

킴벌리와 케이트

킴벌리는 오랫동안 알코올의존증에 시달렸고, 결국 남편이 집을 나가면서 최후통첩을 했다. 중독 치료 프로그램을 받지 않으면 이혼하겠다는 말이었다. 배우자가 돌아오기를 절실하게 바랐던 킴벌리는 술을 마시지 않도록 도와줄 프로그램에 들어갔다. 결혼 생활이 위기를 맞으면서 킴벌리의 어머니인 케이트가 킴벌리 집으로 와서 함께 살았다. 두 사람은 끊임없이 싸웠고, 이는 두 사람 모두에게 엄청난 스트레스였다.

킴벌리는 뇌 유형 13(즉흥-신중형)으로 앞이마곁질 활성이 낮아서 주의 집중 시간이 짧고 정리정돈과 충동 조절을 잘 못하는 동시에 바닥핵과 편도체(감정의 뇌) 활성이 높아서 불안에 시달리고 최악의 상황을 예측하곤 했다. 알코올의존증은 불안한 감정을 잠재우려는 시도였고, 충동 조절에 서투르다 보니 중독 치료 프로그램에 진득하게 붙어 있지 못했다.

케이트는 뇌 유형 3(집요형)으로 책임을 지고 일을 완수하는 데 탁월했지만 물건이 제자리에 있지 않으면 몹시 화를 냈다(킴벌리는 게을렀다). 게다가 계속해서 부정적인 생각을 했고 과거에 받았던 상처를 계속해서 되짚는 경향이 있어 스트레스를 더욱 많이 받았다.

도움 요청을 받았을 때 나는 킴벌리가 남편과 재결합할 수 있도록 술을 끊으려면 킴벌리의 뇌뿐 아니라 케이트 뇌의 균형도 맞춰야 한다는 사실을 깨달았다. 우리는 각자의 뇌 유형에 맞춘 보충제와 생활습관 개선을 처방했다. 몇 주 만에 집안이 화목해졌고 몇 달 뒤에 킴벌리의 남편이 킴벌리를 다시 데려갔다.

행복을 좌우하는 화학물질

행복에 중대한 역할을 하는 뇌 체계 외에도 기분과 동기, 학습에 관여해 우리가 느끼는 기쁨의 수준에 영향을 미치는 중요한 신경전달물질neurochemical들이 있다. 신경전달물질이란 신경계가 뉴런 간 또는 뉴런과 근육, 분비선, 다른 신경에 분포하는 세포 간에 메시지를 전달하고자 사용하는 분자를 말한다. 이런 화학 전령은 뇌와 우리 몸 사이에 정보를 전달하는 역할을 하므로 건강에 무척이나 중요하다. 신경전달물질은 주변 세포를 자극하거나 억제하는 화학 전령이다.

행복과 관련해서 나는 신경전달물질 일곱 가지에 초점을 맞추고자 한다. 뒤에서 살펴보겠지만 이 중에서 몇 가지는 특정 뇌 유형에서 좀 더 중대한 역할을 수행한다. 우선 이 중요한 분자들을 간략하게 소개하겠다.

- **도파민**dopamine**: 부추김의 분자** – 이 독특한 신경전달물질은 뇌가 사물을 기억하는 능력을 뒷받침하면서 집중과 업무 지속을 돕는다. 도파민은 좋든 나쁘든 중요한 순간을 기억하도록 돕고, 기대, 쾌락, 사랑에 관여한다. 도파민은 기분을 좋게 하는 주요 신경전달물질이라서 언제나 더 많이 원하게 되므로 나는 이를 가리켜 '부추김의 분자'라고 칭하곤 한다.

- **세로토닌**serotonin**: 존중의 분자** – 세로토닌은 기분, 수면, 유연성에 관여한다. 또한 우리가 마음을 열고 변화에 적응하도록 돕는다. 세로토닌은 주변 사람들에게 존중받는다고 느낄 때 증가하고 감정이 상할 때 감소한다.

- **옥시토신**oxytocin**: 신뢰의 분자** – 도파민이 '부추김의 화학물질'이라면 유대감과 신뢰 관계를 강화하는 옥시토신은 '사랑의 화학물질'이라고 할 수 있다. 이 강력한 신경전달물질은 큐피드 역할을 한다고 알려져 있다. 포옹하거나 성관계를 하거나 친구들과 어울릴 때 옥시토신이 분비되기 때문이다. 하지만 옥시토신이 질투심과 의심, 특히 외부인을 향한 질투심과 의심을 유발한다고 생각하는 연구자들도 있다.

- **엔도르핀**endorphin**: 통증 완화의 분자** – 엔도르핀은 모르는 사람이 거의 없을 것이다. 우리가 운동이나 격렬한 신체 활동을 할 때 몸에서 분비되는 이 뇌 화학물질은 심혈관계에 면역 세포를 대량으로 방출해서 질병을 예방하고 기분을 좋게 한다.

- **가바**GABA**: 진정의 분자** – '감마아미노부티르산gamma aminobutyric acid'의 약자인 가바는 뇌의 주요 억제 신경전달물질이다. 가바의 주요 역할은 뇌 세포 흥분성을 낮추고 뉴런 발화를 늦추는 것이다. 가바는 도파민과 아드레날린처럼 자극을 유발하는 신경전달물질의 균형을 맞추도록 돕는다. 자극이 지나치면 불안과 불면, 발작을 유발할 수 있는 반면, 신경세포 발화가 너무 적으면 무기력과 혼란, 진정 상태를 유발할 수 있다. 균형이 중요하다.

- **엔도카나비노이드**endocannabinoid**: 평화의 분자** – 엔도카나비노이드는 기분, 수면, 식욕을 조절하는 역할을 수행한다. 엔도카나비노이드 활성이 과도하면 과식과 비만을 유발하고 반대로 활성이 낮으면 우울증, 불안, 외상 후 스트레스 장애, 염증, 면역 체계 문제를 일으킬 위험이 있다. 대마는 자연 발생 카나비노이드 성분을 100가지 넘게 함유하고 있으며 인체가 이 성분을 흡수하면 엔도카나비노이드 체계의 수용체와 상호작용하면서 반응한다. 가장 잘 알려진 성분은 테트라하이드로칸나비놀tetrahydrocannabinol과 칸나비디올cannabidiol이다. 이 두 성분은 화학적 구성은 비슷하지만 카나비노이드 수용체와 상호작용하는 방식이 완전히 다르다. 테트라하이드로칸나비놀은 사람들이 대마초라고 할 때 연상하는 성분이다. 이는 엔도카나비노이드 수용체를 직접 자극해 중독 효과를 일으킨다. 칸나비디올은 간접적으로 작동하므로 마약에 취한 기분을 유발하지 않는다.

- **코르티솔**cortisol**: 위험의 분자** – 이 호르몬은 부당한 평가를 받고 있다. 코르티솔은 생존에 꼭 필요하고 중요한 기능을 하지만 동시에 더 원하기보다는 덜 원하는 호르몬이기도 하다. 코르티솔이 통제 불능으로 생

성되면 행복감을 빼앗기 때문이다. 왜 그럴까? 코르티솔은 '스트레스 호르몬'으로 그 수치가 만성적으로 높으면 우울증, 불안, 비탄, 기억력 감퇴, 체중 증가는 물론 2형 당뇨병과 고혈압 같은 질환과 상관관계를 나타낸다. 또한 인체는 위험에 처했거나 투쟁-도피 반응을 일으킨다고 느낄 때에도 코르티솔을 분비한다. 팬데믹 기간처럼 스트레스가 끝나지 않고 아주 오랫동안 높은 상태를 유지하면 코르티솔 때문에 끔찍한 기분을 느끼게 된다. 이는 아주 행복한 사람들의 코르티솔 수치가 낮은 편이라는 연구 결과와 일치한다.

균형은 앞으로 살펴볼 모든 뇌 화학물질의 핵심이다.

자신과 주변 사람들의 뇌 유형을 알자

자신의 뇌 유형을 알면 삶의 여러 영역에서 도움을 얻을 수 있다. 이 책을 최대한 활용하고자 한다면 표지 날개에 실린 QR 코드를 스캔하거나 홈페이지 주소를 입력하고 무료 뇌 유형 검사를 받아보기 바란다. 검사하는 데 5분에서 7분밖에 걸리지 않는다. 가족, 친구들에게도 받아보라고 하자. 이 검사는 뇌 유형뿐 아니라 중요한 뇌 건강 영역의 점수도 알려준다. 어떤 뇌 유형의 사람이든 이 검사와 이 책을 함께 활용한다면 자신의 강점과 약점을 이해하고 전반적인 뇌 건강과 행복을 최적화하는 방법을 알 수 있을 것이다. 또 어떤 유형이든 뇌가 제대로 작동하면 제대로 기능하게 되고, 그러면 더 행복하게 살

수 있다.

　자기 뇌 유형을 알더라도 다섯 가지 뇌 유형을 모두 살펴보기 바란다. 복합 유형에 속한 사람인 경우에 자신의 뇌를 좀 더 잘 이해하는 데 도움이 되고 주변 사람들을 이해하는 데도 도움이 된다. 주변 사람들도 당신의 행복에 영향을 미친다. 다음 장에서는 다섯 가지 기본 뇌 유형의 성격적 특질과 대표적인 뇌 SPECT 영상 모습, 가장 큰 영향력을 발휘하는 구체적인 뇌 체계와 신경화학물질, 더 행복해질 수 있도록 뇌를 최적화하려면 무엇을 해야 하는지 등을 소개한다. 또한 복합 뇌 유형에 속한 사람은 어떤지도 알려준다.

"나의 뇌 유형을 알고 제대로 이해하고 나니

내 뇌를 사랑하는 구체적인 방법들을 알 수 있었습니다.

심지어 그걸 주변 사람들에게 알려줄 수 있게 되어 기뻐요.

이제 나의 뇌는 이 프로그램을 시작할 때만 해도

사무쳤던 깊은 슬픔을 느끼지 않습니다."

_K. J.

2장

행복과
불행을
결정하는
5가지
뇌 유형

균형 잡힌 뇌

사려 깊고 성실한 모범 시민형

> 뇌가 붕괴되고도 인격이 유지되기를 기대하는 것은
> 회원이 모두 죽고도 크리켓 클럽이 남아 있기를 기대하는 것과 같다.
> _버트런드 러셀Bertrand Russell, 영국 철학자

첫 번째 뇌 유형인 균형형은 처음으로 살펴보기에 알맞은 유형
이다. 또한 뇌 건강 검사에서 균형형이라는 결과가 나왔다면 바람
직한 상태라는 뜻이다. 굳이 추정하자면 일반 인구 중 3분의 1이 균
형형에 속한다고 할 수 있는데, 이는 다행한 일이다. 균형 잡힌 뇌
유형에 속한 사람들은 생산적이고 행복한 공동체를 떠받드는 토대
이므로 우리 사회에 꼭 필요하다. 이들은 삶을 체계적으로 살아가
고 대체로 학교와 직장에서 우수한 인재다. 옆집에 살았으면 좋겠
다는 생각이 드는 이웃이다.

뇌 유형 1: 균형형의 공통 특질

이 유형의 사람들은 대개 다음 특질에서 높은 점수를 기록한다.

· 집중력
· 충동 조절
· 성실성
· 유연성
· 긍정성
· 회복 탄력성
· 정서적 안정

또한 대개 다음 특질에서 낮은 점수를 기록한다.

· 짧은 주의 집중 시간
· 충동성
· 불성실성
· 걱정
· 부정성
· 불안

균형 잡힌 뇌 유형에 속한 사람들은 집중력이 강하고 유연하며 정서적으로 안정된 사람이다. 회의실에서 하는 회의든 온라인으로 하는 화상 회의든 항상 시간에 맞춰 나타난다. 자기가 한 말은 지키고 실제로 한 일을 이야기한다. 큰 위험은 감수하려 하지 않고 규칙을 따르려고 한다. 선을 넘는 유형의 사람이 아니다.

이 유형의 사람들은 대단히 뛰어난 대처 기술을 갖추고 있으며, 팬데믹을 겪으면서 스스로 대세에 따르는 법을 알고 있다는 사실을 깨달았을 것이다. 팬데믹이 닥쳤을 때 이들은 지나친 스트레스나 불안, 우울을 느끼지 않고 일상생활에 일어난 수많은 변화에 적응할 수 있었다.

균형형은 충동적인 행동에 시달리지 않는다. 자기 행동의 결과를 생각하고, 부적절한 발언을 내뱉지 않도록 5초 동안 속으로 생각한다. 또한 이들은 온종일 집 안을 어슬렁거리는 부류가 아니다. 천성이 긍정적인 이들은 항상 잔이 반쯤 차 있다고 본다. 이런 균형 잡힌 태도는 대체로 이마엽(앞이마겉질 등)과 감정의 뇌인 둘레계통이 건강하고 균형 잡힌 방식으로 작동하는 건강한 뇌에서 비롯된다.

균형형의 또 다른 장점은 적정 수준의 불안을 느낀다는 점이다. 제대로 읽은 것이 맞다. 내가 환자들에게 적당한 불안은 바람직하다고 말하면 놀라는 경우가 많다. 불안을 없애겠다는 목표가 바람직하다는 잘못된 믿음을 갖고 있는 사람이 너무 많은데, 그렇지 않다. 건전한 수준의 불안은 곤경에 빠지지 않도록 막아준다. 교도소에 갇힐까 봐 불안해서 편의점을 털지 않는다. 다른 차와 충돌해서 자기 자신이나 무고한 희생자를 죽일까 봐 걱정해서 고속도로를 시속 160킬로미터로 달리지 않는다. 균형형들은 성실하므로 삶을 일관되고 예측 가능하게 살아나가며, 덕분에 비교적 건강하게 장수할 가능성이 높다.

균형형은 대체로 행복한 편이지만 더 행복해지고 싶지 않은 사람이 어디 있겠는가. 우리는 모두 살면서 행복하기를 바란다. 하지만 우리는 모두 인생이 언제든 뒷걸음질 칠 수 있으며 예기치 못한 일이 벌어져서 아무리 적응을 잘하는 사람이라도 균형을 잃을 수 있다는 사실을 알고 있다. 갑작스러운 질병이나 가족의 죽음, 실직, 외로움 등이 뇌 기능을 방해할 수 있다. 뒤에서 다시 살펴보겠지만 안정적이고 긍정적인 기분을 유지할 수도 있고, 행복한 천성을 빼앗을 수도 있는 요인은 바로 우리가 매일 내리는 결정이다.

경쟁이 심하고 난관이 많은 요즘 환경에서는 이용할 수 있는 모든 강점을 총동원해야 한다. 창의력을 키우거나 기억력을 연마하거나 직장에서 더 큰 성공을 거두고 싶을 때, 사람들 앞에서 당당하게 말하고 싶거나 교제하는 사람과 관계를 발전시키고 싶거나 스트레스가 심한 상황에서 마음을 잘 다스리고 싶을 때 항상 뇌에서 해결책을 찾기 시작해야 한다. 이 책에서 소개하는 뇌 최적화 전략을 따르고 비밀 일곱 가지에 초점을 맞추면 평균을 넘어 최상의 실력을 발휘할 수 있을 것이다. 최선을 다하고 성공을 경험할 때 우리는 더욱 행복해진다.

균형 잡힌 뇌의 SPECT 스캔

뇌 SPECT 스캔 영상을 보면 균형 잡힌 뇌 유형에 속한 사람들은 대체로 꽉 차고 고르며 대칭적인 활성이 나타나고 뇌의 주요 처리 중추 중 하나인 소뇌(파충류 뇌의 일부) 활성이 높게 나타나는 건강한 뇌를 가지고 있다.

균형 잡힌 뇌 유형

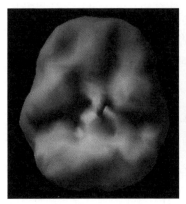 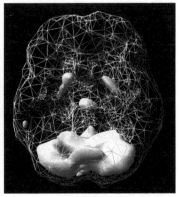

건강한 표면 뇌 SPECT 스캔
꽉 차 있고 고르며 대칭적인 활성이 나타난다.

활성 상태의 건강한 뇌 SPECT 스캔
소뇌에서 건강한 활성이 나타난다.

균형 잡힌 뇌 유형에 속한 사람들의 경우 고통을 유발하는 뇌 영역(1장에서 설명한 편도체와 섬겉질 포함)이 비교적 평온하다.

균형형의 행복 신경화학물질

뇌 유형 1인 사람들은 행복감을 주는 화학물질들이 너무 높지도 낮지도 않은 균형 상태를 나타낸다. 신경화학물질 하나가 나머지보다 두드러지게 높게 나타나지 않고 서로 잘 어울린다.

균형 잡힌 뇌 유형 최적화하기

뇌와 관련된 행복으로 가는 비밀 일곱 가지를 활용하고 간단한 질문 일곱 개를 끊임없이 되새기면서 뇌를 최적화할 수 있다. 도파민, 세로토닌, 옥시토신, 엔도르핀, 가바, 엔도카나비노이드, 코르티솔을 안정된 양으로 계속 생산하려면 균형 잡힌 식사를 하고 규칙적으로 운동하며 명상이나 기도를 하고 마사지를 받는 등 뇌와 몸 전반을 잘 관리해야 한다.

영양 보충 측면에서 뇌 유형 1은 복합 미네랄이 충분히 첨가된 광범위 멀티비타민을 복용하면 도움을 얻을 수 있다. 효능이 높고 순도 높게 정제한 생선 기름이 포함된 오메가-3 지방산도 필요하다. 장 건강은 뇌 건강에 직결되므로 질 좋은 프로바이오틱스를 영양 보충제로 추천한다. 노년층의 인지 기능 유지(3장에서 좀 더 자세히 다룬다)를 비롯해 뇌 건강 조절에 많은 역할을 하는 비타민 D도 잊지 말아야 한다.

균형형을 위한 행복 처방

🔖 **자신의 뇌 유형을 지원하자.** 균형 잡힌 뇌를 유지하려면 자신의 뇌를 사랑하는 법을 배우고 뇌 건강에 좋은 행동을 하며 뇌가 다칠 수 있는 일을 피해야 한다. 이렇게 하면 정서적 안정을 유지하고 삶의 기복에 잘 대처하는 데 도움이 될 것이다.

🔖 **자신의 진로를 이해하자.** 균형 잡힌 사람들은 인사부의 꿈이다. 이들은 훌륭한 임원 재목이자 업무 지향적인 착실하고 성실한 직원들이다.

🔖 **자신의 학습 방식을 제대로 파악하자.** 균형형은 지시를 따르고 자주 메모를 하며 회의에 앞서 착실히 정리하고 준비하고자 노력하는 유형이다.

📓 **인간관계에서 자신이 원하는 바를 파악하자.** 균형형은 감정 기복이 심하지 않은 평온한 사람이므로 소란스럽지 않다. 다른 뇌 유형인 친구, 가족들에게 적응해 관계를 꽃피울 수 있다.

균형 잡힌 뇌 유형과 관계를 맺을 때

배우자든, 형제자매든, 상사이든 간에 뇌 유형 1인 사람이 주변에 있다면 편안함의 원천이 될 수 있다. 이들은 자기가 한 말을 지키고 맡은 일은 끝까지 완수하며 삶의 우여곡절에 유연하게 대처한다. 또 대인 관계 기술이 뛰어나므로 문제가 발생했을 때 대체로 합리적인 해결책을 기반으로 갈등을 해결한다. 이들은 릴레이팅RELATING에 뛰어난 능력을 발휘하므로 일반적인 관계 조언이 효과를 나타낸다.

- 책임감responsibility | 어떤 상황에든 대응하는 능력
- 공감empathy | 다른 사람들이 느끼는 감정을 느끼는 능력
- 경청listening | 남의 말을 잘 들어주고 효과적인 의사소통 기술을 보유
- 자기주장assertiveness | 생각을 단호하면서도 합리적으로 표현
- 시간time | 관계를 형성하는 데 필요한 실제 물리적 시간 할애
- 질문inquiry | 부정적인 생각과 사고 패턴에 대해 질문하고 수정
- 주목noticing | 마음에 들지 않는 점보다 마음에 드는 점에 주목
- 자비grace | 상처받은 뒤에 앞으로 나아가고 용서할 건전한 방법을 발견

릴레이팅과 릴레이팅이 어떻게 관계 발전에 도움이 되는지는 5장에서 좀 더 자세히 살펴볼 것이다.

• 뇌 유형 1의 연인들이 주로 하는 말

"그녀는 늘 밝은 편이에요."

"그는 정말 사려 깊어요."

• 뇌 유형 1의 동료들이 주로 하는 말

"그는 훌륭한 팀원입니다."

"그녀는 언제나 마감일을 지킬 것이라고 믿을 수 있죠."

• 뇌 유형 1의 친구들이 주로 하는 말

"걔는 술자리가 있을 때 항상 운전은 자기한테 맡기라고 해요."

"그 친구는 믿을 수 있어서 정말 좋아요."

✍ **평소 상태에서 벗어났을 때를 조심하자.** 팬데믹 기간 동안 다들 그랬듯이 패스트푸드와 테이크아웃 식사가 잦아지면 뇌와 몸이 제대로 기능하는 데 꼭 필요한 필수 영양소가 부족하다는 것을 깨닫게 된다.

✍ **자신이 행복해지는 고유한 요인을 파악하자.** 자신에게 기쁨을 주는 것에 초점을 맞추자.

균형 잡힌 뇌 유형인 사람들을 행복하게 하는 것

- ☀ 건강한 인간관계
- ☀ 보람 있는 일
- ☀ 경제적 안정
- ☀ 규칙 준수
- ☀ 시간 준수
- ☀ 추수감사절, 크리스마스 같은 전통 명절에 참여하기
- ☀ 재미있게 놀기

균형 잡힌 뇌 유형인 사람들을 불행하게 하는 것

- ☀ 혼돈
- ☀ 과도한 위험 감수
- ☀ 지각
- ☀ 벼랑 끝에 서기
- ☀ 과제 빼먹기
- ☀ 믿을 수 없거나 부정적이거나 규칙을 지키지 않는 사람들과 함께 있기

☺ 소소한 순간에서 행복 찾기

- 배우자가 어깨를 쓰다듬어줄 때
- 저녁 식사로 맛있는 연어를 한입 베어 물 때
- 밤에 침대에 누울 때 느껴지는 시원한 이불
- 하루를 준비하는 자기만의 아침 의식
- 멀리 사는 가족, 친구들과 영상통화로 연락하기

즉흥적인 뇌

도전에 강하고 권태에 약한 도파민 중독형

> 앞이마겉질의 반응이 줄어들면 충동 조절 기제도 대부분 작동하지 않는다.
> 이 조합에 익숙하지 않은 사람들은 비싼 대가를 치러야 할 수도 있다.
>
> _스티븐 코틀러Steven Kotler

1장에서 언급했던 배우 겸 코미디언 로라 클레리 같은 흥미로운 사람들을 만날 수 있는 기회는 내 직업의 장점 중 하나다. 이제 로라 클레리는 할리우드를 떠나 즉흥 동영상과 코믹 영상을 만들어 인스타그램과 유튜브 채널에서 공개하고 있다. 인스타그램 팔로워가 3백만 명, 유튜브 구독자가 80만 명이 넘는 로라는 패멀라 펍킨과 헬렌 호배스라는 캐릭터를 연기하며 재미난 짤막한 영상을 올린다. 소셜 미디어계에서 로라는 '메가 인플루언서'로 통한다.

에이멘 클리닉을 찾는 수많은 환자처럼 로라 역시 여러 가지 걱정 거리가 있어서 뇌 스캔을 받고 싶어 했다. 로라는 침대 밖으로 나가고 싶지 않은 시기를 겪었고 기억력에 문제가 있었다. 참고로 로라는 네 살이 채 되지 않은 어린아이 둘을 키우는 30대의 젊은 어머니로 노화와는 거리가 멀다.

시카고에서 자란 로라는 항상 자기 자신과 주변 세상에 대해 농담을 던지는 유쾌한 금발 소녀로, 반에서 가장 재미있는 아이였다. 그런데 10대 후반에 배우로서 경력을 쌓고자 뉴욕시로 이사를 왔을 때 마약에 손을 대기 시작했고 '엄청난 양의 대마초'를 피웠다. 로라는 마약을 끊은 지 10년 가까이 됐지만 과거에 손댔던 마약 때문에 뇌에 손상을 입었을지도 모른다고 걱정했다.

로라의 촬영팀은 코스타메사에 있는 에이멘 클리닉에서 컴퓨터로 실시하는 심리 검사와 인지 검사부터 환자 이력 양식 작성, SPECT 스캔 준비, 장비에 누워 스캔을 실시하는 15분 동안 가만히 누워 있는 과정에 이르기까지 전체 진단 과정을 찍었다. 항상 움직이는 인플루언서에게 가만히 누워 있기란 힘겨운 일이었고, 로라는 SPECT 스캔을 다시 해야 했다.

이틀 뒤에 로라가 결과를 확인하고자 우리 클리닉에 내원했다. 로라가 꺼낸 첫마디는 "제 뇌를 보셨나요?"였다.

나는 웃으면서 "봤어요"라고 대답하면서 로라를 진료실로 안내했다. 로라의 맞은편에 앉은 나는 SPECT 스캔 인쇄물이 들어 있는 서류철을 열었다.

청바지에 파란색과 흰색 줄무늬 긴팔 셔츠를 입은 캐주얼 차림의 로라가 양손을 마주 잡았다. 오랫동안 이 일을 하면서 나는 환자들이 그렇게 긴장하는 모습을 수없이 많이 봤다.

로라는 "제 기억력이 좋지 않아서 걱정이에요"라는 말로 말문을 열었다. "남편은 '이 영화 기억나?'라고 묻는데 저는 '무슨 영화 말하는 건지 모르겠어'라고 할 때가 있어요. 남편이 기억하는 걸 저는 기억하지 못할 때가 많죠. 그게 걱정스러워요."

나는 이해한다는 뜻으로 고개를 끄덕인 뒤 "작성하신 서류를 읽어보고 스캔을 살펴봤어요"라고 말했다. "작성하신 이력 양식은 ADD, 그러니까 주의력결핍장애를 앓고 있는 여성의 경우와 무척 일치합니다."

로라는 깜짝 놀랐다는 듯이 "아, 이런"이라고 대답했다.

"그럴 가능성에 대해 생각해보신 적이 있나요?"라고 묻자 로라는 대답했다.

"ADD요? 아, 어릴 때 집중하기가 정말 힘들기는 했지만 그 문제로 병원에 간 적은 없었어요. 시험을 치르는 게 힘들었고 스스로 똑똑하다고 느낀 적은 없었지만, 재미있는 사람이라고 생각해서 그 점에 집중했죠. 하지만 ADD 진단을 받은 적은 없어요."

평가와 검사, 뇌 스캔을 바탕으로 판단하건대, 나는 로라가 ADD라고 확신했다. 로라의 뇌 스캔 영상에서는 ADD인 사람에게서 흔히 볼 수 있는 뇌 패턴이 나타났다. 앞이마겉질 활성이 낮고, 특히 집중하려고 할 때 낮았다. ADD가 없는 사람의 경우 집중하면 앞이마겉질의 활성이 증가한다. 하지만 ADD가 있는 사람은 이와 반대로 집중하려고 애쓸수록 집중하기가 더 힘들어진다. 로라는 뇌 유형 2이지만, 즉흥적인 뇌 유형에 속한 모든 사람에게서 ADD가 나타나는 것은 아니다.

뇌 유형 2: 즉흥형의 공통 특질

이 유형의 사람들은 대개 다음 특질에서 높은 점수를 기록한다.

- 즉흥성
- 위험 감수
- 창의성, 틀에서 벗어난 사고
- 호기심
- 폭넓은 관심사
- 짧은 주의 집중 시간
- 충동, 부주의한 실수
- 초조
- 어지럼힘
- 뜻밖의 일을 좋아함
- ADD 경향

또한 대개 다음 특질에서 낮은 점수를 기록한다.

- 뜻밖의 일을 싫어함
- 위험 회피
- 일과
- 동일성 선호
- 관습

- 현실성
- 세부 사항에 대한 관심
- 충동 조절
- 안정된 느낌

즉흥적인 뇌 유형은 분위기를 띄우는 역할을 할 수 있다. 새로운 일을 즐기고 스카이다이빙이나 번지점프에서 짜릿함을 느끼며 기꺼이 안정적인 일자리를 버리고 자기 사업을 시작하는 도박에 나서는 사람들이다. 어떤 면에서는 즉흥적인 뇌 유형에서 볼 수 있는 위험 감수, 창의성, 대담함 같은 특질은 미국인들이 가장 찬양하는 특성이기도 하다. 할리우드 영화 속 주인공들을 떠올려보라. 앞뒤 가리지 않고 불가능에 도전하는 인물들이 많다.

미국은 이런 인물들을 좋아하는 듯하지만 즉흥적인 뇌 유형에 속한 사람들이 직면하는 문제점도 있다. 초조해하고 쉽게 산만해지는 즉흥형은 자기 앞에 놓인 과제에 집중하려면 자기가 하는 일에 대단한 관심을 갖거나 흥분하거나 자극을 받아야 한다. 소방관과 자동차 경주 선수를 생각해보자. 아마도 그들은 정리 정돈에 서투를 것이고, 장담컨대 어떤 일에도 제시간에 나타나지 않을 것이다. 즉흥형은 두뇌 회전을 니코틴과 카페인에 의존하는 경향이 있으므로 흡연자와 커피를 많이 마시는 사람도 이 유형일 가능성이 높다.

즉흥형은 위험을 감수하다가 곤경에 빠지기 쉽다. 내가 치료했던 한 남자는 집에서 모퉁이에 숨었다가 아내가 지나갈 때 갑자기 나타나 아내를 깜짝 놀라게 하는 것을 좋아했다. 그는 아내가 지르는 비명

소리에 흥분했고, 이 소리에 이웃 주민 절반이 잠에서 깨곤 했다. 안타깝게도 아내는 이런 남편의 행동으로 부정맥을 일으켰고, 자기 목숨을 지키고자 남편을 우리 병원으로 데려왔다.

하지만 즉흥적인 뇌 유형에 속한 사람 중 다수는 차분하게 행동해야 할 때를 알고 있으며, 대부분의 사람들보다 더 행복하다고 느낀다. 한 연구에서 스스로 '즉흥적인 성격'이라고 밝힌 응답자들은 자신이 행복하다고 여길 가능성이 40퍼센트 더 높았다. 또한 자족하고 만족한다고 응답할 가능성 역시 38퍼센트 더 높았다.

즉흥적인 뇌의 SPECT 스캔

즉흥적인 사람들의 SPECT 스캔은 대체로 앞이마겉질 활성이 낮게 나타난다.

즉흥적인 뇌 유형

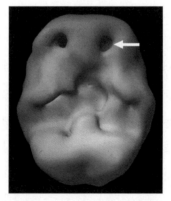

뇌의 앞쪽 앞이마겉질 활성이 낮게 나타난다.

앞이마겉질: 뇌의 외부

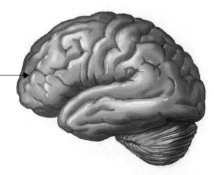

앞이마겉질
집중, 사전숙고,
충동 조절,
긍정적 감정과
부정적 감정 감지

앞이마겉질은 이마 뒤편으로 뇌의 앞쪽 3분의 1 지점에 자리 잡고 있으며 뇌에서 가장 진화한 부분이다. 우리가 장기 목표를 염두에 두고 행동하는 데 필요한 수준 높은 인지 과정이 이 부위에서 일어난다. 앞이마겉질은 뇌의 CEO처럼 행동하면서 우리 행동을 감독하고 지시하고 관찰하고 지도한다. 말하자면 앞이마겉질은 우리가 목표를 달성하고 효율적으로 행동하고 다른 사람들과 잘 협력하도록 다그치는 상사 역할을 한다. 앞이마겉질의 주요 기능은 다음과 같다.

· **집중:** 앞이마겉질은 학습, 단기 기억, 마무리에 필요한 집중과 주의에 중요한 역할을 수행한다. 또 업무 보고서를 작성하거나 학교 영어 수업 과제를 하는 등 당면 과제에 계속 집중해서 목표를 끝까지 완수할 수 있도록 돕는다. 동시에 뇌의 다른 영역에서 일어나는 활성을 누그러뜨리라는 신호를 전송해서 동료들이 잡담하는 소리나 신규 메시지 도착을 알리는 휴대전화 소리처럼 주의를 산만하게 하는 정보를 걸러내는 역할도 한다. 즉흥적인 뇌 유형에 속한 사람들에게 흔히 나타나듯이 앞이마

겉질의 활성이 낮으면 쉽게 주의가 산만해지고 마무리에 어려움을 겪을 수 있다.

- **사전 숙고:** 나는 앞이마겉질이 뇌의 브레이크 역할을 한다고 생각한다. 앞이마겉질은 우리가 실제로 말이나 행동을 하기 전에 그 말이나 행동의 결과를 생각하도록 돕는다. 예를 들어 오랜만에 우연히 만난 친구가 못 본 사이에 살이 쪘다고 하자. 앞이마겉질이 제대로 기능하고 있다면 다시 만나게 돼서 얼마나 반가운지 얘기하는 데 집중할 수 있다. 하지만 이 뇌 영역이 제대로 기능하지 않으면 "와, 너 엄청 살쪘다!"처럼 상처가 되는 말을 불쑥 내뱉을 가능성이 높다. 이 유형의 사람들은 나중에 후회할 말을 자주 하는 편이다.

- **충동 조절:** 앞이마겉질이 건강하면 충동 조절 능력이 뛰어나 자신에게 도움이 되지 않는 행동에 발을 들이지 않는다. 이 뇌 영역의 활성이 낮으면 통제력이 부족하기 쉽다. 예를 들어 나중에 운전할 예정인데도 술을 너무 마신다거나 이웃 주민과 바람을 피우고 싶은 충동에 굴복하거나 순간적인 기분에 월급을 도박으로 날리곤 한다. 이런 충동성은 인간관계, 건강, 재정 상태, 전반적인 웰빙을 해치는 결과를 초래할 수 있다. 그 결과 확실히 불행해질 가능성이 높다.

- **판단:** 앞이마겉질은 바람직한 결정을 내리도록 돕는 머릿속의 작은 목소리다. 앞이마겉질이 제 기능을 다하면 바나나 디저트 대신에 바나나를 선택할 수 있다. 제 기능을 못 하면 최선의 결정을 내리지 못할 수 있으며, 계속해서 나쁜 선택을 하다 보면 불행을 부르게 마련이다.

- **정리 정돈:** 정돈된 상태를 유지할 수 있다는 말은 앞이마겉질이 잘 작동하고 있다는 신호다. 즉흥적인 뇌 유형에서 흔히 볼 수 있듯이 이 영역

의 활성이 낮으면 무엇이든 계속해서 제대로 파악하는 데 어려움을 겪기 쉽다. 책상 위 곳곳에 포스트잇을 붙여놓아 엉망일 수도 있다. 정리정돈 능력이 부족하면 마무리하는 데 어려움을 겪기 쉬우므로 과제를 완수하는 데 더 오래 걸리고 지각하기 쉽다.

· **계획:** 앞이마겉질이 제 기능을 다하면 미리 계획을 세우고 문제를 해결하고 잠재적인 말썽이 발생하기 전에 예측할 수 있다. 체스 게임을 할 때 고수들은 몇 수 앞서서 계획을 세운다. 인생이라는 게임에서 최선의 움직임을 계획하도록 돕는 영역이 바로 앞이마겉질이다. 이 영역이 최대 역량을 발휘하지 않으면 사전에 난관을 탐색하는 능력이 떨어지고, 그러다 보면 한 발짝 뒤처질 수 있다.

· **경험에서 배우기:** 이 강력한 뇌 영역은 실수에서 배우도록 돕는 데도 대단히 중요하다. 앞이마겉질이 건강하다고 해서 결코 실수를 하지 않는 것은 아니다. 다만 실수를 반복하지 않도록 막아준다. 이 영역의 활성이 낮아 '졸린' 상태가 되면 얼빠진 실수를 계속 되풀이해서 저지를 가능성이 높다. 그러면 인간관계에서 불화가 발생하거나 직장에서 문제를 일으키거나 학교에서 말썽을 일으키게 될 수 있다. 살면서 이런 문제로 어려움을 겪을 때 행복하다고 느끼기는 어렵다.

· **감정을 느끼고 표현하는 능력:** 뇌 체계의 최강자인 앞이마겉질은 행복과 기쁨, 사랑을 느끼게 해준다. 또한 슬픔을 비롯한 여러 감정을 느낄 수 있는 능력도 준다. 앞이마겉질이 손상되거나 너무 낮은 활성을 나타내면 생각과 감정을 표현하기가 어려워지고 우울증에 걸릴 위험이 증가한다.

· **공감:** 다른 사람의 감정을 이해하거나 다른 사람의 처지가 되어 남의

관점에서 사물을 보는 능력은 앞이마겉질 활성과 연관 관계를 나타낸다. 이 영역의 활성이 낮으면 다른 사람들이 무엇을 생각하고 느끼는지 파악하기가 어려워진다. 이는 즉흥적인 뇌 유형이 무신경하다는 뜻이 아니라 그들의 뇌가 다르게 작동하는 경향이 있다는 뜻이다.

즉흥형의 행복 신경화학물질

뇌 유형 2는 비교적 낮은 도파민 농도와 연관 관계를 나타낼 수 있다. 도파민 농도가 낮은 사람은 안절부절못하고 불필요한 위험을 감수하려는 경향을 나타낼 수 있다. 1장에서 '부추김의 분자'이자 집중과 동기에 관여하는 도파민을 간략하게 살펴봤다. 지금부터 이 흥미진진한 뇌 화학물질을 좀 더 자세히 살펴보기로 하자.

뇌줄기에 속한 배쪽뒤판구역과 흑질에서 합성되는 도파민은 원함, 특히 더 많이 원함과 관련된 신경전달물질이다. 도파민은 기대, 가능성, 사랑, 미래 자원을 극대화하고자 성공을 추구할 때 관여하며 보상(음식, 섹스, 돈, 쇼핑)을 기대할 때나 예기치 못하게 즐거운 일로 놀랄 때 분비된다. 또한 동기(보상을 받으려고 나아가는 계기)와 기억, 기분, 주의와 관련이 있다. 도파민은 더 나은 삶을 추구하도록 이끄는 영업사원과 같다. 하지만 많은 영업사원이 그렇듯 도파민도 거짓말을 할 수 있고, 실제로는 고통스러운 결과가 기다리고 있는데도 쾌락을 주겠다고 약속한다(약물 남용이나 불륜을 저지르는 경우 등). 또한 도파민은 움직임을 조절하는 데도 도움을 준다. 2020년 NBA 챔피언십에서 LA 레이커스가 우승하고 몇 주일 뒤에 월드 시리즈에서 LA 다저스가 우승했을 때 내가 그랬듯이 흥분하면 펄쩍 뛰는 이유도 여기에 있다.

도파민 과다는 동요, 집착, 강박, 정신병, 폭력과 관련이 있다. 예전에 나는 메스암페타민 과다 사용으로 편집증과 폭력성이 나타난 상태에서 네 사람을 살해하고 사형을 선고받은 루이스 피플스 공판에서 진단과 증언을 맡았다. 에이멘 클리닉에서 뇌 스캔을 실시한 살인자 100여 명 중 거의 절반이 뇌의 도파민 농도를 높이는 메스암페타민을 복용한 상태였다.

도파민 농도가 너무 낮으면 우울증, 동기 저하, 무관심, 피로, 권태, 파킨슨병, 충동성, 당 갈망, 스릴과 갈등을 찾는 행동을 일으킬 수 있다. 또한 낮은 도파민 농도는 ADD(짧은 주의 집중 시간, 산만함, 어지럼힘, 미루기, 충동 조절 문제를 자주 나타냄)의 주요 쟁점이기도 하다. ADD를 나타내는 많은 사람이 무의식에서 도파민 분비를 자극하고자 문제 행동을 한다. ADD인 자녀를 키우는 많은 어머니가 아침에 아이가 집에서 말썽을 부리고 나면(울고 소리 지르고 위협) 나중에 학교에 가서는 얌전하게 보낸다고 말한다. 반대로 아침에 집에서 의젓하게 행동하면(사랑스럽고 다정하고 친절) 학교에서 말썽을 피우는 일이 잦다고 한다.

뇌에는 행복과 관련된 주요 도파민 체계가 두 가지 있다.

1. 바닥핵에 속한 기댐핵의 앞쪽 절반 부위에 위치한 '도파민 보상 중추do-

pamine reward center'는 쾌락과 중독 추구에 관여한다. 원함과 욕망에 관여하는 도파민 보상 체계를 떠올려보자.

2. 앞이마겉질, 눈확이마겉질 활성을 높이고 행동하기 전에 생각하고 쓸모없는 행동을 멈추도록 돕는 '도파민 조절 중추dopamine control center'는 사전 숙고, 판단, 계획, 충동 조절, 장기적 행복에 관여한다.

나는 이 두 체계를 휘발유(도파민 보상 중추)와 브레이크(도파민 조절 중추)라고 생각한다. 조금이나마 특별해지려면 둘 다 꼭 필요하다.

일단 도파민이 쾌락 중추를 자극하면 대개 내성이 생겨서 같은 기분을 느끼려면 점점 더 많은 도파민이 필요하므로 '부추김의 분자'라고 부른다. 이런 현상을 가리켜 '쾌락 적응'이라고 한다. 대니얼 리버먼과 마이클 롱 공저 『도파민형 인간The Molecule of More』에는 다음과 같은 내용이 나온다.

다리 밑에 사는 사람에게 도파민은 '텐트'를 바라도록 부추긴다. 텐트에 살면 '집'을 원하게 된다. 세상에서 가장 비싼 저택에 살면 '달'에 성을 짓고 싶게 된다. 도파민의 기준에서 만족이란 없고 결승선도 없다. 뇌에 있는 도파민 회로는 지금 손에 쥔 것이 얼마나 완벽한지에는 아무런 관심이 없고 그저 반짝이는 새것을 손에 넣을 가능성에만 자극을 받는다. 도파민의 좌우명은 '더 내놔'다.

단조로운 일상, 보상 좌절(원하는 것을 얻지 못함), 실망, 친숙함, 가공식품 비율이 높은 식습관은 도파민 농도를 낮춘다. 극심한 우울증과 불안, 조울증, 조현병 치료에 도파민 농도를 낮추는 약물을 사용한다. 안타깝게도 그런 생명을 살리는 약이 무관심, 감정 둔화, 떨림이나 들썩임 같은 비정상적 운동 증상도 일으킬 수 있다.

도파민은 뭔가를 쫓는 스릴에 자극을 받는다. 또한 무작위 보상, 고강도 운동, 도박, 섹스, 카페인, 니코틴, 대부분의 약물, 특히 코카인과 메스암페타민 남용에도 자극을 받는다. 즉흥적인 뇌 유형에 속하는 사람들이 위험한 행동이나 활동에 쉽게 이끌리는 이유가 여기에 있다. 그들의 뇌는 도파민 분비를 촉진할 건수를 찾는다.

명성 또한 처음에는 도파민 수치를 높인다. 많은 사람이 업적을 보고 알아봐주는 자체가 기본적인 인간 욕구(성취, 주목받음, 안전, 애정 등)를 다방면으로 충족하기 때문이다. 쾌락을 많이 얻을수록 더 많이 원하게 되고, 시간이 흐르면 쾌락 중추가 망가져 생기 없고 우울한 기분을 느끼게 된다. 지금까지 일하면서 나는 올림픽 운동선수, 프로 골퍼, 축구선수, 하키선수, 야구선수, 농구선수부터 오스카상을 탄 영화배우, 명예의 전당에 오른 뮤지션, 정치인, 퓰리처상을 탄 작가, 모델 등에 이르기까지 수많은 유명인을 치료했다. 명성을 얻으면서 높아

진 도파민은 내성을 일으키는 경우가 많고, 전과 같이 신나는 기분을 느끼려면 점점 더 많은 도파민이 필요해진다. 유명인들이 단지 평안한 기분을 느끼려고 약물 남용, 불륜, 빠른 차, 도박에 의존하는 이유가 여기에 있다. 신혼인 유명인들이 이혼할 확률은 평범한 사람보다 다섯 배 더 높다.

나는 젊은이들을 위해 자주 기도한다.

"하느님, 제발 젊은이들이 뇌가 다 발달하기 전에 유명해지지 않도록 하소서."

도파민 조절 중추는 25세 무렵에 발달이 끝난다. 이른 나이에 명성을 얻고 약물을 남용하면 뇌에 지속적인 손상을 일으킬 수 있다.

도파민 균형을 맞추는 10가지 방법

1. **도파민을 구성하는 아미노산인 타이로신**tyrosine**이 풍부한 식품을 섭취하자.** 인체에서 도파민을 만들려면 타이로신이 필요하다. 타이로신은 아몬드, 바나나, 아보카도, 달걀, 콩, 생선, 닭고기, 다크 초콜릿에 풍부하다.

2. **고단백 저탄수화물 식단을 먹자.** 케톤 생성 식단ketogenic diet은 뇌의 도파민 가용성을 높이는 것으로 나타났다. 쿠키, 간식용 케이크, 머핀, 파이처럼 가공당류식품을 섭취하면 당 갈망과 과식을 유발하고, 이는 앞이마겉질의 쾌락 중추에 강한 각인을 남겨 체중 증가로 이어진다. 과체중은 도파민 경로를 상하게 할 수 있다.

3. **규칙적으로 운동하자.** 일반적으로 신체 운동은 뇌를 위해 할 수 있는 최선의 방법 중 하나다. 신체 운동은 뇌 세포 생산과 도파민 수치를 높

이는 동시에 뇌 세포 노화 속도를 늦춘다. 또한 기분 향상 및 전반적인 인생관 개선과 연관성을 나타낸다. 운동은 모든 행복 화학물질이 균형을 이루도록 돕는다.

4. **기도와 명상을 배우자.** 수많은 조사 연구가 기도와 명상(마음에 집중)이 주는 전반적인 건강상 혜택을 입증했다. 명상이 도파민 농도를 높여 주의 집중력을 높인다는 연구 결과도 많으므로 즉흥적인 뇌 유형에 속한 사람들에게 도움이 될 수 있다. 명상은 다른 행복 화학물질의 균형을 잡는 데도 도움이 된다.

5. **마사지를 받자.** 스트레스를 피하면 도파민 농도를 높게 유지하는 데 도움이 되지만 이는 현대사회에서 거의 불가능하다. 마사지 치료는 도파민 농도를 약 30퍼센트까지 높이고 스트레스 호르몬인 코르티솔을 줄여 스트레스의 악영향에 대응할 수 있다는 연구 결과가 있다.

6. **숙면하자.** 뇌가 자연스럽게 도파민 분비를 늘리려면 충분한 수면을 취해야 한다. 숙면하려면 잠자리에 들기 전에 스크린을 멀리해야 한다. 수면은 체내 모든 세포의 회복과 재생을 돕는다. 또한 뇌가 낮 동안에 쌓인 독소를 씻어낼 기회를 주고 신경세포 연결 및 경로의 활성과 지속적인 자가 재생을 돕는다. 수면이 부족하면 도파민을 포함한 신경전달물질 및 그 수용체의 농도가 줄어든다.

7. **음악을 듣자.** 마음이 안정되는 음악을 들으면 유쾌한 느낌이 증가하고 기분이 좋아지며 스트레스가 줄어들고 집중하는 데 도움이 된다. 이 대부분이 도파민 농도 증가로 발생한다는 사실이 연구로 입증됐다.

8. **햇볕을 많이 쐬자.** 햇볕을 받으면 뇌의 도파민 농도가 증가한다.

9. **보충제를 섭취하자.** 약용식물인 아슈와간다, 홍경천, 인삼은 도파민 농

도를 높여 집중력을 키우고 기력을 높이는 동시에 지구력과 체력을 증진한다고 알려져 있다. 이밖에 도파민을 늘리는 보충제로 쿠르쿠민Curcumin, 엘테아닌L-theanine, 엘타이로신L-tyrosine이 있으며 각성, 주의력, 집중력을 높인다. 이런 뉴트라수티컬(의약 효과가 있는 보충제)은 즉흥적인 유형의 뇌가 건강하게 기능할 수 있도록 뒷받침한다. 복합 미네랄이 충분히 첨가된 광범위 고용량 멀티비타민, 효능이 높고 순도 높게 정제한 생선 기름이 포함된 오메가-3 지방산, 프로바이오틱스도 이 유형에 속한 사람들에게 도움이 된다.

10. **목표를 설정하자.** 나이나 상황에 상관없이 항상 새롭고 긍정적인 목표를 세우자. 도파민은 목적지가 아닌 여정에 필요한 에너지를 제공한다.

뇌 유형 2에 속하고 ADHD를 앓고 있으며 위에서 언급한 자연 치료법으로는 효과가 충분하지 않다면 ADHD 치료용 약물 치료를 고려하도록 하자. ADHD를 치료하지 않으면 학업 실패, 구직 실패, 이혼, 투옥, 약물 남용, 파산을 겪을 가능성이 높으며 이는 모두 불행을 부르는 요소다.

즉흥형을 위한 행복 처방

☝ **자신의 뇌 유형을 지원하자.** 앞에서 소개한 도파민 분비를 늘리는 방법을 따라 하고 앞이마겉질을 보호하고 영양분을 공급하는 뇌 건강에 좋은 습관을 기르자.

☝ **자신의 진로를 이해하자.** 기업가, 연예인, 정치인, 판매원, 부동

산업자 중에 이 유형에 속한 사람이 많다.

📱 **자신의 학습 방식을 제대로 파악하자.** 즉흥형에 속하는 사람들은 쉽게 산만해지고 정리정돈에 소질이 없으므로 지능이 높다고 하더라도 잠재력에 걸맞은 성과를 내기가 어려울 수 있다. 첨단기술을 활용해 회의 시간, 마감 기한, 약속 시간을 알리는 알람을 설정하자. 가능하다면 업무 체계 정리를 도와줄 비서를 고용하거나 친구에게 조직화 기술을 가르쳐달라고 부탁하자.

📱 **인간관계에서 자신이 원하는 바를 파악하자.** 즉흥형인 사람들은 신나는 일을 갈망하므로 인간관계에서도 극적인 상황을 이끌어내려는 경향이 강하다. 만약 틀에 박힌 일상을 좋아하는 집요형인 사람이나 규칙을 잘 지키는 신중형인 사람에게 반했다면 이런 경향이 마찰을 일으킬 수 있다는 점을 유념하자.

즉흥적인 뇌 유형과 관계를 맺을 때

즉흥적인 뇌 유형에 속한 사람과 인간관계를 맺으면 흥미진진하고 재미있고 예측 불가능한 일이 벌어질 수 있다. 그들 덕분에 새로운 음식을 먹어보거나 갑작스럽게 주말여행을 떠나거나 해변에서 낭만을 만끽할 기회를 얻을 수도 있다. 일터에서 그들은 회의에서 가장 기발한 아이디어를 내놓고, 가장 많은 판매고를 올리며, 자연스럽게 수다를 떨다가 신규 거래처를 튼다. 반면에 충동적으로 말하거나 행동하는 경향 때문에 가정이나 직장에서 문제를 일으키기도 한다. 배우자나 친구, 직장 동료가 즉흥형에 속한다면 종종 이들에게 마음이 상하는 발언을 듣고 그들이 고의적으로 못되게 군다고 생각할 수도 있다. 또한 그들이 습관적으로 지각하거나 대화할 때 산만해지거나 마무리에 무신경한 태도를 보이는 이유가 자신을 무시하기 때문이라고 받아들이기 쉽다. 좀 더 극단적인 사례로 즉흥형인 배우자가 외도를 했을 때 더는 자신을 사랑하지 않기 때문이라고 생각할 가능성이 높다.

실제로는 이들의 앞이마겉질 활성이 낮아서 뇌의 브레이크가 제대로 작동하지 않는 경우가 많다. 이를 이해하고 앞이마겉질의 활성을 높이고 도파민 생성을 증진하는 방법을 따라 하도록 격려한다면 도움이 될 것이다. 그들이 정리정돈을 잘하도록 돕고, 집안일과 프로젝트를 마쳐야 할 구체적인 기한을 정해주며, 걸으면서 대화를 한다면(집중력을 높일 수 있다) 관계에 도움이 될 수 있다.

• 뇌 유형 2의 연인들이 주로 하는 말
"그녀는 항상 모험을 떠날 준비가 되어 있어서 좋아요."
"가끔 그는 내게 무례한 말을 합니다."

• 뇌 유형 2의 동료들이 주로 하는 말
"정말로 참신한 생각을 해내야 할 때 조언을 구할 상대가 바로 그 사람이에요."
"그 사람에게 프로젝트를 맡길 때는 마감 기한을 며칠 당겨서 말해야 해요."

• 뇌 유형 2의 친구들이 주로 하는 말
"멋진 파티를 열고 싶다면 걔를 꼭 초대해야죠."
"걔가 항상 내 곁에 있어줄 것이라고는 생각하지 않아요."

🖪 **평소 상태에서 벗어났을 때를 조심하자.** 과음이나 약물 복용, 외도 같은 위험한 행동을 할 가능성이 있다. 이 뇌 유형은 ADD, 우울증, 중독에 취약하다는 점을 명심하자. 타고난 즉흥적 성향이 즐거움과 모험을 넘어 일상을 방해하거나 직장, 학교, 인간관계에 문제를 일으

키기 시작하면 전문가에게 도움을 구해야 한다.

✎ **자신이 행복해지는 고유한 요인을 파악하자.** 자신에게 기쁨을 주는 것에 초점을 맞추도록 하자.

즉흥적인 뇌 유형인 사람들을 행복하게 하는 것

- ☀ 새로운 일 시도하기
- ☀ 뜻밖의 일
- ☀ 퇴근
- ☀ 브레인스토밍
- ☀ 창의적 프로젝트
- ☀ 다음 날 유럽으로 날아가겠다는 결심
- ☀ 새로운 곳으로 이사
- ☀ 다양한 관심사
- ☀ 극한 스포츠 시도하기
- ☀ 공포 영화 보기
- ☀ 밤새우기
- ☀ 사람들을 약 올리려고 악역 자처하기

즉흥적인 뇌 유형인 사람들을 불행하게 하는 것

- ☀ 지루함, 동일함, 친숙함
- ☀ 한곳에 오랫동안 앉아 있기
- ☀ 마감 기한
- ☀ 뭔가를 할 수 없다는 말 듣기
- ☀ 질문에 답을 듣지 못함
- ☀ 교통 체증
- ☀ 줄 서서 기다리기

☺ 소소한 순간에서 행복 찾기

- 당장 열릴 파티에 초대하는 문자 받기(온라인 파티라도 좋다)
- 단골 스무디 가게에 새로운 메뉴가 출시됐을 때
- 잠에서 깨었는데 아무 계획이 없을 때
- 새로운 운동 수업 참여하기
- 출근길 라디오에서 흘러나오는 좋아하는 노래 듣기

집요한 뇌

규칙과 논쟁, 비환에 익숙한 강박 집착형

> 뻣뻣한 나무는 손쉽게 갈라지지만
> 대나무나 버드나무는 바람 따라 휘면서 살아남는다.
>
> _브루스 리Bruce Lee

몇 년 전 시애틀에서 의학 및 정신 건강 전문가들을 대상으로 아름답고 신비로운 뇌에 관한 세미나를 연 적이 있었다. 아침 휴식 시간에 그렉이라는 의사가 내게 다가와 "에이멘 박사님, 선생님과 선생님의 연구를 존경합니다. 선생님께서 제 진료와 결혼 생활을 바꿔놓으셨거든요"라고 말했다.

나는 "정말이요?"라고 물었다.

"네. 제 아내는 지옥에서 온 앞띠이랑의 소유자거든요."

나는 웃음을 터뜨렸다. 이는 뇌의 앞부분 깊숙한 곳에 있는 앞띠이랑이 그의 결혼 생활이 힘든 원인이라는 말이다. 나는 앞띠이랑이 뇌에서 변속기 역할을 한다고 생각한다. 앞띠이랑은 유연하고 흐름에 맞춰 행동하도록 해준다. 앞띠이랑이 지나치게 활성화하면 부정적인 사고나 행동에 갇히기 쉽다. 그렉 아내의 앞띠이랑이 너무 열심히 일하는 모양이었다. 그렉과 나는 앞띠이랑이 감정의 뇌인 둘레계통 및 인지 작용을 담당하는 앞이마겉질과 관련이 있다는 사실을 알고 있었다. 이런 관련성은 감정 처리와 주의 전환 같은 뇌 기능을 담당한다. 그렉과 그의 아내 사이에서 그런 의사소통의 선들이 엇갈리고 있었다.

그렉은 말했다. "아내는 일이 자기 뜻대로 되지 않으면 화를 냅니다. 논쟁을 좋아하고 사사건건 반대하는 데다 완고하고 융통성이 없어요. 가게에 같이 가자고 하면 화를 내죠. '가게에 못 가. 내가 얼마나 바쁜지 모르겠어?'라고 말해요. 재미있는 일을 같이 하자고 권하는데도 제가 말을 마치기도 전에 싫다고 합니다."

나는 조심스럽게 "그래서 어떻게 됐나요? 결혼 생활이 바뀌었다고 했잖아요"라고 물었다.

"한번은 선생님께서 집요형인 사람에게는 반대로 말해야 한다고 하시더라고요. 그래서 '당신은 나랑 자전거를 타고 싶지 않을 테니 금방 갔다 올게'라고 말했더니 아내가 제 말을 끊고 '나도 갈 거야'라고 말하더라고요. 에이멘 박사님 말씀대로 했더니 진짜 효과가 있었어요. '당신은 가고 싶지 않겠지'라고만 말하면 아내가 절 따라나서요."

"정말 반가운 얘기네요." 나는 진심으로 말했다.

그렉에게 고맙다고 말한 뒤 나와 이야기하려고 줄을 서서 기다리던 다음 사람에게 말을 걸려던 순간, 그렉이 뒤를 돌아보며 속삭였다. "에이멘 박사님, 제가 섹스 문제로 골머리를 앓고 있거든요. 그런데

'당신은 나랑 자고 싶지 않겠지'라고 말하려니 뭔가 옳지 않은 느낌이 들어서요. 어떻게 하면 좋을까요?"

나는 그 질문이 신경과학이 얼마나 실생활에 유용할 수 있는지 보여주는 것 같아 무척 마음에 들었다. "집요한 뇌 유형에 속한 사람들은 섹스를 무기로 사용하곤 합니다. 이는 관계를 파멸로 몰고 갈 뿐이지만 대응 방법을 알면 해결할 수 있어요. 아이디어를 몇 가지 드릴게요. 집요형인 사람들을 대할 때는 세로토닌 생산을 늘릴 방법을 찾아야 합니다."

그는 신경전달물질 세로토닌이 어떤 기능을 하는지 안다는 뜻으로 고개를 끄덕였다. 뇌줄기와 장에서 주로 생성되는 세로토닌은 기분 조절, 기억, 소화 기능을 돕는다. 또한 성 기능, 수면, 뼈 건강, 혈액 응고에 도움을 준다. 집요한 뇌 유형에 속한 사람들에게서 기분이 좋아지는 신경전달물질인 세로토닌 농도가 낮게 나타나는 경우가 흔하다.

나는 그렉을 가까이 끌어당기며 더 자세히 설명했다. "이렇게 하세요. 일단 아이를 봐줄 사람을 부르세요. 운동을 하면 세로토닌 분비가 촉진되니 저녁 식사 전에 아내를 데리고 나가서 오랫동안 산책을 하세요. 그런 다음에 이탈리안 레스토랑에 데려가세요. 파스타를 주문하되, 너무 많이 시키지는 마세요."

사실 나는 평소에 파스타를 즐겨 먹지 않는다. 파스타를 먹으면 혈당이 급격히 상승하기 때문이다. 하지만 혈당이 급상승하면 세로토닌 생산이 늘어난다. 사람들이 저녁에 스파게티나 라자냐처럼 탄수화물 함량이 높은 음식을 즐겨 먹는 이유도 여기에 있다. 탄수화물, 가급적이면 복합 탄수화물을 소량 섭취하면 불안이 줄어들고 기분이 좋아지며 수면에도 도움이 된다.

그리고 또 한 가지 팁을 줬다. 아내에게 다크 초콜릿 한 조각을 주라는 조언이었다. 초콜릿에는 '페닐에틸아민phenylethylamine'이라는 화학물질이 들어 있는데, 이 물질이 뇌줄기에 작용하면 재미있는 일이 일어날 것이라는 신호를 몸에 보낸다.

"하지만 초콜릿을 상자째로 주면 안 돼요. 그러면 초콜릿만으로도 원 없이 재미를 보게 되니까요. 그리고 한 가지 더, 그날 밤에 침대에 누우면 아내의 어깨를 쓰다듬되 직접적으로 요구하지는 마세요. '하고 싶어?'라고 말하는 순간 '아니'라고 대답할 테니까요."

그렉은 내게 악수를 청했고, 나는 성공을 빌었다. 그렉에게 소식을 듣게 될 것이라고는 생각하지 않았지만 몇 주일 뒤에 나는 그에게 과분한 감사 인사를 담은 이메일을 받았다. 세 번째 뇌 유형인 집요형과 결혼한 젊은 의사의 사연은 해피엔딩으로 막을 내렸다.

뇌 유형 3: 집요형의 공통 특질

이 유형의 사람들은 대개 다음 특질에서 높은 점수를 기록한다.

- 집요함
- 강한 의지
- 규칙적인 일상 선호
- 융통성이 없고 완고함

- 쉽게 생각에 사로잡힘
- 원한
- 잘못된 것을 잘 보는 경향
- 반대·논쟁
- 강박적 성향

또한 대개 다음 특질에서 낮은 점수를 기록한다.

- 적응성
- 소심함
- 즉흥성
- 유연성
- 부정적인 생각을 쉽게 잊음
- 상처를 쉽게 잊음
- 옳은 것을 잘 보는 경향
- 비판적이지 않음
- 협력

집요한 뇌 유형에 속하는 사람은 아침에 일어나면 공격적으로 하루를 시작한다. 과제를 하나씩 완료할 때마다 해야 할 일을 적은 목록의 항목을 지워나가며 일을 해치우고 싶어 한다. 안 된다는 대답은 곧이곧대로 받아들이지 않고 매사에 '내 방식을 따르든지 아니면 나가'라는 태도로 일관한다. 그래서 남들 눈에는 논쟁적인 사람으로 보인다. 일이 뜻대로 풀릴 때는 잘 나가지만 예상하지 못한 일이 일어나면 기세가 꺾인다. 임기응변으로 적응하는 데 어려움을 겪는다. 과거의 상처를 쉽게 잊지 못하는 걱정이 많은 사람이다.

　7남매 중 셋째로 성장했던 나는 아버지에게 어떤 부탁을 하든 그 답은 언제나 거절임을 금방 깨쳤다. 정말 분통이 터졌다! 아버지는 자기 의견과 방식을 지나치게 고수하는 사람이어서 어떤 말을 해도 마치 테플론 갑옷이라도 입은 듯이 튕겨냈다. 2020년에 돌아가실 때까지도 아버지는 끝까지 집요형이었고, 덕분에 나는 집요한 뇌 유형에 속하는 사람과 함께 산다는 것이 어떤지 잘 알고 있다. 나는 성취도가 높은 사람들을 대상으로 실시한 연구의 일환으로 아버지에게 뇌 스캔을 열두 번 부탁한 끝에 겨우 승낙을 받아냈다(아버지는 자수성가한 슈퍼마켓 체인 소유주이자 40억 달러 규모 회사의 이사회 의장이었다). 싫다, 싫다, 싫다, 싫다, 싫다, 싫다를 연발하고 마지못해 알았다고 하셨다. 마침내 아버지 뇌를 스캔했을 때 앞띠이랑이 과한 활성을 나타냈고, 이를 본 나는 조금이나마 기분이 풀렸다. 아버지의 행동이 늘 의지에 따른 것이 아니라(의도적으로 까다롭게 군 것이 아니라) 뇌가 행동을 주도한 것이었다.

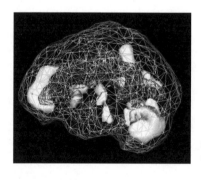

아버지의 활성 SPECT 스캔(왼쪽 모습)
앞띠이랑 활성이 높다.

집요한 뇌의 SPECT 스캔

뇌 영상법 연구를 보면 내 아버지처럼 집요한 뇌 유형에 속한 사람들에게서 앞띠이랑 활성 증가가 자주 나타난다. 집요한 뇌 유형의 경우 변속기 역할을 하는 앞띠이랑이 지나치게 열심히 작동하는 탓에 생각이나 행동에 집착하는 경향을 나타낸다. 과도한 앞띠이랑 활성이 나타나는 집요형은 실수를 찾아내는 전문가이므로 인간관계에서 문제를 일으키기 쉽다. 앞띠이랑의 주요 기능은 다음과 같다.

앞띠이랑: 뇌의 내부 모습

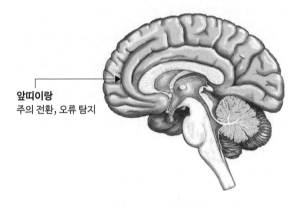

앞띠이랑
주의 전환, 오류 탐지

· **관심을 전환하고 어떤 생각에서 다른 생각으로 옮겨가는 능력:** 앞띠이랑이 균형 잡힌 활성 수준을 나타낼 때 우리는 어떤 한 가지 생각에서 다른 생각으로 혹은 한 활동에서 다른 활동으로 쉽게 전환할 수 있다. 집요한 뇌 유형에 속한 사람들에게서 흔히 나타나듯이 앞띠이랑 활성이 과하게 높으면 부정적인 생각을 계속 되풀이해서 하거나 나쁜 습관을

고치는 데 어려움을 겪을 가능성이 높다. 사고 패턴과 행동을 바꾸고 싶어도 원래 하던 방식에서 벗어나지 못하는 것과 같다.

- **인지 유연성, 적응성, 흐름 타기:** 변화에 대응하고 흐름을 타며 크고 작은 삶의 위기에 적절히 대처하는 능력이 앞띠이랑의 기능이다. 새로운 집으로 이사하거나 새로운 관계를 시작하거나 새로운 고객을 맞이하는 경우 우리는 적응할 수 있어야 하고, 유연한 사고는 적응을 돕는다. 집요형인 사람에게 부족하기 쉬운 변화에 대처하는 능력은 행복에 꼭 필요한 요소다. 완고한 사고방식 때문에 예상치 못한 변화를 만났을 때 좌절하고 행복감이 고갈된다.

- **선택지를 보는 능력:** 직장에서나 인간관계에서 문제에 직면했을 때 앞띠이랑은 선택 가능한 수많은 해결책을 볼 수 있도록 도울 수도 있고, 최선의 선택지가 아닌 한 가지 방법에 가둘 수도 있다. 집요형에 속한 사람들은 한 목표에 초점을 맞추고 이를 끈질기게 추구하는 경향을 나타낸다. 이는 목표를 달성하고 인생에서 자신이 원하는 바에 초점을 맞추도록 돕는 이로운 특질이 될 수 있는 반면, 새로운 생각이나 새로운 기술을 받아들이는 데 방해가 되기도 한다.

- **협력하는 능력:** 앞띠이랑은 협력에 관여하며, 협력하려면 적응력, 기꺼이 다른 사람의 행동 방식을 받아들이는 마음, 새로운 정보를 바탕으로 진로를 바꾸는 열린 마음이 필요하다. 앞띠이랑이 과하게 작동하면 협력적인 본성을 방해하고 '팀 플레이어'가 아니라는 인상을 주기 쉽다.

- **오류 탐지:** 앞띠이랑은 오류를 탐지하는 데 중요한 역할을 한다. 앞띠이랑이 과한 활성을 나타내면 오류 탐지에 열을 올리게 되고, 그 결과 지나치게 비판적인 태도를 보이고 마음에 들지 않는 점에 초점을 맞추게 된

다. 이 사람들은 세상에서 가장 아름다운 해변에서 휴가를 보내면서도 문제점을 지적한다. "피곤해. 이 해변에는 사람이 너무 많아!"

앞띠이랑이 과하게 작동할 때 생기는 문제

· 걱정

· 과거의 상처에 집착

· 생각에 사로잡힘 (집착)

· 행동에 사로잡힘 (강박)

· 반대 행동 ("싫어. 어림없어, 절대!")

· 논쟁적

· 비협조적

· 반사적으로 싫다고 말하는 경향

· 중독성 행동 (알코올 및 약물 남용, 섭식 장애)

· 만성 통증

· 인지 경직성

· 강박 장애

· 강박 스펙트럼 장애

· 섭식 장애

· 운전 중 분노

집요한 뇌 유형에 속한 사람들에게 이런 난관은 가벼운 골칫거리일 수도 있고(자신과 주변 사람들에게) 심신을 쇠약하게 하고 행복을 빼앗는 수준일 수도 있다.

집요형의 행복 신경화학물질

집요형은 '존중의 분자'인 신경전달물질 세로토닌 농도가 낮게 나타나는 경우가 많다. 연구자들은 뇌에서 세로토닌 수용체가 어디에 분포하는지 살펴봤고 앞띠이랑에 많이 있다는 사실을 발견했다. 위장관과 뇌줄기에 있는 세포 무리(솔기핵)에서 합성되는 세로토닌은 기분을 좋게 하고 마음을 안정시키며, 스트레스를 조절하고, 유연하고 개방적인 태도로 환경의 변화에 적응할 수 있도록 돕는 역할을 하는 신경전달물질이다. 또한 쓸모없는 걱정에 신경 쓰지 않고 좀 더 열린 마음으로 다른 사람들과 협력할 수 있도록 돕는다. 세로토닌은 다른 사람들에게 존중받는다고 느껴서 자존감이 높아질 때 증가하고 경시당한다고 느낄 때 감소한다는 증거가 있다.

또한 세로토닌은 수면, 섭식, 소화, 통증 차단, 상처를 치료하는 혈소판 기능에도 관여한다. 세로토닌 농도가 낮아지면 우울증, 불안, 걱정, 기억력 감퇴, 통증, 공격성, 자살 행동, 자존감 하락, 반대하거나 논쟁하는 태도, 완고함 및 인지 경직성이 나타날 수 있다.

집요형의 경우 세로토닌 수치가 낮으면 뇌가 집착이나 강박 같은 특정한 상태에 사로잡히는 반복 행동에 시달리게 된다. 이들은 뜻밖의 일을 싫어한다. 서던캘리포니아에 살다 보니 내가 치료한 아이들 중에는 부모가 깜짝 생일 선물로 디즈니랜드에 데려갔다가 주차장에서 엄청나게 짜증을 내는 바람에 병원까지 오게 된 경우가 몇 번 있었다. 이 아이들은 디즈니랜드를 좋아했지만 얼떨결에 디즈니랜드에서 온종일을 보내게 됐다는 사실을 순순히 받아들이지 못했다.

세로토닌 수치가 높으면 기분이 좋아지고 사회적 지위나 존중감이 증가하는 느낌을 받으며 유연성이 생긴다. 또한 동기 수준이 낮아질 수 있다. 세로토닌과 도파민은 서로 영향을 상쇄해 균형을 잡는다. 하나가 올라가면 나머지 하나는 내려간다. 이 둘 사이의 균형을 잡는 것이 중요하다. 세로토닌의 아미노산 전구물질인 트립토판Trypto-phan(체내에서 트립토판을 이용해 세로토닌을 만든다)은 논쟁을 벌이는 경향을 줄이고 협력을 증진하며 기분을 좋게 한다.

특정 약물로 세로토닌 수치를 높일 수도 있다. 특히 선택적 세로토닌 재흡수 억제제selective serotonin reuptake inhibitors는 가장 흔히 처방되는 항우울제(프로작Prozac, 팍실Paxil, 졸로프트Zoloft, 셀렉사Celexa, 렉사프로Lexapro, 루복스Luvox 등)다. LSD와 환각버섯(실로시빈 성분을 함유해 환각을 유발하는 버섯)을 비롯한 환각제는 세로토닌 수용체를 자극해 사람들이 변화에 좀 더 열린 마음을 느끼도록 돕지만 중독성이 있고 해로운 부작용을 일으킬 수 있다.

집요한 뇌 유형이 세로토닌 수치를 높이거나 적어도 평균 수준에 도달하고자 한다면 다음 방법들을 추천한다.

1. **트립토판 섭취를 늘리자.** 트립토판이 풍부한 칠면조, 닭고기, 생선, 당근, 블루베리, 호박씨, 고구마, 병아리콩을 먹으면 트립토판을 세로토닌이 만들어지는 뇌로 보내는 데 도움이 된다. 체내 세로토닌의 90퍼센트가 장에서 만들어지고, 이는 소화관을 건강하게 유지하는 기능을 하지만 뇌 역시 스스로 세로토닌을 만들어야 하므로 반드시 음식물로 트립토판을 섭취해야 한다. 단 음식을 멀리하자. 당분은 세로토닌 농도를 빠

르게 높이지만 그런 상승 작용을 유지하지 못하므로 중독되기 쉽다. 설탕이 든 디저트는 집요형에 속한 사람들에게 장기적인 건강 문제를 유발할 수 있으므로 피할수록 좋다.

2. **해산물을 많이 섭취하자.** 해산물에는 트립토판이 풍부하며 해산물에 함유된 장쇄 오메가-3는 뇌의 세로토닌 생성을 늘린다. 하지만 와인 섭취에는 주의하자. 집요형은 걱정을 잠재우느라 밤에 와인을 한 잔 해야겠다고 생각하다가 과음하기 쉽다. 이는 잘못된 방향으로 나아가는 습관이다.

3. **자신을 다른 사람들과 긍정적으로 비교하려고 노력하자.** 자기 자신과 남들을 부정적으로 비교하는 것은 자존감을 낮추는 가장 확실한 방법이다. 나는 환자들에게 가지지 못한 것보다는 가진 것에 초점을 맞추라고 권한다. 예를 들어 내 아내와 나는 조카들을 입양했다. 조카들이 중독자들이 있는 혼란한 가정에서 자랐기 때문이다. 우리는 조카들에게 가지지 못했던 것(어린 시절 안정된 가정환경)과 가졌던 것(애정이 넘치고 예측 가능하며 건강한 가정생활을 약속한 삼촌과 숙모) 중에 어디에 초점을 맞출지 스스로 선택할 수 있다고 다정하게 말했다.

4. **규칙적으로 운동하자.** 운동은 트립토판을 뇌로 보내도록 도우며, 그 결과 세로토닌 수치가 크게 증가할 수 있다. 여러 조사 연구에서 운동이 기분과 인지 유연성을 증진할 수 있다는 사실이 입증됐다.

5. **특정 영양 보충제를 복용하자.** 사프란, 엘트립토판L-tryptophan, 5-하이드록시트립토판5-HTP, 세인트존스워트, 마그네슘, 비타민 D, 비타민 B6, 비타민 B12, 쿠르쿠민을 추천한다. 집요형에 속한 사람들에게는 추가적인 자극이 필요하지 않으므로 카페인과 살 빼는 약은 집요형의 부정

적 특질을 악화시키기 쉽다.

6. **마사지를 즐기자.** 우울증을 앓고 있는 임산부 84명을 대상으로 한 연구 실험의 결과, 배우자가 일주일에 두 차례 마사지를 해준 임산부들은 불안감과 우울감이 줄어들었고 16주 뒤에는 세로토닌과 도파민 수치가 증가하고 코르티솔 수치가 감소했다.

7. **오전에 광선 요법용 램프를 쬐자.** 이 방법은 세로토닌 수치를 높이고 기분이 좋아지게 한다. 트립토판 수치가 급격히 감소할 때 나타나는 기분 저하 증세를 완전히 뒤집을 수 있다.

8. **명상과 '조용한 시간'을 즐기자.** 거의 모든 형태의 영적 성찰 및 명상을 할 때 세로토닌 수치가 증가하는 것으로 나타났다.

9. **마음에 들지 않는 점보다 마음에 드는 점에 초점을 맞추자.** 연구에 따르면 어디에 관심을 집중하는지가 기분은 물론 뇌가 만들어내는 세로토닌 수치까지도 결정한다. 연구자들은 양전자방출단층촬영positron emission tomography 스캔을 활용해 건강한 참여자들이 긍정적 사고, 부정적 사고, 중립적 사고에 초점을 맞출 때 세로토닌 수치를 각각 측정했다. 긍정적 사고에 초점을 맞추는 것은 앞띠이랑의 세로토닌 수치 증가와 상관관계를 나타냈다. 이는 세로토닌이 양방향으로 작용할 수 있음을 의미한다. 세로토닌 수치가 낮으면 슬픈 기분이 드는 반면, 좋아하는 대상에 초점을 맞추면 기분이 좋아질 수 있다.

집요형을 위한 행복 처방

☑ **자신의 뇌 유형을 지원하자.** 뇌의 변속기에 '기름칠'을 하고 앞띠이랑을 가라앉히도록 돕는 세로토닌 수치를 높이는 전략을 따르자.

☑ **자신의 진로를 이해하자.** 집요형은 CEO, 회계사, 이벤트 기획자, 회계 담당자들에게 흔한 유형이다.

☑ **자신의 학습 방식을 제대로 파악하자.** 집요형은 자기 재량껏 내용을 학습할 수 있을 때 좋은 결과를 내거나 빨리 배운다. 이 유형은 "이건 꼭 알아야 해"라는 말을 듣고 싶어 하지 않는다. 무엇을 알아야 할지 스스로 결정하고 싶어 하기 때문이다.

☑ **인간관계에서 자신이 원하는 바를 파악하자.** 집요형은 자주 고집을 부리고 배우자나 연인 사이에 있었던 모든 기분 나빴던 일과 싸움을 일일이 기억한다. 상대방도 집요형이라면 서로 부딪히기 쉽다는 점을 명심하자.

집요한 뇌 유형과 관계를 맺을 때

집요한 뇌 유형에 속한 사람들은 의지가 강하고 의견을 굽히지 않으며 뭐든 할 수 있다고 생각한다. 목표도 의욕도 없는 사람들이 많은 가운데 자기가 어떤 사람이고, 무엇을 믿으며, 목표를 완수하고자 열심히 일하는 사람과 함께 있다 보면 빠져들기 쉽다. 하지만 이런 유형과 의견이 다르거나 일의 속도를 바꾸고 싶다면 문제가 발생할 수 있다. 집요형이 배우자나 부모, 친구라면 "싫어"라는 말을 많이 듣게 되고, 그러다 보면 분통이 터지게 마련이다. 게다가 집요형은 새로 한 머리 모양이 별로라고 했던 말이나 직장에서 서류 정리 체계를 바꿔서 중요한 회의에 쓸 고객 계좌 정보를 찾지 못했던 일, 소개팅을 시켜줬는데 잘되지 않았던 경우처럼 상대가 옛날 옛적에 저지른 잘못을 자꾸 끄집어내곤 한다.

집요형에게 선택지를 주는 법을 배우면 자동 반사적으로 "싫어"라고 말하는 반응을 피할 수 있다. 함께 운동을 하고 복합 탄수화물 음식을 만들어주면 세로토닌 생성을 증진하는 데 도움이 되고 긴장감이 풀리므로 함께 좀 더 행복하게 지낼 수 있다.

• 뇌 유형 3의 연인들이 주로 하는 말

"그가 미안하다고 하는 말을 들어본 적이 없는 것 같아요."

"그녀는 내가 30년 전에 했던 일을 아직도 끄집어내곤 해요. 이제는 제발 잊었으면 좋겠어요."

• 뇌 유형 3의 동료들이 주로 하는 말

"그녀는 무슨 일이 있어도 목표를 고수합니다."

"그는 시장 상황이 바뀌어도 좀처럼 방침을 바꾸지 못해요."

• 뇌 유형 3의 친구들이 주로 하는 말

"계획을 세울 때 도움이 필요하다면 걔가 적임이죠."

"우리가 계획을 바꾸면 걔는 화를 내요."

✒️ 평소 상태에서 벗어났을 때를 조심하자. 앞띠이랑이 지나친 활성을 나타내거나 과도한 자극을 받으면 부정적 생각에 집착해서 암울한 기분이 들 수 있다. 이런 마음가짐은 행복에 영향을 미치며 불안, 우울증, 강박장애, 섭식장애와 관련을 나타낸다.

✒️ 자신이 행복해지는 고유한 요인을 파악하자. 자신에게 기쁨을 가져다주는 것들을 목록으로 작성하고 이를 매일 보면서 자신이 좋아하는 활동들을 떠올리자.

집요한 뇌 유형인 사람들을 행복하게 하는 것

- ☀ 책임지기
- ☀ 다른 사람들에게 존경받기
- ☀ 예측 가능한 나날들
- ☀ 큰 그림 보기
- ☀ 동일함과 친숙함
- ☀ 전통 고수
- ☀ 규칙적인 일상 유지
- ☀ 스스로 결정하기

집요한 뇌 유형인 사람들을 불행하게 하는 것

- ☀ 하겠다고 말해놓고 지키지 않는 사람들
- ☀ 실패
- ☀ 거절당하기
- ☀ 기다리기
- ☀ 주차할 곳을 발견하지 못할 때
- ☀ 상관에게 방해받기
- ☀ 규칙 변화

☺ 소소한 순간에서 행복 찾기

- 해야 할 일 목록에서 완료한 일 지우기
- 계획 세우기
- 잠에서 깨어보니 오늘 하루가 어떻게 흘러갈지 정확히 보일 때
- 좋은 책을 읽으며 시간 보내기
- 성공적으로 하루를 보낸 뒤 지는 해를 바라보기

예민한 뇌
공감에 능하고 외부 자극에 취약한 감정 중심형

나는 피 말리는 사람들 사이에서 내 기운을 지킬 것이다.
나는 건전하게 선 긋는 법을 배울 것이다.
나는 적절한 때에 "아니요"라고 말하는 법을 배울 것이다.
나는 어떤 관계가 나를 키울지 알려주는 내 직감에 귀 기울일 것이다.
_주디스 올로프Judith Orloff

주변 사람들, 특히 가족의 감정을 알 수 있다고 느끼는가?

사람들이 겪는 어려움과 조절에 공감하는가? 다른 사람들이 느끼는 감정을 느낄 수 있는가?

마치 감정을 빨아들이는 스펀지처럼 다른 사람들의 감정을 자기 몸으로 흡수할 수 있는가? 팬데믹이 일어나기 전에 사람들이 많은 곳에 있으면 불편했는가?

만약 이 질문에 그렇다고 답했다면 당신은 뇌 유형 4, 예민형에 속할 가능성이 매우 높다. 예민형은 남다른 방식으로 감정을 감지하고 느낄 수 있다. 예민한 뇌 유형에 속하는 사람들은 다른 사람의 고통과 행복을 마치 자신이 '직접' 경험하는 고통과 행복처럼 느낀다.

뇌 유형 4: 예민형의 공통 특질

이 유형의 사람들은 대개 다음 특질에서 높은 점수를 기록한다.

- 예민함
- 깊은 감정
- 공감
- 기분 변동
- 비관주의
- 과도한 ANTs(자동적인 부정적 생각)
- 우울

또한 대개 다음 특질에서 낮은 점수를 기록한다.

- 피상성
- 지속적인 행복
- 긍정적 사고

예민한 뇌 유형을 설명하는 특성 중 하나는 바로 '공감 능력'이다. 엠패스empath(타인의 감정을 자신의 감정처럼 느끼는 매우 예민한 사람)는 타인의 경험과 감정을 이해하는 타고난 능력을 지닌다. 예민하고 깊은 감정을 느끼는 경향을 나타낸다.

예민한 사람들은 대개 군중을 꺼린다. 그들이 생각하는 즐거운 토요일 오후란 시집을 읽거나, 인적이 드문 숲길을 홀로 고요하게 걷거나, 붐비지 않는 공원이나 자연보호구역을 온전히 혼자서 느릿느릿 걷는 것이다. 예민한 뇌 유형은 시끄럽게 울리는 경적 소리, 혼잡한 상업지구, 요란한 파티, 과도한 자극에서 벗어날 수 있을 때 행복하다.

또 이들은 긴장을 풀 수 있을 때 가장 행복하다. 수도원으로 묵언 피정을 떠나거나 집에서 조용히 밤 시간을 보내고 싶어 하고, 붐비는 피자집에서 여러 친구들을 한꺼번에 만나기보다는 친구 딱 한 명이나 애인을 만나 저녁 식사를 하는 것을 더 좋아한다. 대개 잡담을 좋아하지 않고 사람들과 깊은 관계를 맺는 편을 선호한다. 일정을 꽉 채워 잡기보다는 다소 여유가 있거나 계획이 없는 시간을 확보하려고 애쓴다. 이들에게 오랫동안 샤워를 즐기고 여유롭게 준비하는 시간은 천국과도 같다. 일기를 쓰거나 영혼을 재충전해주는 책을 읽으며 보내는 시간도 좋아한다.

엠패스로 살아가는 법

나는 예민형이 아니지만 예전부터 예민한 뇌 유형에 속한 사람들에게 매력을 느꼈다. 그런 이유로 예민한 사람들을 이해하는 데 앞장서온 선구자 중 한 명을 내가 아내와 함께 진행하는 팟캐스트에 초대했다. 그는 바로 『하루 한 페이지 마음챙김*Thriving as an Empath*』의 저자 주디스 올로프 박사였다. 올로프 박사는 '예민한 엠패스'로 잘 살아가는 방법을 열심히 소개하면서 "그들은 아름답고 멋진 능력을 지녔지만 동시에 지극히 민감한 사람으로 살아가는 어려움에 대처하려면 스스로 돌보는 법을 배워야 한다"라고 말했다.

"비결은 덜 민감해지거나 둔감해지는 것이 아니에요. 의사였던 어머니는 제게 항상 '애야, 그냥 좀 둔감해지렴. 더 강해져야 해'라고 말씀하셨어요. 그건 정답이 아니에요. 예민한 감각을 넓혀가되, 스스로 중심을 잡는 법을 배워야 하죠. 적당하게 선을 긋는 법을 배워야 해요. 맹렬하게 스스로를 돌보는 법을 배워야 합니다. 어떻게 해야 혼자만의 시간을 충분히 확보할 수 있을지도 알아내야 해요. 감각 과부하가 걸렸을 때 나타나는 징후를 배워서 과부하가 폭발해 정신이 나가서 후회할 말을 내뱉기 전에 그 싹을 잘라내야 해요."

나는 스스로 예민한 사람이라고 인정하는 올로프 박사가 이런 특질을 어떻게 발견했는지 궁금했다. 올로프 박사는 의사가 스물다섯 명이나 되는 집안의 의사 양친 밑에서 외동딸로 자랐다고 말했다. 어렸을 때 그는 조용한 아이였고 군중 속을 헤치고 지나가면 불안하고 우울했다고 한다.

"붐비는 곳에서 어떤 일이 일어나기에 제 몸속에서 그런 변화가 일어나는지 알 수 없었죠."

'강해져야' 한다는 어머니의 훈계는 도움이 되지 않았다.

"자랄 때 저는 스스로 돌보는 방법을 전혀 몰랐어요. 완전히 혼자였죠."

이 말을 시작으로 아내(타나)와 올로프 박사는 다음과 같은 흥미로운 대화를 주고받았다.

타나: 그러니까 엠패스란 그냥 사람들에게 공감하는 것과는 다르다는 말씀이죠? 제가 이해한 바로는 저도 공감은 할 수 있다는 말씀인 것 같아요. 다친 아이를 보면 아픔에 공감할 수 있지만 그 아이가 느끼는 아픔을 그대로 느끼지는 않아요. 공감하는 것과 엠패스인 것은 다르다는 거죠?

올로프 박사: 맞습니다. 공감에는 스펙트럼이 있고 그 스펙트럼 가운데에 공감 능력을 갖고 있으면서 다른 사람의 기쁨과 아픔을 느끼는 평범한 아름다운 이들이 있어요. 그 공감 스펙트럼에서 더 위로 가다 보면 소음, 냄새, 소리, 과도한 말소리, 빛에 민감한 매우 예민한 사람들이 있는 거죠. 그보다 더 위로 가면 감각이 예민한 특징에 더해 감정과 신체 증상을 스펀지처럼 빨아들이는 특징까지 갖춰 말 그대로 상대방과 하나가 되는 경지에 이른 사람들이 있어요. 그렇게 하나가 되는 상태는 영적인 의미에서 보면 긍정적인 일이지만 다른 사람의 감정을 떠맡는다는 측면에서 보면 바람직한 일이 아니죠.

타나: 유독 더 많이 느껴지는 상대가 있나요? 어떤 사람 곁에 있을 때 유난히 더 예민하게 느끼나요, 아니면 상대가 누구든 똑같나요?

올로프 박사: 사람에 따라 정도가 달라요. 상대방에 따라 다르죠. 저는 모든 긍정적인 기운을 느낄 수 있어요. 엠패스는 놀라운 재능을 갖고 있죠. 스스로를 돌보는 일에는 자기 재능을 소중히 여기는 것도 들어가요. 직감, 깊이, 사랑할 수 있는 능력, 창조력, 자연 사랑, 세상에는 일체감이 있고 우리는 모두 한 가족에 속한 형제자매이며 다른 것은 전부 환상임을 아는 것이 엠패스의 재능이죠. 우리는 확실하게 알아요. 아주 분명히 알고 그런 명확함은 무척 유용합니다.

나는 에이멘 클리닉에서 연구하면서 감각 장애를 앓고 있는 사람들과 매우 예민한 사람들을 대상으로 실시했던 뇌 영상법 연구를 돌이켜 생각해봤다. 이런 사람들은 다른 사람들과 비교할 때 마루엽(세상을 감지하는 기능을 담당하는 뇌의 위쪽 뒷부분)이 과도하게 열심히 작동하는 경우가 많았다.

에이멘 박사: 자기 자신이나 자녀, 배우자가 엠패스인지 여부는 어떻게 알 수 있을까요?

올로프 박사: 아주 기본적인 질문 몇 가지로 알아볼 수 있어요.

"평생 '지나치게 예민하다'라는 꼬리표를 달고 살았나요?"

"긴장을 풀고 기운을 회복하려면 혼자 있는 시간이 많이 필요한가요?"

"기운을 회복할 때 사람들과 함께 있기보다는 혼자 있는 시간을 선호하나요?"

외향적인 사람들은 밖에 나가서 사람들과 어울리며 기운을 회복하지만 저는 감각 과부하가 걸리면 고독을 즐깁니다. 혼자가 되죠. 그렇게 혼자 있는 시간에 저는 기운을 차립니다. 진정한 내 모습이 되죠. 홀로 있는 시간은 천국의 양식이에요. 자극이 줄어드니까요.

그리고 '나는 소음이나 냄새, 과도한 말소리에 민감한가?'라는 질문으로도 알아볼 수 있어요. 엠패스는 후각이 무척 뛰어납니다. 엘리베이터에 탔을 때 향수 냄새가 나면 보통 사람들은 '정말 좋은 냄새가 나네'라고 느끼는 정도일 때도 나는 생화학 테러를 당하는 느낌이 들곤 합니다. 자신의 감각 능력이 백만 배 정도 예민해진다고 상상하면 엠패스를 이해할 수 있을 거예요. 아주 깊이 사랑할 수 있는 능력을 가졌으니 무척 멋진 일이죠. 영혼이 이어진다고 느끼고 자연을 비롯해 내게 중요한 모든 것들과 이어진다고 느끼는 능력이 아주 뛰어나요. 내게는 연결이 중요해요. 엠패스이기 때문에 그런 연결을 느낄 수 있죠.

많은 연구에서 자연과 이어져 있다는 느낌이 행복감 및 잘 살고 있다는 느낌과 긍정적인 상관관계를 나타낸다는 결과가 나왔다. 그러니 예민한 뇌 유형인 사람이라면 일상 속에서 행복감을 높일 수 있도록 최대한 자연으로 나갈 필요가 있다.

예민한 뇌의 내부 작동 방식

전체 인구 중 20퍼센트를 차지하는 예민한 사람들의 뇌는 다른 사람들보다 정보를 더 깊이 처리한다. 이를 이해하려면 뇌의 신경전달물질을 살펴봐야 한다. 다음 사항을 고려하자.

1. **도파민에 다르게 반응한다.** 앞에서 언급했듯이 도파민은 '부추김의 분자'이자 뇌의 보상 화학물질이다. 사람들이 도파민을 좋아하는 이유는 도파민이 분비될 때 특정한 임무를 완수하기를 '원하도록' 부추기기 때문이다. 하지만 예민한 뇌 유형은 인정이나 외부 보상에서 추진력을 얻지 않는다. 그래서 예민형들은 특정한 상황에서 속마음을 드러내지 않고 다른 사람들을 관찰하면서 기다리고, 그 정보를 처리한 다음에야 편안한 마음으로 행동에 나설 수 있다. 또한 강한 저음, 요란한 음악, 번쩍이는 조명이 있는 시끄러운 콘서트의 과도한 자극에도 남다르게 반응한다. 쉽게 말해 예민한 뇌는 파티광의 뇌처럼 도파민을 많이 생산하지 않는다.

2. **남들보다 정보를 더 활발하게 처리한다.** 예민한 유형의 뇌는 관찰할 때 활동한다. 다른 뇌 유형들은 잠깐 쉬면서 멍하게 있을 때도 주변 세상을 끊임없이 처리한다. 이들은 주변의 행동을 관찰하고 해석하는 데 최적화되어 있다. 그러므로 폭력적인 영화, 비속어, 화면에 나오는 섹스 장면에 과민하게 반응한다. 다른 사람들은 그런 아수라장이나 상스러운 말, 나체를 대수롭지 않게 봐 넘길 수 있지만 예민형은 그런 영상을 남들처럼 '가상으로 치부'할 수 없다.

3. **남들보다 감정을 깊고 생생하게 경험한다.** 예민형인 간호사는 환자를 대하는 태도가 훌륭하다는 말을 듣는다. 치료사라면 내담자들이 경청 능력을 칭찬하고, 목사라면 사람들이 지혜와 겸손함을 높이 살 것이다. 이 유형은 배안쪽(복내측) 앞이마겉질ventromedial prefrontal cortex이라는 뇌 영역을 활용할 수 있어서 다른 사람들보다 감정을 더 깊게 경험한다. 감정을 생생하게 증폭할 수 있는 유전자를 타고났을 가능성이 높다. 그래서 자녀가 주는 사랑을 남들보다 더 깊이 느낄 수 있는 동시에 계약 불발이나 승진 누락에 남들보다 크게 상심할 가능성이 높다.

4. **주변에 무엇이 있는지 잘 알아차린다.** 예민형은 사람들이 하는 말을 무시할 수 없다. 뇌가 그렇게 두지 않는다. 예민형의 뇌는 보고, 듣고, 만지고, 느끼는 모든 정보를 모으도록 타고났다. 예민형의 뇌 스캔 영상을 보면 '의식의 자리'이자 순간순간의 인식이 작동하는 영역인 앞띠이랑에서 활성 증가가 나타난다.

뇌 유형 4에 대해서는 할 말이 많다. 모두가 이 유형만큼 정보를 깊이 있게 처리하고, 뛰어난 공감 능력으로 다른 사람과 이어지며, 주변 사람들과 의미 있는 방식으로 관계를 맺을 수 있는 것은 아니다.

예민한 뇌 유형에 속한 부모는 공감과 사랑이 넘치는 어머니와 아버지로 사랑과 다정함으로 자녀를 양육하고자 애쓴다. 이 유형에 속한 자녀들은 대개 자신의 감정을 이해해주는 부모에게 도움을 받는다.

전체 인구 중 20퍼센트를 차지하는 예민한 사람들의 뇌는 다른 사람들보다 정보를 더 깊이 처리한다. 이를 이해하려면 뇌의 신경전달물질을 살펴봐야 한다. 다음 사항을 고려하자.

예민한 뇌의 SPECT 스캔

예민한 뇌 유형에 속한 사람들의 경우 뇌에서 감정을 느끼는 영역인 둘레계통의 활성이 높게 나타난다.

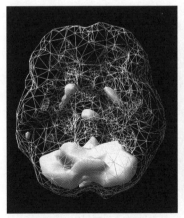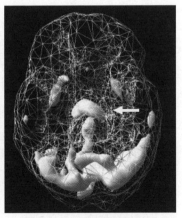

일반적인 뇌의 활성 SPECT 스캔
뇌 뒤쪽 소뇌 부분에서
가장 활발한 활성이 나타난다.

예민한 뇌 유형의 활성 SPECT 스캔
깊숙이 위치한 둘레계통 활성이
높게 나타난다(화살표).

둘레계통은 인간다움을 결정하는 아주 흥미롭고 중요한 부분으로 인간의 행동과 생존에 꼭 필요한 막강한 기능을 담당한다. 둘레계통의 주요 기능은 다음과 같다.

- **마음의 감정적인 분위기를 설정:** 둘레계통은 전반적인 감정 상태를 크게 좌우한다. 둘레계통 활성이 낮으면 긍정적 감정 및 기대감이 높아진다. 예민한 뇌 유형에 속하면서 둘레계통 활성이 증가한 사람들은 부정적 감정과 절망적이고 무기력한 기분을 느끼는 경향이 강하다.
- **내부 상태로 외부 사건을 여과(감정 채색):** '감정 명암emotional shading'이라고도 하는 감정 채색emotional coloring은 일상에서 일어나는 사건을 해석하는 방식이다. 대상이 무엇이든 실제보다 조금 더 밝거나 어둡게 조정하는 카메라 렌즈 필터와 비슷하다. 예민한 뇌 유형에 속한 사람들이 그렇듯이 둘레계통 활성이 과하게 높으면 사건과 대화를 부정적으로 해석할 가능성이 높다.
- **감정이 충만한 기억 저장:** 대학 졸업식, 결혼식, 첫아이 탄생처럼 살면서 가장 좋았던 날과 끔찍했던 교통사고, 파산 선고, 배우자의 죽음처럼 최악이었던 날을 떠올려보자. 이런 사건의 공통점이 무엇일까? 이런 기억을 이루는 감정 요소는 둘레계통에 저장된다. 예민형에 속한 사람들은 이 영역의 활성이 증가할 때 특정한 기억이 강한 감정 반응을 불러일으킬 수 있다.
- **동기부여 조절:** 둘레계통은 우리가 살면서 원하는 바를 성취하는 데 필요한 에너지와 열정을 얼마나 많이 가지는지에 관여한다. 이 영역의 활성이 낮으면 할 수 있다는 태도를 보인다. 반면에 둘레계통이 활성이 높

아지면 동기 수준이 낮아지며 예민형의 경우 자리를 박차고 일어나 꿈을 추구하는 데 어려움을 겪을 수 있다.

- **식욕과 수면 주기 조절:** 둘레계통에 속한 시상하부는 우리가 얼마나 많이 먹고 자는지에 크게 관여한다. 예민형에 속한 사람들의 경우 둘레계통 활성이 높아질 때 일일 음식 섭취량과 수면 습관이 바뀔 수 있는데, 그 형태는 식욕 억제와 불면으로 나타날 수도 있고 정반대로 과식과 과수면으로 나타날 수도 있다.
- **유대감 형성 촉진:** 둘레계통은 다른 사람들과 유대감을 형성하는 능력에 중대한 역할을 한다. 탄탄한 사회적 관계를 맺으면 기분이 좋아지고 인생을 좀 더 긍정적으로 바라보게 된다. 하지만 예민한 뇌 유형들은 사람들과 거리를 두고 사회적 유대감 형성을 멀리할 가능성이 높다.
- **후각을 직접 처리:** 장미향을 맡을 때 그 향기는 후각기관에서 곧장 그 정보를 처리하는 둘레계통으로 간다. 냄새가 기분과 감정에 그토록 강력한 영향을 미칠 수 있는 이유가 여기에 있다. 예민한 뇌 유형에 속하는 사람이라면 기분 좋은 향기 속에 파묻히고 싶을 것이다.
- **성욕 조절:** 건전한 성행위는 행복한 삶을 구성하는 핵심 요소다. 예를 들어 성관계를 하면 정서적 유대감을 촉진하는 행복의 화학물질이 분비된다. 예민한 뇌 유형의 둘레계통 활성이 증가하면 성욕이 감소할 가능성이 높아진다. 따라서 예민한 사람들은 기분이 좋아지는 신경화학물질을 누리지 못할 수 있다.

에이멘 클리닉에서 쌓은 진료 경험을 바탕으로 볼 때 둘레계통의 활성이 낮으면 대개 좀 더 긍정적이고 희망적인 마음 상태가 된다. 반대로 둘레계통이 너무 열심히 일하면 문제를 일으킬 때가 많다.

둘레계통이 과도한 활성을 보일 때 생기는 문제

· 슬픔 혹은 임상 우울증

· 부정적 생각 증가

· 사건을 부정적으로 인식

· 절망, 무기력, 죄책감 같은 부정적 감정이 밀려옴

· 식욕 및 수면 장애

· 성적 반응성 감소 혹은 증가

· 사회적 고립

· 신체적 통증

뇌 유형 4: 예민형의 행복 신경화학물질

예민한 뇌 유형은 도파민, 세로토닌, 옥시토신, 엔도르핀 등 여러 화학물질 수치가 낮게 나타난다. 핵심은 그 수치를 높이는 것이다. 도파민(즉흥적인 뇌 유형 참고)과 세로토닌(집요한 뇌 유형 참고) 농도를 높이는 방법은 앞에서 이미 다뤘으므로 여기에서는 옥시토신과 엔도르핀에 초점을 맞추고자 한다.

옥시토신: 신뢰의 분자

시상하부에서 만들어지는 옥시토신은 포옹 호르몬 혹은 사랑 호르몬으로 불리지만 이보다 훨씬 많은 기능을 한다. 연애를 막 시작하는 단계의 연인들은 사귀는 상대가 없는 친구들보다 옥시토신과 도파민(쾌락) 수치는 높고 세로토닌 수치(집착)는 낮게 나타난다. 옥시토신은 성행위 도중에 증가하고 오르가슴의 강도와 관련을 나타낸다. 또한 신뢰 증가, 웰빙, 암수 한 쌍 결합, 모성 행동, 관대함, 스트레스 감소, 사회적 상호 작용과 관련이 있다. 옥시토신은 유대감을 형성함으로써 사회 집단을 보호하는 행동과도 연관된다. 옥시토신은 자기 자신과 비슷한 사람에게 끌리도록 유도하고, 자기 집단에 속한 사람들을 보호하고자 거짓말을 하게 만든다. 또한 통증을 줄이고 상처 회복을 촉진한다(친밀한 인간관계는 신체 건강을 증진한다). 옥시토신은 짝과 함께 있을 때 느끼는 만족감과 침착함, 안정감을 북돋우고 불안감을 낮춘다. 이는 행복한 관계를 좌우하는 핵심 요소다. 옥시토신은 긍정적인 사회적 상호작용과 부정적인 사회적 상호작용의 효과를 모두 키운다.

옥시토신 수치가 낮으면 우울해하고 생존이 위협받는다고 느낀다. 확실히 행복의 비결은 아니다. 또한 낮은 옥시토신 수치는 자폐증과 연관이 있다. 옥시토신 농도가 높으면 코르티솔과 스트레스를 줄일 수 있고 일부일처 유지 가능성을 높일 수 있다(테스토스테론 수치를 낮춘다).

다른 행복 화학물질들과 마찬가지로 옥시토신도 과하면 문제가 발생할 수 있다. 과도한 옥시토신 분비는 지나친 애착, 신뢰, 상호의존을 유발할 수 있다. 또한 옥시토신 수치가 높으면 유대감이 너무 강하게 형성된 나머지 다른 사람의 결점을 간과하거나 폭력적인 배우자나 친구와 관계를 지속하게 될 수 있다. 이런 맥락에서 나는 환자들에게 성적 접촉에 아주 신중하라고 권한다. 옥시토신 수치 증가는 질투와 남의 불행을 고소하게 여기는 감정, 사랑하는 사람이 위협받을 때 나타나는 '엄마 곰' 같은 공격성과 관련이 있다. 또한 사회 전염social contagion(집단을 통해 행동이나 감정이 저절로 퍼지는 현상), 집단 사고, 자기와 다른 사람에 대한 불신(내집단 보호로 이어진다), 인종 차별과 관련될 수 있다.

그렇다면 무엇이 옥시토신 수치를 떨어뜨릴까? 테스토스테론, 사랑하는 사람과 떨어짐, 고립, 배신, 슬픔, 급성 스트레스가 옥시토신을 줄어들게 한다. 팬데믹은 많은 사람의 옥시토신 수치와 행복 수준을 급격히 떨어뜨렸다.

옥시토신은 의약품 형태로 처방할 수 있다. 연구자들은 옥시토신으로 정서적 외상을 완화할 수 있으며 뇌의 공포 회로를 진정시키고 외상 후 스트레스 장애PTSD 증상을 줄일 수 있다는 사실을 밝혔다. 나는 에이멘 클리닉에서 몇 년 동안 일했던 켄 스톨러 박사가 쓴 책을 읽다가 옥시토신이 슬픔에 미치는 긍정적 영향에 대해 처음으로 알게 됐다. 스톨러는 『옥시토신Oxytocin』에서 직접 경험한 옥시토신과 슬픔의 관계를 소개한다.

2007년에 사랑하는 내 아들 게일런이 열여섯 살에 기차 사고로 세상을 떠난 이후로 나는 병리적 비애pathological grief의 나락으로 떨어졌다. 내 아들이 어떻게 죽었는지, 아들이 무엇을 경험했는지, 내가 그곳에 있었더라면 어땠을지 등등에 대한 생각을 떨칠 수가 없었다. 두려움, 불안, 공황이 뒤섞인 이 상태는 마치 내가 통제할 수 없는 독립된 사고 흐름인 양 걷잡을 수 없이 흘러갔다. 숨이 막히고 쇠약해졌다.

나는 자폐스펙트럼장애를 겪는 어린이들이 느끼는 공포와 불안을 치료하는 데 옥시토신을 능숙하게 사용했지만 아들이 세상을 떠난 지 3주가 넘게 지나서야 옥시토신이 나에게도 도움이 될 수 있겠다는 생각을 했다. 효과가 완전히 나타나기까지 약 10분이 걸렸고, 시간이 흐르면서 놀라울 정도로 평정심이 찾아왔다. 마치 허물을 벗는 것처럼 공황과 두려움이 사라졌다. 아들의 기차 사고를 생각하려고 하면 할 수 있었다. 하지만 생각하고 싶지 않다고 느끼는 순간 그 사고는 마음속 저편으로 사라졌다. 마치 독립된 생명체이기라도 한 듯이 나를 내려치지는 않았다. 부정적 강박관념에 시달리지 않고 내가 느끼는 슬픔을 다스릴 수 있었다.

옥시토신 분비를 촉진하는 방법을 13가지 소개한다.

1. **사교 모임을 만들자.** 친구나 동료들과 어울릴 때 사람들에게 지지를 받는다고 느끼고 이 세상에 혼자 있다는 기분이 줄어든다. 팬데믹 시기에 힘들다고 느꼈던 사람이 많았던 이유가 여기에 있다. 토요일 아침에 친구들을 만나 자전거를 타거나 교회에 갔다가 브런치를 먹을 때 나오

는 옥시토신을 얻을 수 없었다.

2. **접촉. 옥시토신 농도를 높이고 싶을 때 손을 뻗어 사랑하는 사람을 만지자.** 손을 잡는 단순한 행위로도 옥시토신 수치를 높일 수 있다.

3. **마사지를 주고받자.** 기분이 좋아지는 마사지를 받으면 뇌의 옥시토신 분비가 증가할 것이라는 예측은 누구나 할 수 있다. 하지만 『옥시토신 인자The Oxytocin Factor』의 저자 케르스틴 우브뇌스-모베르히 박사 같은 연구자들은 마사지를 할 때도 옥시토신이 분비된다고 말한다.

4. **선물을 하자.** 옥시토신 분비를 촉진하고 싶다면 좋아하는 사람에게 깜짝 선물을 하자. 사치스러운 선물일 필요는 없다. 그저 상대가 미소 지을 만한 작은 선물이면 족하다. 선물을 한 대가로 당신은 기분이 좋아질 것이다.

5. **눈을 맞추자.** 사랑하는 상대(네 발 달린 털북숭이 친구라도 좋다)의 눈을 들여다보면 옥시토신 분비를 촉진할 수 있다. 낯선 사람들끼리라도 눈을 마주치고 있으면 마음이 진정되고 유대감이 증가한다.

6. **좋아하는 음악을 듣자.** 신체 운동을 하는 동안에 음악이 몸과 마음을 어떻게 바꾸는지에 관한 연구가 이뤄지고 있다. 음악은 옥시토신 수치를 높인다. 또한 신나는 음악을 들으면 통증과 피로를 잊을 수 있고 체력이 향상되며 기분이 좋아진다. 샤워할 때 말고는 노래를 부르지 않는 사람이라고 하더라도 음악을 들을 때는 옥시토신이 늘어나도록 노래를 따라 부르자.

7. **요가를 수강하자.** 수십 년에 걸친 연구 결과에 따르면 요가는 우울증, 불안, 스트레스를 줄이는 동시에 수면의 질을 높이고 전반적인 삶의 질을 증진한다. 전부 행복을 가져오는 요소 같지 않은가? 요가를 하면 옥

시토신 수치가 올라간다는 연구 결과도 있다.

8. **자애 명상을 하자.** 옥시토신 분비를 촉진하기 위해 자애 명상을 하자. 자애 명상을 할 때는 사랑, 연민, 호의에 관한 생각이 자기 자신, 주변 사람, 관계가 틀어진 사람들을 향하도록 한다.

9. **긍정적인 사회적 상호작용에 참여하자.** 사랑한다고 말하거나 믿을 수 있는 친구에게 감정을 털어놓으면 옥시토신 분비를 촉발할 수 있다.

10. **이유 없이 친절을 베풀자.** 팬데믹 시기에 무료 급식소에서 자원봉사를 했는가? 동네에서 어린이들에게 공부를 가르치는가? 정기적으로 봉사활동을 하는 사람들에게서 옥시토신 수치가 높게 나타난다.

11. **반려 동물을 쓰다듬자.** 개가 인간의 가장 좋은 친구라고 알려진 데는 그럴 만한 이유가 있다. 개의 부드러운 털을 쓰다듬거나 어루만지는 단순한 행동이 옥시토신 분비를 촉진하며, 이는 입증된 사실이다. 연구에 따르면 가끔은 까다롭게 굴고 냉담해 보이는 고양이조차도 우리 인간을 행복하게 만든다고 한다!

12. **소중한 사람과 함께 식사하자.** 음식을 함께 먹는 행위는 옥시토신 생산에 아주 효과적이지만 요즘에는 혼자 혹은 일하면서 밥을 먹는 사람이 너무 많다. 지난 몇 년간 당신이 활기를 얻었던 대화는 무엇이었는지, 당신이 사랑하고 믿는 누군가가 "오늘 하루는 어땠어?"라고 물었을 때 어떤 기분이 들었는지 생각해보자.

13. **사랑을 나누자.** 성관계를 할 때 느끼는 친밀감은 옥시토신 수치를 높이고 상대방에게 애정을 보여주는 중요한 방법이다. 연구 결과 성관계를 할 때는 물론, 포옹을 하거나 손을 잡을 때도 옥시토신이 분출된다고 한다.

엔도르핀: 통증 완화의 분자

통증과 극심한 스트레스에 대처하고자 몸에서 분비되는 엔도르 핀 역시 예민한 뇌 유형에 속한 사람들에게 낮게 나타나는 화학물질 이다. 엔도르핀은 통증을 차단해서 야생동물에 물렸을 때나 다리가 부러진 채 불타는 차에서 빠져나왔을 때처럼 생명이 위협받는 위험 한 상황에서 탈출할 수 있도록 돕는다. 또한 엔도르핀은 운동선수들 이 한계를 넘어 러너스 하이runner's high(운동을 장시간 지속했을 때 느끼는 도취감)를 느낄 때처럼 자기 자신을 고통으로 몰아붙일 때도 분비된 다. 엔도르핀이 분비될 때 우리는 행복감을 느끼며 사람들이 격렬한 운동에 중독되는 이유도 여기에 있다. 또한 엔도르핀은 성관계를 할 때나 특정한 음악을 들을 때, 초콜릿처럼 맛있는 음식을 먹을 때 느 끼는 쾌락에도 관여한다. 엔도르핀과 아편제는 통증 완화를 돕지만 극도로 주의해서 처방하지 않으면 사람을 죽일 수도 있다. 옥시코돈 Oxycodone, 하이드로코돈Hydrocodone, 코데인Codeine, 모르핀Morphine, 펜타닐 Fentanyl, 헤로인Heroin 같은 약물은 우리 사회를 파괴하는 대단히 중독성 이 강한 물질이다. 미국 국립약물남용연구소는 미국에서 매일 100명 이 넘는 사람이 오피오이드Opioid 과다 복용으로 사망한다고 밝혔다.

엔도르핀 농도가 낮으면 우울증, 불안, 스트레스, 감정 기복, 섬유 근육통, 두통, 수면 장애를 일으킬 수 있으며, 다들 예상할 수 있듯이 중독, 특히 아편제에 중독되기 쉽다.

쾌락과 통증의 연관성

앞에서 다뤘던 원함과 좋아함의 차이점을 기억하는가? 원함과 고통은 엔도르핀으로 밀접하게 연결되어 있다. 'tantalize(감질나게 하다)'라는 단어는 그리스 신화에 등장하는 제우스의 아들 탄탈로스Tantalus 고문에 얽힌 고대 전설에서 유래했다. 죄를 지은 탄탈로스는 맛있는 음식과 음료가 손에 닿을 듯하다가 사라지는 형벌을 영원히 받게 됐다. 그렇게 감질난 상태로 고통을 받았다. 롤러코스터, 공포 영화, 극한 스포츠, 엔시에로Encierro(스페인 산 페르민 축제에서 개최하는 길거리 투우), 만성적으로 충돌하는 관계가 모두 이 연관성의 사례다. 엔도르핀 수치가 너무 낮으면 그 수치를 끌어올리고자 이런 극단적인 상황을 찾게 된다.

사람들이 왜 자해를 하거나 몇 시간 동안 문신을 하거나 가학피학성 성행위를 하는지 궁금하다고 생각한 적이 있는가? 그들은 엔도르핀 분비와 이에 따르는 행복감을 일으키고자 통증을 유발하는 것이다. 엔도르핀 체계와 반응을 알고 나면 그런 특이한 행동이 이해가 되기 시작한다. 그들은 감정적 고통을 차단하고자 급격한 엔도르핀 분비를 노리고 있을 가능성이 있다. 행복감을 차단하는 약물인 아편제 차단제 날트렉손naltrexone을 투여하면 대개 그런 행동을 멈춘다. 날트렉손은 취기를 떨어뜨려 알코올 섭취를 줄이게 하므로 알코올의존증 치료에도 사용한다.

최근에 토크쇼 「닥터 필」에서 자기를 다치게 하는 여성에게 중독된 한 남성의 뇌를 스캔해달라는 의뢰를 받았다. 그 남성은 여성들을 고용해 자기를 때리고, 침을 뱉고, 모욕하게 했다. 심지어 한 여성에게는 차로 치고 지나가라고 요청하기도 했다. 이런 성향은 어린 시절에 여자애들이 자기에게 화를 낼 때까지 놀리던 순진무구한 장난으로 시작했지만 위험한 수준으로 치달아 관계를 망치고 심각한 수치심을 느끼게 했다. 그의 뇌는 신체가 다쳐서 고통스러울 때 나오는 엔도르핀에 중독된 상태였다.

예민한 뇌 유형에 속한 사람들이 엔도르핀의 균형을 잡고 전반적인 행동 수준을 높일 수 있는 자연스러운 방법 여덟 가지를 소개한다.

1. **운동하자.** 신체 활동은 통증을 완화하는 신경화학물질인 엔도르핀 분비를 촉발해 기분을 좋게 하는 '러너스 하이' 상태를 이끌어낼 수 있다.

2. **남에게 베풀자.** 엔도르핀 수치를 높이려면 받기보다는 주는 것이 효과적이므로 다른 사람들에게 도움을 줄 수 있는 방법을 찾아라.

3. **요가를 하자.** 요가의 스트레스 감소 효과는 잘 알려져 있다. 이에 비해 덜 알려져 있지만 요가는 엔도르핀 수치도 높일 수 있다.

4. **명상하자.** 규칙적인 명상 수련은 긍정적인 기분은 물론 엔도르핀 증가와 관련이 있으므로 예민한 뇌 유형에 속한 사람들에게 도움이 된다.

5. **매운 음식을 먹자.** 할라페뇨, 하바네로를 비롯해 먹었을 때 머리에 땀이 나는 고추 종류에 들어 있는 캡사이신은 엔도르핀 분출 및 통증 감소와 관련이 있다.

6. **다크 초콜릿을 먹자.** 왜 초콜릿을 먹으면 통증이 줄어들고 기분이 좋아질까? 이는 다크 초콜릿에 들어 있는 항염증 성분이 엔도르핀 분비도 촉진하기 때문이다.

7. **더 많이 웃자.** 통증을 느끼는 역치를 높이는 효과를 비롯한 여러 웃음의 효능은 엔도르핀 덕분이다. 친구 몇 명과 함께 코미디 영상을 30분

정도 보기만 해도 엔도르핀 수치를 충분히 올릴 수 있다.

8. **침을 맞아보자.** 고대로부터 내려오는 치료법인 침술은 우울증, 섬유근 육통, 불면증에 도움을 준다. 나는 치과 치료를 받기 위해 하이드로코돈 같은 아편제를 복용했을 때 즉시 기분이 좋아졌다고 말했던 치료 저항 성 우울증(전통적인 치료법으로 효과를 볼 수 없는 우울증) 환자들을 많이 만 났다. 물론 우울증 치료 목적으로 아편제를 처방하지는 않겠지만(중독 취약성 때문에 너무 위험하다) 그 사례를 듣고 나서 침술사에게 가보라고 권했고, 덕분에 우울증이 완화된 경우가 많았다. 침술이 모든 우울증에 효과를 나타내지는 않지만 예민형에게는 효과적이다.

예민형을 위한 행복 처방

☑ **자신의 뇌 유형을 지원하자.** 앞에서 소개한 옥시토신과 엔도르 핀 분비 촉진법을 따라 하고 뇌를 보호하고 둘레계통을 진정하는 뇌 건강에 좋은 습관을 들이자.

☑ **자신의 진로를 이해하자.** 예민한 뇌 유형은 간호사, 치료사, 건 강관리 전문가, 목사를 비롯한 성직자에게 흔하다. 시인, 화가, 작곡 가를 비롯한 예술가들도 이 유형에 속하는 경우가 많다.

☑ **자신의 학습 방식을 제대로 파악하자.** 이 유형은 학생이든, 사람 들이 커피가 나오기를 기다리는 카페에 앉아 원격 근무를 하든 간에 분주한 환경에서는 제 실력을 발휘하지 못한다.

☑ **인간관계에서 자신이 원하는 바를 파악하자.** 긍정적이고 낙관 적이면서도 평화와 고요함을 바라는 당신의 필요를 존중해주는 상대 를 고르자. 예민형은 목적의식이 뚜렷한 사람과 함께하고 싶어 한다.

예민한 뇌 유형과 관계를 맺을 때

예민한 뇌 유형들은 당신이 생각하고 느끼는 바를 알아차릴 수 있고 당신에게 기대어 울 어깨를 내어주고 문제를 들어줄 사람, 아파서 닭고기 수프가 필요할 때 당신 곁에 있어줄 사람이다. 이런 사람들은 깊은 교감을 할 수 있는 기회를 주고, 이들과 맺는 연애 관계, 우정, 업무 관계는 무척 진지할 수 있다. 때로는 예민한 뇌 유형의 둘레계통이 너무 과도하게 작동해서 부정적 성향, 사회적 고립, 잘못된 해석을 유도할 수 있다. 당신은 그들이 긍정적인 태도를 되찾거나 친구들과 어울리거나 직장에서 사람들과 어울리고 싶은 욕구를 불러일으키도록 도울 수 없다는 무력감을 느낄 수도 있다.

· 뇌 유형 4의 연인들이 주로 하는 말
"그 사람과 밤늦도록 이야기하는 게 좋아요."
"가끔 그녀는 오해를 하곤 해요."

· 뇌 유형 4의 동료들이 주로 하는 말
"그녀는 마치 우리 모두를 돌보는 '오피스 엄마' 같아요."
"그는 외톨이예요."

· 뇌 유형 4의 친구들이 주로 하는 말
"우리 사이에는 즐거운 추억이 참 많아요."
"가끔은 그녀의 부정적인 태도 때문에 나까지 기분이 나빠져요."

☑ 평소 상태에서 벗어났을 때를 조심하자. ANTs(자동적인 부정적 생각)에 빠지기 쉽다. ANTs란 당신이 기대에 부합하지 못할 것이라거나

실패할 것이라고 말하는 자기 대화를 말한다. 4장에서 소개하는 긍정성 편향 훈련에 주목하도록 하자.

✎ 자신이 행복해지는 고유한 요인을 파악하자. 자신에게 기쁨을 가져다주는 것들을 목록으로 작성해서 매일 들여다보며 좋아하는 활동들을 기억하자.

예민한 뇌 유형인 사람들을 행복하게 하는 것

- 차분한 음악 듣기
- 강한 목적의식 갖기
- 깊이 생각하기
- 라벤더 향 맡기
- 남을 돌봐서 건강을 되찾게 하기
- 마음챙김 수련
- 하루 중 혼자 있는 시간 갖기
- 친밀하고 의미 있는 인간관계
- 자연의 아름다움 속을 거닐기
- 일기 쓰기
- 숙면
- 글쓰기, 그림 그리기를 비롯해 감정을 표현하는 창조적인 방법

예민한 뇌 유형인 사람들을 불행하게 하는 것

- 떨치기 힘든 부정적인 생각들
- 잘 풀리지 않은 과거의 인간관계에 대해 생각하기
- 사회적 단절
- 일에서 생긴 차질
- 체중 증가
- 붐비는 대로에서 운전하기
- 밝은 빛에 둘러싸이기
- 요란한 소리 듣기
- 무섭거나 폭력적인 영화 보기
- 늦게 잠자리에 들기

☺ 소소한 순간에서 행복 찾기

배우자나 애인의 눈을 들여다보며 친밀감 느끼기

라디오에서 흘러나오는 좋아하는 노래 듣기

뭔가를 해주고 상대방이 미소 지을 때 느끼는 기분

소중한 친구들과 포옹하기

사랑하는 반려견과 산책하기

신중한 뇌

불안에 압도당하기 쉬운 위험 회피형

행복은 암울한 투쟁과 불안에 시달린 세월 끝에 오는 빛나는 절정이 아니다.
그저 그 순간에 행복하고자 내린 사소한 결정들이 오랫동안 이어지는 것이다.

_도널드 월터스Donald Walters, 미국 힌두교 지도자

30여 년 동안 임상 의료에 몸담으면서 알게 된 교훈 중 하나는 코미디언들은 남들을 웃기는 데 평생을 보내지만 정작 본인들이 꼭 행복하다는 보장은 없다는 사실이다. 브리타니 퓰란Brittany Furlan을 예로 들어보자. 팔로워가 240만 명에 이르는 인스타그램 인플루언서 브리타니는 폭소를 터뜨리게 하는 콘텐츠를 만들지만 머릿속에는 불안하고 걱정스러운 생각이 가득하다. 뇌 스캔을 받으러 에이멘 클리닉을 찾은 브리타니는 만사가 불안하다고 말했다.

브리타니는 농담 반 진담 반으로 "어쩌면 그냥 뇌엽절제술lobotomy(정신 질환을 치료할 목적으로 이마엽을 절제하는 수술로 부작용이 많아 거의 실

행하지 않는다)을 받는 게 낫겠다는 생각이 들어요"라고 말했다.

겉보기에 브리타니는 아주 행복하게 사는 듯 보였다. 2015년 잡지 「타임」이 선정한 인터넷에서 가장 영향력 있는 인물 중 한 명으로 뽑힌 소셜 미디어 대스타인 브리타니는 사치스러운 휴가를 보낼 수 있는 경제력을 갖춘 유명 뮤지션과 결혼했다. 하지만 브리타니는 그조차도 불안했다.

"다른 사람들 같으면 '발리 여행이라니 신나!'라고 하겠죠. 하지만 전 뭔가 잘못되면 어떻게 할지부터 생각해요. '제일 가까운 병원은 어디지? 공황 발작과 심장 마비가 일어나면 날 어떻게 해주려나? 항공기로 옮겨줄까?' 이런 생각이요."

남편은 브리타니가 심각한 '최악의 시나리오 증후군'을 앓고 있다고 말한다. 이는 신중한 뇌 유형에 속한 환자들에게서 많이 보이는 특징이다. 신중한 뇌 유형에 속하는 일반 사람들은 준비가 철저하고, 실제로 말하거나 행하기 전에 그 결과를 미리 생각하며, 위험을 회피하고 약속 시간을 잘 지킨다. 신중형은 회의가 있을 때 일찍 도착하고 학교 숙제를 먼저 한 '다음에' 나가서 친구들과 놀며, 업무 프로젝트가 생기면 즉시 시작해서 마감이 닥치기 한참 전에 끝낸다.

브리타니에게 물어본다면 석 달 안에 끝내야 하는 일이 있다면 해야 할 일 목록에서 지워버릴 수 있도록 첫날에 해치워버리려 할 것이라고 답할 것이다. 그녀는 상담 중에 "해야 할 일이 있다는 사실을 견딜 수가 없어요. 불안해지거든요"라고 말했다. 신중한 뇌 유형이 대부분 그렇듯이 브리타니는 마음이 분주한 탓에 발리처럼 아름다운 곳에서 휴가를 보내는 와중에도 긴장을 풀기가 어렵다.

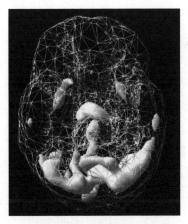

브리타니 뇌의 활성 SPECT 스캔
앞띠이랑, 둘레계통, 바닥핵 활성이 높게 나타난다.

뇌 유형 5: 신중형의 공통 특질

이 유형의 사람들은 대개 다음 특질에서 높은 점수를 기록한다.

- 준비
- 경계
- 위험 회피
- 동기부여
- 비축
- 마음이 분주
- 변덕
- 까다로움

- 긴장을 잘 풀지 못함
- 불안

또한 대개 다음 특질에서 낮은 점수를 기록한다.

- 준비에 대해 무심
- 위험 감수
- 차분함
- 긴장을 푸는 능력
- 고요한 마음
- 침착함
- 안심

신중한 사람들에게는 장점이 많다. 신중한 사람들은 기준이 높고(타인은 물론 자신에게도) 행동에 옮기기 전에 문제를 아주 상세하게 분석하며 철저하고 믿을 만하다. 뭔가를 하겠다고 말하면 반드시 한다.

신중한 사람들에게는 안심, 안전, 예측 가능성이 중요하다. 큰 위험은 감수하려 하지 않고(번지 점프, 암벽 다이빙, 자유 등반은 사양한다) 삶의 다른 영역에서도 대단히 사려 깊다. 검증되지 않은 암호화폐에 투자하는 법은 없다. 실험적인 수술 절차에 지원하거나 주변 사람들을 다 제치고 첫 번째로 자율주행차를 구매하는 일도 있을 수 없다.

신중한 사람들은 맡은 일을 해내는 것은 당연하고 심지어 잘해내는 유형이다. 즉흥형 극단에 있으면서 ADD가 있는 사람은 신중한 뇌 유형인 사람이 해낼 수 있는 일을 같은 시간 내에 절대로 해낼 수 없다. 전에 ADD인 CEO를 치료한 적이 있다. 그는 업무 체계를 유지하는 데 어려움을 겪었으므로 나는 체계 유지와 준비는 물론, 맡은 업무를 처음부터 끝까지 고수할 수 있도록 도와줄 집요-신중형 뇌 유형 특질을 갖춘 비서를 고용하라고 권했다. 이 조합은 효과가 있었다! 집요-신중형 비서가 일처리가 물 흐르듯이 진행되도록 뒷받침하는 동안 CEO는 자신의 강점을 마음껏 발휘할 수 있었다.

신중한 뇌 유형은 전전긍긍하면서 미래를 바라볼 때가 많지만, 미래에 몰두하다 보면 현재를 놓치고 항상 불안에 떨면서 살아가게 되므로 불행해진다.

어느 정도의 불안은 바람직하다. 균형을 유지한다면 불안은 안전을 보장한다. 불안할 때 우리 뇌는 어리석거나 끔찍한 실수를 저지르지 않도록 보호하는 역할을 하기 때문이다. 중대한 시험이나 중요한 업무를 앞두고 건전한 수준의 스트레스를 받을 때 우리는 몰두하게 되고 잠재력을 최대치로 발휘할 수 있는 준비를 갖추게 된다. 정신적으로 준비가 됐을 때 프로젝트의 매개변수와 경계를 이해하게 되고, 그러면 불안 수준을 낮춰 최고의 기량을 발휘할 수 있다.

신중한 뇌 유형에 속한 사람들 중엔 스트레스가 심한 상황에서 불안이 악화되는 경우가 있다. 에이멘 클리닉을 찾은 앤턴 닐스 비서가 대표적인 예다. 22세 기업가인 비서는 성장기에 '불안과 가장 거리가 멀고 자신감이 넘치는' 사람이었다고 말했다. 하지만 생활 방식이 달라지고 나흘이 멀다 하고 비행기를 타기 시작하면서 그런 성품도 바뀌었다. 비서의 말로는 그런 일상이 항상성을 깨뜨렸다고 한다. 그는 불안 수준이 바뀐 이유를 좀 더 자세히 알아보고자 클리닉에 와서 뇌 스캔을 받겠다고 했다.

비서는 에이멘 클리닉에서 나와 함께 일하는 훌륭한 정신과 의사인 다니엘 에미나 박사에게 상담을 받으면서 "저는 매일 머릿속을 맴도는 불안과 스트레스를 이해하고 싶어요"라고 말했다. 에미나 박사와 이야기를 하면서 비서는 머릿속에서 어떻게 '부정적인 피드백 고리'를 만들어냈는지 설명했다. 그때 에미나는 예상하지 못한 질문을 던졌다.

"그 피드백 고리에 장점이 있나요?"

비서는 잠시 생각한 끝에 "장점이라면 아마도 준비겠죠. 예전에 저질렀던 실수를 다시 하지 않도록 준비하거나 그 일은 해를 끼쳤다거나 내게 상처를 입혔다고 스스로 훈련한다는 장점이 있겠네요"라고 대답했다.

에미나 박사는 말했다.

"그게 바로 신경해부학과 신경생리학이 작용하는 방식이에요. 우리 사고 패턴은 감정으로 이어지고 감정은 행동과 반복으로 이어지죠. 습관과 마찬가지로 사고 패턴도 강화할 수 있어요. 그러니 뭔가에 대비할 수 있도록 어떤 상황에 대해 과하게 생각할 수 있다는 자체가 바람직할 수도 있어요. 문제는 개선할 수 없다거나 고칠 수 없다고 느끼는 상황에 다다르는 경우죠."

비서는 고개를 끄덕이면서 "그게 저에게 힘든 문제예요. 고칠 수 없다고 느껴지는 것들이요"라고 인정했다.

통제력이 부족하다는 느낌은 신중한 유형이 많이 경험하는 걸림

돌이다. 최근에 발생한 팬데믹을 겪으면서 사람들은 그 어느 때보다도 통제할 수 없다고 느꼈다. 코로나19 시대에 수많은 신중한 유형들이 어려움을 겪었다. 무시무시한 뉴스들, 건강과 안전에 관한 걱정, 경제적 불확실성이 이런 불안감을 부채질하면서 더더욱 걱정이 심해졌고 행복이 짓밟혔다.

신중한 뇌 유형은 팬데믹 초기에 슈퍼마켓으로 달려가 휴지를 전부 쓸어 담던 사람들이다. 나는 사재기와 텅 빈 슈퍼마켓 선반들을 기억한다. 허리케인이 멕시코 연안으로 다가오거나 대형 눈보라가 뉴욕시로 향할 때마다 볼 수 있는 장면이다. 영국 런던예술대학교 소속 소비심리학자 폴 마스던은 세상이 중심축에서 벗어날 때 우리가 '통제권을 되찾는' 방식이 바로 사재기라고 말했다. 미래가 불확실할 때 사재기는 자율성을 원하는 우리의 근본적인 심리적 필요에 부응한다.

이 유형에 속한 사람들은 공황 발작에도 취약하다. 공황 발작은 임박한 위험이라기보다는 당사자가 지각하는 위협을 바탕으로 발생하는 격렬한 공포가 갑자기 일어나는 증상의 발현이다. 마음을 진정시키려고 알코올이나 마리화나 같은 약물에 의지하기도 한다. 다행히도 스트레스와 불안을 완화하는 더 건전한 방법들이 있다. 내가 환자 수백 명에게 가르친 간단한 4단계 공황 대처법을 따라 함으로써 증상을 통제할 수 있다.

에이멘 박사의 4단계 공황 퇴치 계획

1단계: 호흡을 잊지 말자. 불안이 엄습하면 호흡이 얇고 빠르며 불규칙해진다. 뇌는 인체에서 가장 신진대사가 활발한 기관이므로 산소 유입 속도를 늦추는 정신 상태는 더욱 극심한 두려움과 공황을 불러일으킨다. 이런 일이 일어나고 있다는 사실을 명심하고 천천히 심호흡함으로써 뇌의 산소 농도를 높여 이 같은 악순환을 끊어야 한다. 신선한 산소 분자가 뇌로 몰려 들어가면 당신이 느끼는 감정을 다시 통제할 수 있도록 도와준다.

심호흡은 어떻게 연습할 수 있을까? 불안할 때 '조여들기' 쉬운 횡격막으로 호흡하는 법을 배우면 된다. 횡격막으로 호흡하는 법을 연습하려면 다음과 같이 해보자.

- 등을 대고 누워 작은 책을 배 위에 올린다.
- 코로 공기를 3-4초 동안 천천히 들이쉬면서 책이 솟아오르는 모습을 바라본다. 숨을 완전히 들이마신 상태로 잠시 멈춘다.
- 숨을 6-8초 동안 내쉬면서 책이 가라앉는 모습을 바라본다. 잠시 숨을 멈췄다가 다시 숨을 들이쉰다.
- 열 번 반복하고 얼마나 긴장이 풀리는지 느껴본다.

2단계: 자기 안의 모든 것이 "달아나!"라고 외치더라도 도망치지 말자. 불안이 당신을 있는 힘껏 옥죄는 느낌이 들 때 도망가고 싶은 유혹을 뿌리치자. 불안을 유발하는 대상이 무엇이든 묵살하면 안 된다. 위험하거나 생명을 위협하지 않는 한, 그 상황을 떠나면 불안에 휘둘리게 될 뿐이다.

3단계: 생각을 기록하자. 공황 상태에서 우리 생각은 왜곡되기 쉬우므로 정정해야 한다. 자동적인 부정적 생각(ANTs)에 주의하면서 최대한 많이 적거나 기록하도록 하자. 기록한 내용을 치료사에게 보여줄 수 있다면 좋겠지만 그렇지 않다면 자기가 쓴 내용을 자세히 살펴보도록 하자. 같은 생각이더라도 좀 더 현실적인 버전으로 다시 쓸 수 있을까? 좀 더 자세한 팁은 4장에 소개된 긍정성 편향 훈련을 참고하기 바란다.

4단계: 가바나 마그네슘 같은 간단한 보충제를 고려하자. 공황 발작은 불안 중추가 과도하게 활성화할 때 자주 발생하며, 이런 보충제로 불안 중추를 빠르게 진정할 수 있다.

신중한 뇌 유형에 속한 사람들 중에는 항상 경계 태세를 갖추고 있다고 느끼는 이들이 있다. 임상 진료 경험에 비추어 볼 때 이는 과거

에 겪은 정서적 외상과 관련이 있는 경우가 많다. 나는 이런 외상성 경험이 초래하는 불안 증상을 극복하도록 돕는 우수한 치료법들을 잘 알고 자주 사용한다. 내가 추천하는 방법 중 하나는 안구운동 민감 소실 재처리 요법eye movement desensitization and reprocessing이다. 내 환자였던 트로이와 섀넌 제이만 부부는 이 치료 형태가 끔찍했던 기억에서 비롯된 감정적 흥분을 제거하는 데 도움이 된다고 했다.

2017년 라스베이거스 총기 난사 사건과 EMDR

2017년 10월 1일 맑고 따뜻했던 일요일 저녁이었다. 라스베이거스 루트 91 하비스트 음악 축제의 마지막 무대는 제이슨 알딘Jason Aldean 밴드가 장식했다. 컨트리 음악을 좋아하는 트로이와 섀던 제이만 부부는 밴드가 연주하는 웅장한 컨트리 록 음악에 카우보이 부츠로 장단을 맞추고 있었다.

제이만 부부는 그날 저녁 행복하게 공연을 즐기던 팬들 2만여 명과 함께 있었다. 최근 위중한 유방암을 이겨낸 섀넌과 남편 트로이가 무대 앞에서 친구들과 함께 즐기고 있던 그때, 한 미친 총잡이가 공연장이 내려다보이는 만달레이 베이 호텔 32층에서 공격용 소총을 발사하기 시작했다. 고구경 탄환 수백 발이 관중석으로 쏟아졌다. 일부 관객들은 출구로 도망쳤다. 움직일 수 없을 정도로 무서워서 동상처럼 얼어붙은 사람들도 있었다.

트로이와 섀넌은 아내와 내가 진행하는 「브레인 워리어스 웨이」에 출연해 끔찍했던 그 사건을 떠올렸다. 뉴포트 비치 경찰관인 트로이는 그 집중 사격 중에 "주변 모든 곳에서 총알이 강타하는 충격이 느껴졌고 마치 총알이 빗발치는 것 같았습니다"라고 말했다. 경찰관으로서의 경험 덕분에 그는 재빨리 상황을 파악했고, 총격범이 관중 속에 있지 않다고 판단했다.

하지만 그런 훈련을 받지 않은 섀넌에게 그 사태는 공포 그 자체였다. 모두가 총격범이 자기를 향해 걸어오고 있다고 생각한 시점이 있었다. 그런 생각이 투쟁-도피 반응을 불러일으켰고, 섀넌은 '이 사람이 모퉁이를 돌면 나는 작년처럼 내 목숨을 지키기 위해 싸울 거야. 그 사람 손에 순순히 죽지 않아'라고 생각했다.

어떤 일이 일어났는지 설명하면서 섀넌은 그 끔찍했던 밤에 몸으로 느꼈던 기운을 그대로 느낄 수 있었다. 섀넌은 "그 경험 전부가 너무나 깊게 각인됐어요. 그때 느낀 전율이 제 몸으로 고스란히 전달되는 것 같아요. 자동조종장치가 켜진 것처럼 그저 살아서 밖으로 나가야겠다는 일념뿐이었어요"라고 말했다.

트로이는 다리에 총을 맞았고 파편에 여러 차례 맞았지만 침착하게 20여 명을 안내해 안전한 장소로 이끌었다.

미국 역사상 가장 많은 사상자를 낸 이 총기 난사 사건이 끝났을 때 컨트리 음악 팬 58명이 사망했고 트로이를 포함한 700여 명이 부상을 입었다. 트로이는 목숨을 건졌지만 지금까지도 다리에 총알 파편이 남아 있다.

제이만 부부는 살아 있음에 감사하면서 집으로 돌아왔지만 이후 몇 달 동안 감정에 시달렸다. 피로 얼룩진 대학살의 기억이 의식적인 사고에서 결코 멀어지지 않았다. 해결책을 찾아 에이멘 클리닉에 왔을 당시 두 사람의 SPECT 스캔에서는 뇌의 걱정(앞띠이랑), 기분(둘레

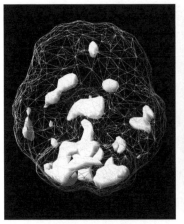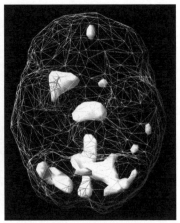

섀넌의 활성 SPECT 스캔　　　　　**트로이의 활성 SPECT 스캔**

앞띠이랑(걱정), 둘레계통(기분), 바닥핵(불안)에서 활성이 증가할 때
나타나는 다이아몬드 패턴은 PTSD와 관련 있는 경우가 많다.

계통), 불안(바닥핵) 중추에서 과활성이 나타났다. '다이아몬드 패턴'이
라고 부르는 이 영역의 과활성은 PTSD에 시달리는 사람에게 자주 나
타난다.

제이만 부부와 상담할 때 두 사람은 이전에 전투 및 외상성 사건
전문 상담자들을 만난 적이 있고 요가 강습을 받고 명상을 하고 추천
하는 영양 보충제를 복용하라는 조언에 따랐더니 도움이 된 것 같다
고 내게 말했다. 하지만 섀넌과 트로이는 아직까지 정서적 위기를 완
전히 극복하지 못한 상태였다.

나는 "EMDR에 관한 설명을 들어본 적이 있나요?"라고 물었다.

섀넌과 트로이는 서로를 쳐다봤다. 확실히 처음 들어보는 눈치였다.

나는 EMDR이 눈의 움직임을 이용해 뇌의 양쪽을 동시에 자극해
서 외상성 기억과 관련된 감정적 흥분을 제거한다고 설명했다.

나는 이 개념에 흥미를 느낀 제이만 부부에게 우리 병원 치료사를 소개했다. 치료사는 두 사람의 시야를 앞뒤로 가로지르듯이 손을 움직이면서 그들에게 특정한 기억을 머릿속으로 떠올리며 눈으로는 손의 움직임을 추적하라고 지시했다. 눈을 움직이면서 외상성 기억을 떠올리면 과활성을 보이는 영역을 진정시키거나 가라앉혀서 외상성 기억과 연결된 정서적 반응을 줄여준다.

원래도 뇌는 언젠가는 외상성 사건에서 회복할 수 있도록 돕게끔 만들어져 있지만 어떤 상황은 너무 끔찍해서 정상적인 신경 의사소통 흐름을 오랫동안 방해하기도 한다. 말하자면 기억이 옴짝달싹할 수 없이 틈에 끼어서 시간이 지나도 그대로 얼어붙은 듯이 느껴진다. EMDR은 의사소통 처리를 복구해서 틈에서 빠져나올 수 있도록 돕는다.

제이만 부부는 EMDR로 아주 큰 도움을 얻었다. 트로이는 이 치료를 시작했을 당시 불안 수준이 1에서 10까지 척도 중 8이었다(10이 최악이다). 현재 그는 훨씬 차분해졌고 불안 수준이 2라고 말한다. 이는 대단한 발전이다. 나는 섀넌과 트로이가 루트 91 총기 난사 사건의 감정적 외상에 굴복하지 않기로 결정한 것이 너무나 기쁘다.

신중한 뇌의 SPECT 스캔

신중한 뇌 유형에 속한 사람들의 경우 바닥핵의 활성이 높게 나타난다. 신중형의 SPECT 영상에서는 뇌의 불안 중추인 바닥핵, 섬겉질, 편도체에서 활성이 높게 나타난다.

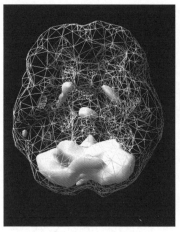 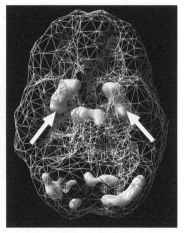

일반적인 뇌의 활성 SPECT 스캔
뇌 뒤쪽 소뇌 부분에서
가장 활발한 활성이 나타난다.

신중한 뇌 유형의 활성 SPECT 스캔
바닥핵 활성이 높다(화살표).

둘레계통을 감싸고 있는 바닥핵은 다음과 같은 다양한 기능을
한다.

- **느낌과 움직임을 통합:** 바닥핵이 균형 잡힌 활성을 나타내는 경우 어떤
  상황에서든 원만하게 생각하고 반응할 수 있다. 신중한 뇌 유형에 속한
  사람들은 이 영역의 활성이 높으므로 비상사태에서 얼어붙거나, 겁에 질
  렸을 때 떨거나, 취업 면접에서 긴장했을 때 말문이 막힐 가능성이 높다.
- **미세한 움직임을 조정하고 안정화:** 바닥핵은 운동 협응에 관여하고
  필기에 중요한 역할을 한다. 신중한 뇌 유형에게 흔히 볼 수 있듯이 이
  영역 활성이 높으면 손재주가 뛰어나고 세심한 수작업을 빨리 익힌다.
- **원치 않는 운동 행동 억제:** 바닥핵 결함은 운동 제어에 영향을 미치는
  질환인 파킨슨병과 투렛 증후군Tourette's syndrome(의도하지 않은 움직임과

소리를 반복적으로 나타내는 신경 질환)과 관련이 있다. 이 질병들은 움직임에 대한 통제 부족 증상을 나타낸다.

- **신체의 불안 수준 설정:** 느긋하고 태평한 사람인지, 긴장하고 신경이 과민한 사람인지는 바닥핵 활성 수준에 달려 있다. 신중형의 경우 바닥핵 활성이 높으면 불안과 두려움, 인식 증가, 긴장감을 나타내기 쉽다.

- **습관 형성:** 일상 습관과 결정은 행복을 뒷받침하는 기본 요소다. 바닥핵은 행복을 키우는 건강한 습관은 물론 기쁨을 훔쳐가는 불건전한 습관을 형성하는 데 중요한 역할을 한다. 신중한 뇌 유형에 속한 사람들은 손톱을 물어뜯거나 이를 갈거나 피부를 꼬집는 습관을 갖기 쉽다.

- **동기 수준과 추진력 제고:** 경우에 따라서 바닥핵 활성 증가와 관련된 높은 불안 수준이 동기 부여 요인으로 작동할 수 있다. 신중한 뇌 유형에게 이런 동기 부여 요인은 최고 성과를 얻고자 노력하도록 이끌고, 생산성을 높이며, 기나긴 해야 할 일 목록을 해치울 활기를 제공할 수 있다.

- **쾌락, 황홀감 중재:** 행복은 쾌락을 느끼는 능력에 달려 있다. 바닥핵 활성이 낮으면 쾌락을 느끼기가 어렵다. 다행히 바닥핵 활성이 높은 신중형에게 이런 일은 좀처럼 일어나지 않는다.

바닥핵이 과도한 활성을 보일 때 생기는 문제

- 불안, 신경과민
- 신체로 느끼는 불안감(두통, 배탈, 호흡 곤란 등)
- 최악을 예상하는 경향
- 갈등 회피
- 위험 회피

- 투렛 증후군, 틱
- 근육 긴장, 통증
- 떨림
- 미세 운동 기능 문제
- 낮거나 과도한 동기부여
- 거절에 민감
- 사회 불안

에미나 박사가 기업가 앤턴 비서에게 뇌 스캔 사진을 보여줬을 때 비서는 바닥핵 활성이 높다고 지적했다. 에미나 박사가 설명했고 위 목록에서도 볼 수 있듯이 바닥핵은 여러 유용한 기능을 담당한다. 바닥핵은 미세 운동에 관여하므로 이 뇌 영역의 활성이 유난히 높으면 즐거운 활동에서 느끼는 긍정적인 기분이 고조되고 손재주가 뛰어나다는 이점을 누릴 수 있다.

에미나 박사는 "저는 환자들이 이런 특별한 활성을 뭔가에 쏟을 수 있도록 노력합니다"라고 말했다. 악기 연주나 손뜨개, 도예, 그림 그리기, 목공예를 비롯해 손을 쓰는 작업이 포함된 활동이라면 무엇이든 괜찮다. 비서는 음악 제작과 DJ 활동으로 이를 표현하는 방법을 직감으로 찾았다.

그는 또 말했다. "사실 우리에게는 불안이 필요해요. 다들 불안이 나쁘다고만 생각하지만 불안에서 완전히 벗어나려고 해서는 안 됩니다. 불안은 우리 뇌가 뭔가를 말하려고 하는 신호라고 봐야 하죠."

그런 불안감은 뇌가 잠재적인 위험에 대해 경고하는 신호다. 어쩌면 우리가 신체에 부상을 입거나 감정을 다치게 된 원인을 떠올리게 해주려는 작용일 수도 있다. 우리 뇌가 "그런 실수를 다시 저지르지는 마!"라고 말하는 방법인 셈이다.

에미나 박사는 비서에게 "사실 나는 사람들이 느끼는 불안감이 너무 낮을 때 걱정이 됩니다. 어떤 사람들은 처방받은 약이나 대마초나 술처럼 처방받지 않은 선택지를 동원해서 불안감을 아주 낮추려고 노력하죠. 하지만 불안감이 너무 낮으면 결국에는 동기부여에 영향을 미치게 됩니다"라고 설명했다. 우리에게 필요하고 신중한 뇌 유형이 얻고자 노력해야 하는 바는 바로 건전한 수준의 불안감이다. 즉 할 일을 완수할 정도로 동기를 부여하기에는 충분하되 두려움과 걱정으로 행복감을 빼앗길 정도는 아닌 수준의 불안감을 찾아야 한다.

신중형의 행복 신경화학물질

에이멘 클리닉에서 쌓은 임상 경험을 바탕으로 우리는 신중한 뇌 유형에 속한 사람들이 신경전달물질인 가바 농도가 낮고 코르티솔 농도가 높은 경향을 나타낸다는 사실을 발견했다. 이런 화학물질이 이들에게 어떤 영향을 미치는지 자세히 살펴보도록 하자.

가바: 진정의 분자

감마아미노부티르산 GABA은 뇌의 주요 억제 신경전달물질이다. 가바의 주요 역할은 뇌세포 흥분성을 낮추고 뉴런 발화를 늦추는 것이다. 가바는 도파민과 아드레날린처럼 자극을 유발하는 신경전달물질의 균형을 맞추도록 돕는다. 자극이 지나치면 불안과 불면, 발작을 유발할 수 있다. 반면에 신경 세포 발화가 너무 적으면 무기력과 혼란, 진정 상태를 유발할 수 있다. 따라서 이번에도 균형이 중요하다.

뇌와 몸속에 있는 다양한 세포들이 가바를 만든다. 가바는 이완, 항불안, 항경련 작용을 하며, 내가 맡았던 많은 환자에게서 평온감이 증가하는 효과를 나타냈다. 불안, 공황 발작, 알코올의존증, 조울증, 떨림, 뇌전증 환자에게서 가바 수치가 낮게 나타났다. 가바 결핍은 영양실조, 만성적이고 끊임없는 스트레스, 유전(불안 수준이 높은 가족이 있으면 그럴 확률이 높다)으로 발생할 수 있다.

가바는 불안, 알코올 금단, 고혈압, 과식, 생리 전 증후군 및 일부 우울증 증상을 줄이는 데 도움이 된다. 최근에 나는 한 10대 청소년에게 가바 보충제를 복용하도록 권했다. 복용한 지 몇 주일이 지났을 때 환자의 어머니가 "가바가 아들에게 도움이 됐습니다! 아들은 몰아치는 생각으로 괴로워했어요. 팬데믹을 겪으면서 마음을 진정할 수 없게 됐죠. 좀처럼 잠을 이루지 못했어요. 그런 성향이 눈에 띄게 긍정적으로 변했습니다. 아들이 매일 꼬박꼬박 가바를 챙겨 먹고 있어요"라는 글을 보내왔다.

팬데믹 중에 가바에서 도움을 얻은 사례는 우리 집에서도 일어났다. 아내와 나는 함께 일한다. 우리는 「브레인 워리어스 웨이」 팟캐스트 1,000회 이상과 전국 공중파 텔레비전 특집 네 편을 녹화했다. 우리는 둘 다 성격이 강한 편이라 처음에는 같이 일하기가 힘들었지만 시간이 지나면서 잘 맞춰나갔다. 공영 텔레비전 특집을 녹화할 때는 내가 대본을 쓰고 우리가 대본을 쭉 읽으면서 아내가 자기 부분을 편집한다. 때로는 그 과정에서 긴장감이나 의견 불일치가 발생할 수 있다. 팬데믹을 겪으면서 아내는 사회 불안으로 인해 불안 수준이 높아졌고 나는 아내에게 가바 진정 보조 보충제를 복용하라고 권했다. 몇 주 후에 우리는 최신 공영 텔레비전 특집인 「불안, 우울증, 외상, 슬픔 극복하기」를 준비하게 됐다. 대본을 읽는 동안 아내는 평소와 다름없이 사려 깊으면서도 훨씬 부드러웠다. 우리 둘 사이에 긴장감이 전혀 없었다. 녹화를 마쳤을 때 아내는 나를 보면서 "정말 순조로웠어요. 끊임없이 아니라고 말할 필요성을 느끼지 않았어요"라고 말했다. 우리는 둘 다 가바가 크게 도움이 됐다고 생각했다.

벤조디아제핀benzodiazepine 계열(자낙스Xanax, 바리움Valium, 아티반Ativan 등)과 같은 특정한 약물 종류는 가바를 증가시키나 중독될 수 있으므로 나는 일반적으로 환자들에게 그런 약물과 항경련제를 쓰지 않는다.

가바 균형을 맞추는 자연스러운 방법 여덟 가지를 소개한다.

1. **가바를 구성하는 요소를 먹자.** 식품에는 가바가 들어 있지 않지만 우리 뇌와 몸은 녹차, 홍차, 우롱차, 렌틸콩, 딸기류, 목초로 사육한 쇠고기, 자연산 생선, 해초, 노니 열매, 감자, 토마토에 들어 있는 화합물로 가바를 만들어낸다.

2. **비타민 B6를 적당히 섭취하자.** 시금치, 마늘, 브로콜리, 방울양배추, 바나나에 풍부한 비타민 B6는 가바 합성에 꼭 필요한 보조인자다.

3. **발효 식품을 섭취하자.** 장내 유익균은 가바를 합성할 수 있다. 사워크

라우트^{sauerkraut}(양배추를 발효한 독일 음식), 김치, 플레인 케피르^{kefir}(동유럽과 중앙아시아에서 즐겨 마시는 발효 유제품), 코코넛 워터 케피르 같은 발효 식품은 가바 수치를 높일 수 있다.

4. **프로바이오틱스로 건강한 가바 생산을 촉진하자.** 프로바이오틱스, 그중에서도 특히 락토바실러스 람노서스^{Lactobacillus rhamnosus}는 가바를 증가시킨다. 락토바실러스 파라카세이^{Lactobacillus paracasei}, 락토바실러스 브레비스^{Lactobacillus brevis}, 락토코커스 락티스^{Lactococcus lactis}도 효과가 있다.

5. **뉴트라수티컬을 먹어보자.** 가바, 레몬밤, 엘테아닌, 마그네슘, 타우린, 시계꽃, 길초근이 가바 수치를 높이는 것으로 나타났다.

6. **명상하자.** 연구에 따르면 명상은 가바 생산과 관련이 있으며 감정 조절을 증진한다.

7. **다운워드 도그**^{downward dog}(개가 기지개를 켜는 자세와 비슷한 요가 동작) **자세를 연습하자.** 한 연구에서 한 시간 동안 책을 읽은 참가자들과 비교할 때 한 시간 동안 요가를 실행한 참가자들은 가바 수치가 27퍼센트 증가했다.

8. **가바 도둑들을 제거하자.** 카페인과 니코틴, 알코올, 만성 스트레스는 모두 가바를 고갈시킨다. 신중한 뇌 유형에 속한 사람이라면 최선을 다해 이를 제한하거나 피하도록 하자.

코르티솔: 위험의 분자

코르티솔은 스트레스 호르몬으로 널리 알려져 있지만 훨씬 더 많은 역할을 한다. 코르티솔은 신장 윗부분에 있는 부신에서 만들어지며 그 분비는 우리가 위험을 느낄 때 뇌, 특히 시상하부와 뇌하수체가 조절한다. 우리 몸에 있는 세포 대부분에 코르티솔 수용체가 있으므로 코르티솔은 많은 기능에 영향을 미친다. 코르티솔은 위협을 만났을 때 일으키는 투쟁-도피 반응에 관여하고 혈당 수치 조절을 도우며 신진대사를 조절하고 염증을 줄이는 한편 새로운 기억, 특히 가능성이 있는 위협에 관한 기억을 형성하도록 돕는다. 또한 혈압과 염분과 수분 비율의 균형을 잡도록 돕는다. 코르티솔은 전반적인 건강과 웰빙을 보호하는 데 꼭 필요한 호르몬이다. 대체로 오전 중에 더 높게 나타나다가 시간이 지나면서 점점 감소한다.

코르티솔은 스트레스를 받는 기간 동안 분비된다. 스트레스가 너무 심하거나 너무 오래 지속되면 인체에 손상을 줄 수 있다. 코르티솔 수치가 높으면 불안, 우울, 짜증, 슬픔, 두통, 기억력 감퇴(해마 축소), 체중 증가(특히 배와 얼굴 주변), 상처 회복이 더딘 얇고 연약한 피부, 2형 당뇨병, 쉽게 멍이 드는 현상, 감염 취약성 증가, 여드름, 여성의 경우 얼굴에 털이 나거나 생리 주기가 불규칙해지는 현상을 유발할 수 있다. 그 무엇도 행복에 기여하지 않는다. 코르티솔 수치가 만성적으로 낮으면 피로, 어지럼증, 체중 감소, 근육 약화, 피부 일부분의 색이 어두워지는 현상, 저혈압, 스트레스 관리 불가능을 유발할 수 있다. 균형이 중요하다.

중년 남녀 216명을 대상으로 하루에 코르티솔 수치를 여덟 차례 측정한 연구에서 낮은 코르티솔 수치와 행복의 연관성이 나타났다. 또한 가장 행복한 집단은 낮은 심박수를 비롯해 비교적 더 건강한 심장의 징후를 나타냈다.

스트레스, 카페인, 니코틴, 장시간에 걸친 격렬한 운동, 장시간 통근, 수면 무호흡증과 낮은 수면의 질, 불안한 소음, 낮은 아연 수치는 모두 코르티솔 농도를 높인다. 당은 코르티솔을 분비하므로 당장 기분이 좋아지는 데 도움이 되지만 장기적으로 볼 때 염증을 증가시키고 면역 체계를 손상시킨다.

코르티솔의 균형을 맞추는 간단한 방법 열세 가지를 소개한다.

1. **잠을 충분히 자자.** 코르티솔 균형을 맞추려면 매일 밤 적어도 일곱 시간은 숙면을 취하도록 노력해야 한다.

2. **움직이자.** 신체 활동은 코르티솔을 억제한다. 다만 무리하지 않도록 하고 취침 시간이 다 되어갈 때 격렬한 운동은 피하도록 하자.

3. **명상하자.** 명상이 스트레스와 코르티솔 수치를 낮춘다는 사실이 수많은 연구로 증명됐다.

4. **최면을 받아보자.** 1960년대로 거슬러 올라가는 기초 연구에서 의료 최면 치료가 코르티솔 수치를 낮출 수 있다는 사실을 증명했다(의료 최면은 정신을 뒷받침하고 회복하는 데 초점을 맞춘다). 에이멘 클리닉에서는 불안 극복, 통증 감소, 수면 증진 등에 최면을 활용해서 효과를 봤다.

5. **태핑 tapping 을 시도해보자.** 흔히 EFT 태핑이라고 부르는 감정자유기법 Emotional Freedom Technique 은 1990년대부터 불안, 우울, PTSD, 만성 통증을 비롯한 여러 문제에 사용해온 자연 요법이다. 감정자유기법으로 코르티솔 수치를 낮출 수 있다는 연구 결과가 있다.

6. **더 많이 웃자.** 한바탕 웃고 나면 코르티솔 수치를 낮출 수 있다.

7. **심호흡을 하자.** 복식 호흡 몇 번만으로 심박수, 혈압과 더불어 코르티솔

수치까지 거의 즉각적으로 낮출 수 있어 긴장을 푸는 데 도움이 된다.

8. 긴장이 풀리는 음악을 틀어보자. 음악은 영혼을 어루만지고 코르티솔 생산을 억제할 수 있다.

9. 태극권을 수련하자. 몸을 천천히 움직이는 무술인 태극권은 정신적, 정서적 스트레스를 줄일 수 있으며 코르티솔 수치를 낮춘다.

10. 마사지를 받자. 마사지는 행복의 신경화학물질에 놀라운 효과를 일으킬 수 있다. 코르티솔 수치를 낮추는 동시에 도파민과 세로토닌 수치를 높인다.

11. 털북숭이 친구를 입양하자. 껴안을 수 있는 개나 고양이 같은 반려동물을 키우면 행복 지수가 올라가고 코르티솔을 최소화하는 것으로 나타났다.

12. 건강한 음식을 먹자. 다크 초콜릿, 배, 섬유질, 녹차와 홍차, 물은 코르티솔의 균형을 잡는 데 도움이 된다.

13. 뉴트라수티컬을 먹어보자. 아슈와간다, 홍경천, 포스파티딜세린phosphatidylserine(세포막을 구성하는 인지질의 일종), 엘테아닌, 어유는 코르티솔 수치를 낮추는 데 도움이 될 수 있다.

신중형을 위한 행복 처방

☑ **자신의 뇌 유형을 지원하자.** 앞에서 소개한 가바를 높이고 코르티솔을 가라앉히는 방법을 따라 하고 뇌에 건강한 행동을 실천함으로써 뇌를 보호하고 바닥핵을 누그러뜨리자.

☑ **자신의 진로를 이해하자.** 신중한 뇌 유형은 직업 안정성을 중요하게 생각하고 분석적인 성향을 지녔으므로 회계나 연구, 데이터 마

이닝 같은 직업이 잘 맞는다.

📋 **자신의 학습 방식을 제대로 파악하자.** 신중한 뇌 유형은 일을 일찍 시작하고 저녁이나 주말 시간까지 투자해 활기차게 새로운 주제와 맞붙는 것을 즐긴다. 시험을 볼 때나 프레젠테이션을 해야 할 때 만반의 준비를 했는데도 초조한 마음에 실력에 못 미치는 결과를 얻을 수 있다.

📋 **인간관계에서 자신이 원하는 바를 파악하자.** 신중한 뇌 유형은 거절을 두려워하고 평가받기를 좋아하지 않으므로 대개 충분히 안심시켜주고 자신감을 높여줄 사람을 찾는다.

신중한 뇌 유형과 관계를 맺을 때

주변에 신중한 뇌 유형에 속한 사람이 있으면 안전하지 않거나 비합리적이거나 증명되지 않은 일을 하지 않도록 막아줄 수 있다. 업무 프레젠테이션 자료 준비든, 연례 골프 여행 예약이든, 분위기 있는 저녁 식사 준비든, 이 유형의 사람들에게는 뭐든 믿고 맡겨도 된다. 신중한 뇌 유형은 오븐 예열을 절대 잊지 않으며, 당신이 아스파라거스는 좋아하나 방울양배추는 싫어한다는 사실을 기억할 것이다. 때로는 그런 철저한 준비성이 뒤틀려 불안으로 바뀌는 바람에 긴장을 풀기가 어려울 수도 있다. 신중한 뇌 유형은 집착하거나 애정에 굶주린 듯한 모습으로 상대방을 질리게 할 수 있다. 혹은 그 어떤 갈등도 피하려 할 수도 있다. 문제가 곪아터져서 진짜 큰 문제가 될 때까지 방치하기도 한다.

신중한 뇌 유형과 바람직한 관계를 맺으려면 그들이 안전하고 가치 있으며 사랑받는다고 느끼게 해야 한다. 또한 퇴근 후에 발을 마사지하거나 사무실에서 긴장이 풀리는 에센셜 오일을 사용하거나 친구들과 온천을 하러 가는 등 긴장이 풀리도록 부드럽게 격려하자.

• 뇌 유형 5의 연인들이 주로 하는 말

"그녀가 늦을까 봐 걱정할 필요는 없어요."

"그는 다른 사람들이 자기를 어떻게 생각하는지 지나치게 신경 써요."

• 뇌 유형 5의 동료들이 주로 하는 말

"그 프로젝트를 준비하는 데 도움이 필요하다면 그 사람이 적격이에요."

"그녀는 항상 새로운 아이디어들을 맹비난하며 그 아이디어들이 실패할 이유를 대 곤 해요."

• 뇌 유형 5의 친구들이 주로 하는 말

"걔한테 의지할 수 있어서 너무 좋아요."

"제발 걔가 단 한 번이라도 그냥 긴장을 풀고 즐겼으면 좋겠어요."

📖 **평소 상태에서 벗어났을 때를 조심하자.** 최악의 시나리오로 빠져들기 시작할 때 주의를 기울이자. 불안이 폭주하도록 내버려두지 말자. 불안한 생각이 솟구치면 즉시 심호흡으로 제동을 걸어 다시 상황을 평가할 수 있도록 하자.

📖 **자신이 행복해지는 고유한 요인을 파악하자.** 기쁨을 가져다주는 것들을 목록으로 작성해서 매일 들여다보며 자기가 좋아하는 활동이 무엇인지 떠올리자.

신중한 뇌 유형인 사람들을 행복하게 하는 것

☀ 고요한 환경 속에 있기
☀ 모든 것이 제자리에 있고 모든 것에 제자리가 있는 상태
☀ 멋진 야외에서 즐기는 본격적인 하이킹
☀ 하루 끝에 즐기는 따뜻한 목욕
☀ 목욕물에 은은한 향기 더하기
☀ 중대한 결정을 내리기 전에 이해득실 따져보기
☀ 집 가까운 곳에서 휴가 보내기
☀ 훌륭한 치과 검진 받기
☀ 수표책 잔액을 끝자리까지 맞추기
☀ 제 시간에 과제 끝내기

신중한 뇌 유형인 사람들을 불행하게 하는 것

☀ 혼란스러운 환경 속에 있기
☀ 미래에 대한 두려움을 안고 살아가기
☀ 약속 시간에 늦기
☀ 할 일이 너무 많음
☀ 뭔가 심각하게 잘못됐다는 생각이 드는 신체적 스트레스 증상
☀ 참사 뉴스를 읽거나 보는 것
☀ 큰 소리를 듣거나 밝은 빛을 보는 것
☀ 최악의 시나리오 상상하기
☀ 매일 하는 평온한 일과를 빼먹는 것

☺ 소소한 순간에서 행복 찾기

따뜻한 욕조에 몸을 담그고 스트레스가 사라지는 그 순간

저녁에 긴장을 풀면서 캐모마일 차를 처음 한 모금 마실 때

소파에서 담요를 덮고 있을 때 느끼는 포근하고 안락한 기분

홀로 평온하게 명상을 즐기는 20분

배우자와 함께 걷는 아름다운 아침 산책

뇌 유형 6~16

뇌 유형 6에서 16까지는 유형 2에서 유형 5까지가 함께 나타나는 복합 유형이다.

- **유형 6**: 즉흥-집요형
- **유형 7**: 즉흥-집요-예민형
- **유형 8**: 즉흥-집요-예민-신중형
- **유형 9**: 집요-예민-신중형
- **유형 10**: 집요-예민형
- **유형 11**: 집요-신중형
- **유형 12**: 즉흥-집요-신중형
- **유형 13**: 즉흥-신중형
- **유형 14**: 즉흥-예민형
- **유형 15**: 즉흥-예민-신중형
- **유형 16**: 예민-신중형

복합 유형에 속하는 사람은 각각의 성격상 특질 중 일부를 나타낼 수 있다. 위 유형 이름들에서 알 수 있듯이, 어떤 측면에서는 즉흥적이지만 집요한 측면도 있을 수 있고, 예민한 '동시에' 신중할 수도 있다. 살면서 특정한 시기에 어떤 유형에 속한 특질이 좀 더 뚜렷하게 나타나다가 시간이 흐르면서 다른 특질이 더 커질 수도 있다.

예를 들어 뇌 유형 6인 즉흥-집요형을 살펴보자. 알코올의존증 환자의 자녀와 손주들에게서 이런 유형이 자주 나타난다.

즉흥-집요형에 속한 사람들은 다음과 같은 성향을 나타낸다.

- 즉흥적
- 위험 감수
- 창의적, 틀에서 벗어난 사고
- 초조
- 쉽게 산만해짐
- 관심이 있을 때만 집중 가능
- 끈질기거나 의지가 강함
- 생각에 사로잡힘

이 유형의 SPECT 스캔을 보면 대개 앞이마겉질(집행 기능 및 의사 결정) 활성이 비교적 낮은 동시에 앞띠이랑(유연성과 주의) 활성 증가가 나타난다. 또한 즉흥-집요형은 대체로 도파민과 세로토닌 수치가 낮게 나타난다. 뇌 유형 6의 균형을 잡는 최선의 전략으로는 도파민과 세로토닌을 동시에 높이는 자연 요법을 들 수 있다. 신체 운동은 도파민과 세로토닌 분비를 동시에 촉진하고, 5-하이드록시트립토판과 녹차 같은 특정 보충제를 조합해서 사용하는 방법도 효과가 있다.

복합 뇌 유형에 어떤 행복 처방이 효과적인지 알려면 어떤 특질이 가장 뚜렷하게 나타나는지를 바탕으로 유형 2부터 유형 5에 대해 추천한 방법들을 섞어서 시도하도록 하자. 핵심은 행복의 신경 화학물질들 간의 균형을 찾고 뇌 활성을 최적화하는 것이다.

주요 뇌 유형 요약

높은 경향	특질	낮은 경향
집중력 충동 조절 성실성 유연성 긍정성 회복 탄력성 정서적 안정	균형형	짧은 주의 집중 시간 충동성 불성실성 걱정 부정성 불안
즉흥성 위험 감수 창의성, 틀에서 벗어난 사고 호기심 폭넓은 관심사 짧은 주의 집중 시간 충동, 부주의한 실수 초조 어지럽힘 뜻밖의 일을 좋아함 ADD 경향	즉흥형	뜻밖의 일을 싫어함 위험 회피 일과 동일성 선호 관습 현실성 세부 사항에 대한 관심 충동 조절 안정된 느낌
집요함 강한 의지 규칙적인 일상 선호 굽히지 않음 상처에 집착 원한 잘못된 것을 잘 보는 경향 반대, 논쟁 강박적 성향	집요형	적응성 소심함 즉흥성 유연성 부정적인 생각을 쉽게 잊음 상처를 쉽게 잊음 옳은 것을 잘 보는 경향 비판적이지 않음 협력
예민함 깊은 감정 공감 기분 변동 비관주의 자동적인 부정적 생각 우울	예민형	피상성 지속적인 행복 긍정적 사고
준비 경계 위험 회피 동기부여 비축 마음이 분주 변덕 긴장을 잘 풀지 못함 불안	신중형	준비에 대해 무심 위험 감수 차분함 긴장을 푸는 능력 고요한 마음 침착함 안심

"이 도전을 하면서 매일 좋은 음식을 제대로 먹어야겠다는

확실한 동기가 생겼습니다.

프로그램을 시작하기 전 저는 거의 당뇨 증세를 나타내기 직전이었어요.

지금은 9킬로그램을 감량해서 완전히 정상 수치로 돌아왔죠.

제대로 된 식습관은 건강하고 행복한 뇌의 필수라는 걸 몸소 깨달았습니다!"

_F. D.

슬픔을 유발하는 일상의 패턴을 깨라

똑똑한 사람이 더 행복하다

나는 행복하려면 뇌의 모든 부위를 골고루 사용해야 할 뿐 아니라
뇌와 몸을 연결해야 함을 서서히 깨달았다.
_웬디 스즈키|Wendy Suzuki, 미국 뉴욕대학 신경심리학 교수

뇌 건강은 행복과 바람직한 인간관계, 최고 성과를 이어주는 연결
고리다. 내 친구 토니 로빈스를 비롯한 여러 자기 계발 강사들이 마음
의 소프트웨어를 최적화하는 유용한 전략을 알려주지만, 하드웨어가
제대로 작동하지 않으면 결코 최고 잠재력을 발휘할 수도, 좋은 기분
을 느낄 수도 없다. 행복으로 가는 근본적인 비결은 먼저 뇌의 물리적
기능을 최적화하는 것이다. 일단 그렇게 하면 다른 행복의 비밀을 실
행하고 꾸준하게 더 행복해질 가능성이 훨씬 높다.

지난 30여 년 동안 에이멘 클리닉에서 연구하며 얻은 가장 중요한
교훈 중 하나는 바로 뇌를 건강하게 유지하고 싶거나 뇌에 문제가 생

겨서 바로잡고 싶다면 마음을 훔치는 주요 위험 요인 열한 가지를 예방하거나 치료해야 한다는 사실이다. 다행히 그 대부분은 예방할 수 있거나 치료할 수 있다. 이 위험 요소들을 쉽게 기억할 수 있도록 나는 '브라이트 마인드BRIGHT MINDS'라는 연상 기호를 만들었다. 이 요소들에 관해서는 이전에 쓴 책 『기억력 향상Memory Rescue』과 『정신 질환의 종말The End of Mental Illness』에서 자세히 다뤘으므로 여기에서는 요점만 간략히 소개하고 이런 위험 요인들이 행복과 관련되어 있는 흥미로운 방식을 보여주고자 한다.

blood Flow: 혈류

retirement and aging: 은퇴와 노화

inflammation: 염증

genetics: 유전적 특징

head trauma: 두부 외상

toxins: 독소

mental health issues: 정신 건강 문제

immunity and infections: 면역과 감염

neurohormone issues: 신경호르몬 문제

diabesity: 비만 당뇨

sleep: 수면

혈류

혈액은 우리 몸을 구성하는 세포 하나하나에 영양분을 공급하고 노폐물을 제거한다. 연구에 따르면 혈관은 뇌 세포보다 더 빨리 노화한다. 혈관을 상하게 하는 모든 원인이 뇌 역시 상하게 하며 뇌에 필요한 영양분을 고갈시킨다. 혈류량 감소는 우울증, 주의력결핍과잉행동장애ADHD, 조현병과 관련이 있다. 또한 알츠하이머병을 내다보는 가장 중요한 예측 변수이기도 하다. 내가 지금까지 환자들을 접한 경험에 비춰볼 때 뇌로 가는 혈류가 개선되면 행복도 역시 증가했다.

어떻게 하면 당장 뇌 혈류를 개선할 수 있을까?

- 수분을 공급하자. 뇌의 80퍼센트는 물이다. 탈수는 무조건 뇌에 해롭다.
- 카페인과 니코틴 섭취를 제한하자. 둘 다 뇌로 가는 혈류를 억제한다. 하루에 커피 한 잔은 문제가 되지 않지만 그보다 많은 카페인을 섭취하면 문제가 될 수 있다.
- 고혈압 치료를 진지하게 고려하자. 혈압이 올라가면 뇌로 가는 혈류는 줄어든다.
- 심장에 문제가 있다면 반드시 해결하도록 하자. 심장을 상하게 하는 요인은 뇌에도 손상을 입힌다.
- 온종일 소파에서 뒹굴지 말자. 운동, 특히 협응 운동(라켓 스포츠를 하는 사람들은 남들보다 오래 산다)을 하고 약속에 늦은 사람처럼 걸어라. 한 시간에 5.6킬로미터를 걸을 수 있는 80세는 90세까지 살 수 있는 가능성이

85퍼센트이지만, 한 시간에 1.6킬로미터밖에 걷지 못하는 80세는 90세까지 살지 못할 가능성이 90퍼센트다.

· 고추, 로즈메리, 비트를 먹으면 혈류량 증가에 도움이 된다. 또한 혈액 순환을 개선하는 플라바놀flavanol이 풍부한 다크 초콜릿을 먹으면 뇌세포에 산소를 공급하는 데 도움이 되고 인지 능력을 높일 수 있다.

· 은행잎 추출물 보충제도 도움이 될 수 있다. 내가 지금껏 봤던 가장 예쁜 뇌의 소유자들은 은행잎 추출물을 복용했다.

· 행복을 연습하자. 뇌 SPECT 영상법을 활용한 흥미로운 연구에서 긍정 심리 개입을 실시하는 행복 훈련(자세한 사항은 4장에 소개된 긍정성 편향 훈련 참고)이 뇌의 앞부분으로 가는 혈류량을 증가시킨다는 결과를 내놓았다.

· 행복한 기억을 생각하자. 살면서 경험한 행복한 사건을 떠올리는 것만으로도 뇌의 여러 영역이 활성화된다.

· 코미디를 보자. 재미있는 영화를 보면서 웃으면 혈관 기능이 좋아진다.

은퇴와 노화

나이가 들수록 더욱 본격적으로 뇌에 바람직한 행동을 실천에 옮겨야 한다. 뇌 영상 연구 결과를 보면 나이가 들수록 뇌 활성은 점점 더 떨어진다. 나는 그게 너무 싫다! 아래는 건강한 35세, 경미한 기억력 문제를 앓고 있는 55세 남성, 과거에 우울증과 기억력 문제를 앓았던 82세 여성의 SPECT 스캔을 비교한 것이다.

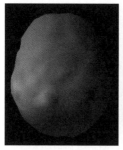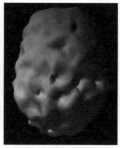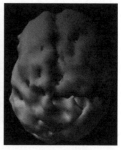

건강한 35세 여성   기억력 문제를 앓고 있는   우울증, 기억력 문제를 앓았던
                     55세 남성   82세 여성

이제 이 스캔들을 내 할머니가 92세에 찍은 SPECT 스캔과 비교
해보자. 할머니는 완전히 맑은 정신으로 98세까지 사셨다.

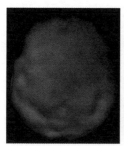

에이멘 박사 할머니의 뇌 스캔   에이멘 박사의 할머니(오른쪽)

지금까지 SPECT 스캔을 보면서 발견한 대단히 놀라운 사실 중 하
나는 뇌가 반드시 퇴화하는 것은 아니라는 점이다. 올바른 계획을 실
천하면 뇌의 노화 과정을 늦추거나 심지어 역전할 수 있다. 모두가 반
길 만한 소식일 것이다. 은퇴와 노화에 따르는 위험을 줄이려면 다음
과 같이 은퇴와 노화를 가속화하는 요인을 피해야 한다.

- 우울증 및 치매를 유발할 수 있는 외로움. 2019년에 나온 한 연구에서는 미국인 다섯 명 중 세 명이 외로움을 느낀다고 답했고, 팬데믹 기간 중에 외로움은 폭발적으로 증가했다.
- 학교를 일찍 그만두거나 교육을 충분히 받지 못하는 것.
- 새로운 학습이 필요하지 않은 일을 하거나 은퇴하고 나서 뇌에 자극을 가하지 않은 것. 학습을 멈추면 뇌는 죽기 시작한다.
- 높은 페리틴 수치. 페리틴 혈액 검사는 저장철 수치를 측정한다. 페리틴 수치가 높으면 노화를 촉진한다.
- 짧은 텔로미어. 텔로미어는 신발끈 끝에 달린 플라스틱 캡처럼 염색체 말단을 보호하는 부위다. 텔로미어는 유전자를 보호한다. 짧은 텔로미어는 노화 및 기억 문제와 연관이 있으나 피할 수 없는 징후는 아니다. 나는 4년 전에 텔로미어 검사를 받았다. 당시 나는 63세였지만 텔로미어 나이는 43세였다. 자랑하려는 것은 아니지만 내가 사명대로 살아왔다는 증거다.

연구에 따르면 다음과 같은 전략들이 은퇴와 노화를 늦추는 데 효과가 있다고 한다.

- 평생 학습과 기억력 훈련 프로그램.
- 사회관계 유지와 자원봉사.
- 명상하기.
- 바쁘게 살아가는 가운데 휴식할 시간 확보하기. 활동하는 틈틈이 휴식과 기분 전환을 하는 노년층들이 더 행복하다.

- 매일 종합 비타민 복용하기.
- 딸기와 빨간 파프리카처럼 비타민 C를 함유한 식품을 섭취하면 텔로미어 길이 증가에 도움이 된다.
- 우리 할머니의 장수 비결 중 하나는 정신을 활발히 움직이고 아주 오랜 시간 동안 사랑하는 사람들을 위한 담요를 뜨는 것이었다. 손뜨개는 처리 속도와 기억에 관여하는 소뇌를 활성화하는 협응 운동이다.

염증

'염증Inflammation'이라는 단어는 '불을 피우다'라는 뜻의 라틴어에서 비롯됐다. 몸에 염증이 많으면 마치 뭉근한 불기운이 장기를 망가뜨리는 것과 같고, 이는 우울증과 치매에 걸릴 위험을 높인다. 염증 수치를 측정하는 혈액 검사에서는 C-반응성단백질과 오메가-3 지수를 잰다. 주사rosacea(코와 뺨 등 얼굴 중앙 부위가 만성적으로 붉어지는 피부 질환)와 관절 통증 역시 염증의 징후다. 널리 알려져 있듯이 심한 염증은 암, 관절염과 관련이 있으며 우울증, 자폐증, 치매 역시 염증과 관련이 있다.

우리는 다음과 같이 만성 염증을 유발하는 중대하고 놀라운 원인 여러 가지를 통제할 수 있다.

당과 가공 식품 비율이 높은 식단. 스탠더드 아메리칸 다이어트(미국인들이 주로 먹는 식단)는 비만과 염증을 유발해 우리를 죽이고 있다.

제대로 된 음식을 먹으면 정신도 맑아진다.

잇몸 질환은 염증을 유발하는 주요 원인이며, 불량한 구강 건강 상태는 우울증 및 불안과 연관이 있다. 반드시 치실을 사용하고 치아를 관리해야 한다. 예전에 나는 바쁘다는 핑계로 치실 사용을 소홀히 했지만 잇몸 질환이 염증, 우울증, 기억력 감퇴를 유발하는 주요 원인이라는 연구를 본 이후로 매일 치실을 사용하고 있다. 최근에 치과에 갔을 때 치과 의사가 내 구강 상태가 예전 그 어느 때보다도 좋다고 말했다. 나는 마치 일곱 살짜리 어린아이처럼 너무 행복해서 냉장고에 스티커를 붙이고 싶을 정도였다. 심지어 아내에게 전화해서 그렇게 말했고, 아내는 "정말로? 그런 걸로 행복하다고?"라는 반응을 보였다.

낮은 오메가-3 지방산 수치 역시 인구 전체의 97퍼센트에 영향을 미치는 아주 흔한 염증 유발 원인이다. 뇌 건강 질환이 유행하는 것도 당연하다. 오메가-3를 섭취하면 기분, 집중력, 기억력, 체중 관리에 도움이 된다. 에이멘 클리닉에서 「알츠하이머병 저널*Journal of Alzheimer's Disease*」에 발표한 새 연구에서 오메가-3 수치가 가장 높은 사람들의 해마(기억과 기분)가 가장 건강했다.

소화기관 문제 역시 만성 염증을 유발하는 주요 원인이며 우울증과 관련이 있다. 소화기관과 뇌는 서로 어떤 관련이 있을까? 전부 얽혀 있다. 신경전달물질 중 4분의 3이 장에서 만들어진다. 소화기관에는 신경계 조직이 대거 분포하고 있어서 '제2의 뇌'라고 불린다. 불안하거나 스트레스가 심할 때 마음이 들썩이고 가슴이 벌렁거리거나 배변을 조절하기 힘들다고 느끼게 되는 이유가 여기에 있다. 소화기관 관리는 염증을 낮추는 데 매우 중요하며, 따라서 프로바이오틱스는 뇌에도 도움이 된다.

불행하다는 인식과 긍정성 결여도 염증을 유발한다. 스스로 썩 행복한 사람이 아니라는 생각만으로 염증을 유발하는 사이토카인(단백질) 수치를 높일 수 있다. 반대로 스스로 행복하다고 생각하는 사람은 이 해로운 화합물 수치가 낮은 경향을 나타낸다. 긍정적인 일이 없다고 일상적으로 말하는 사람들은 염증 수치가 높게 나타나며, 하루를 보내면서 긍정적인 순간들을 자주 꼽을 수 있는 능력은 염증 수치를 낮춘다.

유전적 특징

우울증, 불안, ADHD, 알츠하이머병을 비롯한 정신 건강 및 인지 질환들은 심장 질환과 마찬가지로 가족력을 보인다. 최근 연구에서 전반적인 웰빙 의식 역시 유전적 요소의 영향을 받는다고 밝혔다. 2015년에 「행동 유전학 Behavior Genetics」에 실린 한 연구에서는 유전적 특성이 한 사람이 느끼는 생활 만족도 중 약 3분의 1을 좌우한다고 밝혔다. 그렇다면 부정적이거나 불안하거나 불행한 가정에서 자란 사람은 반드시 그렇게 될 운명이라는 뜻일까? 그렇지 않다! 대다수 사람들이 생각하는 바와 달리 유전적 위험은 사망 선고가 아니다. 그보다는 유전적 특성을 포함한 모든 위험 요소를 진지하게 생각하고 최대한 빨리 성실하게 예방책을 강구하라는 경종으로 받아들여야 한다.

뇌 질환과 관련해 유전적 위험이 있다고 생각한다면 꼭 조기 검진을 받아야 한다. 에이멘 클리닉에서는 뇌 SPECT 영상법과 함께 심리 검사 및 여러 테스트를 뇌 건강 검진 도구로 활용한다. 안타깝게도 뇌 영상법은 정신과를 비롯한 의학 분야에서 흔히 실행하는 검진 수단이 아니다. 내가 50세가 됐을 때 내 주치의는 대장내시경을 받아야 한다고 말했다. 나는 주치의에게 왜 뇌는 들여다보려고 하지 않는지 물었다. 둘 다 똑같이 중요하지 않은가. 심장, 뼈, 유방, 전립선은 검사하면서도 뇌를 들여다보는 사람은 거의 없다. 앞으로는 이런 경향이 바뀔 것이다.

여러 유전자 검사 업체에서 유전자 검사를 받고 취약점을 파악하고 의료 전문가를 만나 결과 해석을 받자.

유전적 위험 요인이 있을 때 해야 할 가장 중요한 일은 바로 최대한 빨리 예방에 본격적으로 임하는 것이다. 너무 어렵다느니, 너무 비싸다느니, 불우하다고 느끼고 싶지 않다느니 하는 변명은 그만두자. 내 말을 믿어달라. 기억력과 자립을 잃는 것은 어렵고 비싼 값을 치르게 되며, 당신과 당신 가족을 불우하다고 느끼게 될 것이다!

자기 생활과 행복에 대한 책임을 지자. 행복하다는 감각 중 40퍼센트가 유전적 요소에 달려 있다면 나머지 60퍼센트는 자기 손에 달렸다는 뜻이다. 당신이 바로 당신의 인생관을 통제하는 사람이다.

두부 외상

뇌의 밀도는 부드러운 버터와 비슷하지만 두개골은 단단한 데다 내부 뼈는 날카롭게 굴곡진 모양이다. 수십 년 전에 발생한 가벼운 두부 외상도 우울증, 중독, 기억력 문제를 일으키는 주요 원인이 된다. 메이요 클리닉^{Mayo Clinic}에서 실시한 연구에서 '어떤' 수준으로든 축구를 한 사람들 중 3분의 1이 지속적인 뇌 손상을 나타냈다. 나는 고등학교 때 축구를 했고 처음으로 뇌를 스캔했을 때 그 흔적이 드러났다. 하지만 지금 이 책에서 권하고 있는 여러 방법들을 꾸준히 실천한 덕분에 20년이 지난 지금 나의 뇌 스캔 결과는 훨씬 바람직한 상태다.

다행히 머리를 다친 적이 있고 그로부터 오랜 시간이 흘렀더라도 이를 치료할 수 있는 다양한 방법이 있다. 에이멘 클리닉은 NFL 현역 선수와 은퇴 선수들을 대상으로 한 최초이자 최대 뇌 영상법 연구를 실시했다. 손상 정도는 심각했지만 브라이트 마인드 프로그램을 실천한 선수들 중 80퍼센트가 혈류, 기분, 기억력, 주의력, 수면에서 유의미한 개선을 나타냈다. 기분이 좋아지고, 기억력이 좋아지고, 수면의 질이 높아지면 자기 일을 더 잘하게 될 가능성이 높고, 따라서 더 행복해진다.

메르세데스 마이다나^{Mercedes Maidana} 역시 아주 좋은 사례다. 마이다나는 아르헨티나 출신의 유명한 빅 웨이브 서퍼이자 동기부여 연사, 인생 상담 코치다. 마이다나는 오리건 해안에서 높이 9미터짜리 파도를 타다가 심각한 뇌진탕을 입었다. 그 이후로 불안, 우울, 기억력 문제에 시달렸다. 스캔을 해보니 뇌에서 활성이 낮게 나타났지만 식단을 바꾸고 적절한 보충제를 복용하고 고압산소요법을 받은 결과, 지금은 더 행복하고 활기차게 살아가면서 여성을 위한 건강 수련회를 주최하고 있다. 치유 환경을 조성하면 뇌는 더 좋아질 수 있지만 특히 성장기에는 뇌를 보호하는 것이 중요하다. 자녀가 행복한 성인으로 성장하기를 바란다면 아이들에게 뇌 건강에 바람직한 스포츠를 하도록 권유하자.

독소

뇌는 우리 몸에서 가장 신진대사가 활발한 기관이다. 뇌의 무게는 체중의 2퍼센트에 지나지 않지만 우리가 섭취하는 칼로리의 20퍼센트에서 30퍼센트, 혈류와 산소의 20퍼센트를 소모한다. 독소에 노출되면 뇌와 행복에 악영향을 미칠 수 있다. 독소는 우울증, 불안, 브레인 포그brain fog(머릿속에 안개가 낀 것처럼 멍한 느낌이 지속되는 상태), 과민성, 수면 장애, 혼란, 기억 상실, 노화를 일으키는 가장 주요한 원인에 속한다. 하지만 이런 문제의 근본 원인인 독소 노출을 잘 모르고 넘어가는 경우가 많다.

SPECT 스캔을 실시하기 시작했을 때 나는 약물 남용자들(알코올의존증 환자, 코카인 중독자, 대마초 흡연자) 뇌에서 독성 패턴을 발견했다. 에이멘 클리닉에서는 1,000명에 가까운 대마초 흡연자를 비사용자와 비교한 연구를 발표했다. 집단으로 봤을 때 대마초 흡연자들은 뇌의 모든 영역, 특히 해마(기분과 기억)에서 혈류량이 낮게 나타났다. 이는 대마초 흡연이 지속적인 손상을 유발할 수 있다는 명백한 증거다.

나는 SPECT 스캔을 보면서 중요한 사실을 알게 됐다. 약물과 알코올 외에도 다음과 같은 수많은 물질이 뇌에 유해한 독소로 작용한다.

- 흡연(간접흡연 포함)
- 수해로 인한 곰팡이 노출
- 일산화탄소
- 화학요법과 방사선 치료. 이 치료법은 암세포를 죽이면서 건강한 세포들도 죽인다.
- 수은, 알루미늄, 납을 비롯한 중금속. 미국 정부가 휘발유에는 납 성분을 규제하면서도 경비행기용 항공유에는 규제하지 않는다는 사실을 알고 있는가? 에이멘 클리닉에서는 조종사 100명을 대상으로 자체 분석을 실시했고 70퍼센트가 독소에 노출된 듯한 뇌 형태를 보였다. 미국에서 판매하는 립스틱 중 60퍼센트에 납이 들어 있다. 키스할 때 주의하자. 죽음의 키스가 될 수도 있다.

에이멘 클리닉을 찾는 사람들 중 독소에 노출된 환자들은 가장 불행한 축에 속한다. 인격을 잃어버린 것 같다고 느끼기 때문이다. 패멀라의 경우를 보자. 패멀라는 한 문장을 제대로 끝내지 못하고 가끔은 자녀의 이름을 잊기도 하면서 온종일 침대에서 보내다가 우리 병원을 찾았다.

"예전에 저는 이런 사람이 아니었어요. 활기차고 성공한 여성 사업가였죠. 전부 다 가진 사람이었는데 어느 순간 갑자기 무너져 내렸어요."

해가 갈수록 상황이 점점 나빠졌다. "아무도 저를 제대로 이해하지 못하는 것 같아서 결국 우울해졌어요."

대대적인 검사를 실시한 끝에 우리는 패멀라가 라임병^{Lyme dis-}

ease(진드기에 물렸을 때 보렐리아균이 침범해 발생하는 감염 질환)을 비롯한 여러 질병을 앓고 있는 데다 독성 곰팡이에 노출됐다는 사실을 발견했다. 맞춤형 치료로 패멀라는 다시 예전의 모습을 되찾을 수 있었다.

곰팡이 노출이나 화학요법 같은 위험 요소가 있다면 유전적 위험이나 두부 외상이 있는 경우와 마찬가지로 자신의 뇌를 한층 더 본격적으로 관리해야 한다.

독소 위험을 낮추려면 다음 사항을 실천하자.

- 가능하다면 언제나 독소 노출을 제한하자.
- 살충제 섭취를 줄이도록 유기농 식품을 구입하자.
- 라벨을 읽자! 표시 성분 중에 프탈레이트류phthalates나 파라벤류parabens, 알루미늄이 있다면 사지 말자. 몸에 바른 물질은 체내로 들어가 뇌에 영향을 미친다.

다음 방법을 실천함으로써 해독 작용을 담당하는 기관 네 가지를 돕자.

- 신장: 물을 더 많이 마시자.
- 장: 섬유질을 많이 섭취하도록 하자.
- 피부: 운동과 사우나로 땀을 흘리자. 사우나는 암 환자의 우울증에 도움이 되고 기분이 좋아지는 엔도르핀을 늘리는 동시에 스트레스 호르몬인 코르티솔을 줄인다.

· 간: 브로콜리, 콜리플라워, 양배추, 방울양배추 등 해독 작용을 하는 십
  자화과 채소를 더 많이 섭취하자.

정신 건강 문제

우울증, 불안, 조울증, 강박장애, ADHD, 중독, 만성 스트레스 같은
정신 건강 문제를 치료하지 않고 방치하면 뇌가 상하고 불행해질 수
있다. 스트레스 호르몬에 장기간 노출되면 기분과 기억에 관여하는
해마 크기가 줄어든다. 이런 문제에 시달리고 있다면 반드시 치료를
받아야 한다. 2015년에 나온 한 연구에서 정신 건강 관리에 더 많이
투자하는 나라에서 평균 행복도가 더 높게 나왔다. 하지만 정신 건강
치료가 꼭 약물 치료를 의미하는 것은 아니다. 2016년 「미국 정신의
학 저널*American Journal of Psychiatry*」에 실린 논문에서 연구자들은 뉴트라
수티컬(의약 효과가 있는 보충제)이 우울증을 치료할 때 고려해야 할 저
비용 선택지라고 언급했다.
　에이멘 클리닉에서는 환자들에게 추천할 때 여러 원칙을 염두에
두려고 노력한다. 당신도 병원에 방문할 때는 항상 다음과 같은 사항
을 고려하도록 하자.

　독성이 가장 적고 가장 효과적인 치료법을 사용하자.
　당장의 불안감을 없애겠다는 생각으로 끊기 어려운 치료법을 시
작하지 말자. 예를 들어 많은 사람이 정말 짧은 시간 동안 진료를 보

고 나서 항불안제나 항우울제를 처방받는데, 의사들은 그런 약물이 끊기 어려울 수 있다는 말을 좀처럼 하지 않는다.

약물 치료는 결코 최초이자 유일한 치료법이 되어서는 안 된다.

약이 아니라 기술이 중요하다. 일단 뇌의 물리적 기능을 최적화하고 나면 뇌를 제대로 설정하는 데 필요한 기술을 제공해야 한다.

중증 우울증이나 조울증, 조현병 환자를 치료할 때 나는 보통 상태를 안정화하는 약물 치료부터 시작해서 그런 질병을 유발한 원인이 무엇인지 파악하고자 노력한다. 동시에 필요한 약물 치료를 줄일 수 있도록 환자의 영양 상태를 지원하려고 항상 애쓴다. 내가 쓴 책 『정신 질환의 종말』에서는 에이멘 클리닉에서 우울증, 중독, 조울증, ADHD와 같은 여러 뇌 건강 문제를 다루는 방법을 다룬다. 여기에서는 약물 치료를 처방하기 전에 내가 우울증에 추천하는 방법 여섯 가지만 소개하고자 한다.

1. 저혈당, 빈혈, 갑상샘항진증은 불안을 유발할 수 있으므로 이를 확인하자.
2. 명상, 천천히 심호흡하는 복식호흡은 즉시 평온감을 높일 수 있다.
3. 의료 최면과 시각화 수련은 불안을 잠재우는 데 큰 효과를 발휘할 수 있다.
4. 요가나 기공 같은 진정 수련으로 도움을 얻을 수 있다.
5. 끔찍한 기분이 들게 하는 자동적인 부정적 생각을 없애자. 머릿속에 떠오르는 어리석은 생각을 낱낱이 믿을 필요는 없다.

6. 끊기 어려운 항불안제에 의존하기 전에 먼저 엘테아닌, 가바, 마그네슘 같은 영양 보충제로 시작하자.

이 모든 전략은 도움이 될 수 있다는 연구 결과를 바탕으로 추천 했고, 어떤 방법도 해를 끼치지는 않는다. 의약품의 경우 해가 없다고 단정할 수는 없다.

학교에 계속 다니기를 힘들어했던 테리의 사연을 소개하겠다. 테리의 부모와 교사들은 그가 스스로 '게으르고, 멍청하고, 무책임'하다고 믿게끔 만들었다. 테리는 평생 엄청난 수치심을 느꼈다. 결국 학교를 중퇴하고 우울증에 빠져 고립된 생활을 했다. 그는 가정을 꾸릴 수 있다는 기대조차 하지 않았고 그저 하루하루 살아가려고 무척 열심히 일했다. 46세가 되면서 테리의 정신 건강은 더욱 나빠졌고, 스스로 자기 뇌에 뭔가 문제가 있다고 생각했지만 MRI 결과는 정상이었다. 그런 경우는 흔하다. MRI는 뇌의 구조를 들여다보는 반면 진짜 문제는 뇌가 기능하는 방식일 때가 많기 때문이다.

테리가 뉴욕에 있는 에이멘 클리닉을 찾아왔을 때 SPECT 스캔에서 이마엽에 심각한 손상이 보였고 그 양상은 외상성 뇌 손상과 일치했다. 나중에 어머니에게 물어보니 테리가 어렸을 때 머리 부상을 입은 적이 있다고 했다. 어머니에게 스캔 결과를 이야기했을 때 두 사람은 몇 시간이나 함께 울었다. 그는 태도가 글러 먹은 것이 아니라 뇌에 문제가 있었던 것이다.

테리는 식단, 보충제, 고압산소요법 등을 활용하는 브라이트 마인드 프로그램으로 뇌를 재활하는 데 본격적으로 나섰다. 몇 달 뒤에 다시 촬영한 스캔에서는 놀라운 개선이 나타났고, 그의 인생도 완전히 달라졌다. 기분, 에너지, 희망이 솟구쳤고 이제는 가정을 꾸릴 가능성을 포함해 훨씬 더 밝은 미래를 그리고 있다.

테리의 재활 전후 SPECT 스캔

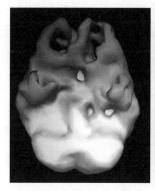 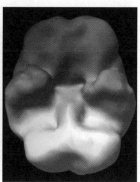

이마엽과 관자엽에 심각한 손상　　　　　전반적으로 현저히 개선

면역과 감염

면역 체계는 코로나19 바이러스 같은 외부 침입자와 암세포 같은 내부 말썽꾼에게서 우리 몸을 보호한다. 면역 체계가 약하면 감염되거나 암에 걸릴 가능성이 증가한다. 면역 체계가 과도하게 활성화하면 우울증, 불안, 심지어 정신병에 걸릴 위험이 증가할 뿐 아니라 류머티즘성 관절염이나 다발성 경화증 같은 자가면역질환에도 걸리기 쉽다. 어떤 종류든 질병을 앓으면 삶에서 기쁨이 빠져나간다.

코로나19 후유증을 오래 앓고 있는 사람들을 예로 들어보자. 코로나19에 감염된 사람 대부분은 몇 주 뒤에 증상이 전부 가라앉았다. 하지만 의료 종사자들은 코로나19 테스트에서 음성이 나온 뒤에도 한동안 증상이 지속되는 일부 환자들을 인식했다. 특히 코로나19로 입원했던 사람이라면 숨이 가쁘고 기침이 오래가고 몸살 증상이 있는 문제가 가라앉기까지 시간이 걸릴 수 있다고 예상할 수 있다. 하지만 놀랍게도 증상이 가볍거나 보통 정도였던 경우에도 상당수가 다음과 같은 뇌 관련 증상을 지속적으로 경험했다.

- 우울증
- 불안
- 극심한 피로
- 브레인 포그 또는 명확하게 생각하기가 어려운 상태
- 집중력 저하
- 기억력 감퇴
- 두통
- 수면 문제
- 미각 및 후각 상실

감염으로 인한 지속적인 증상들은 사람들에게서 삶의 묘미를 빼앗았다. 에이멘 클리닉에서는 지속적인 증상으로 고생하는 환자들의 숫자가 늘어나고 있다. 코로나19에 감염된 후에 찍은 SPECT 스캔에서는 감염과 함께 자주 나타나는 양상이자 브레인 포그 및 기억력 문제와 관련된 전반적 혈류량 감소, 우울증에서 흔한 뇌의 감정 중추 활성 증가를 비롯한 여러 가지 이상이 나타난다.

코로나19 감염 전후 활성 SPECT 스캔

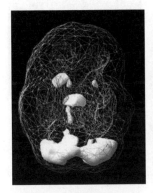

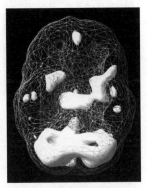

코로나19 감염 전

코로나19 감염 전

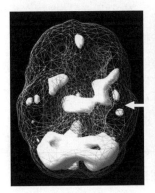

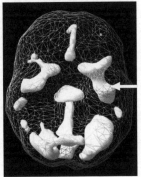

코로나19 감염 후,
둘레계통 활성 증가

코로나19 감염 후,
둘레계통 활성 증가

코로나19 장기 후유증 환자의 활성 및 표면 SPECT 스캔

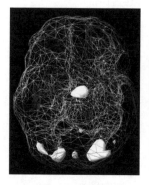

소뇌 활성이 낮고
전반적인 활성이 낮다.

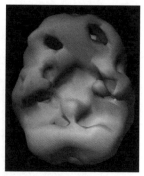

전반적인 활성이 낮다.

때때로 감염은 다른 건강 문제의 탈을 쓸 수도 있다. 컨트리 음악계의 전설인 크리스 크리스토퍼슨^{Kris Kristofferson}이 알츠하이머병 진단을 받았다는 기사를 본 사람도 있을 것이다. 크리스토퍼슨은 에이멘 클리닉에서 일하는 마크 필리데이^{Mark Filidei} 박사에게 진료를 받았고, 필리데이 박사는 그가 실은 라임병에 걸렸다는 사실을 발견했다. 항생제와 고압산소요법으로 치료한 결과 크리스토퍼슨의 기억력은 좋아졌고, 그는 다시 순회공연에 나섰다가 84세 나이로 은퇴했다. 기억력이나 일반적인 치료법이 듣지 않는 정신 건강 문제로 고생하고 있다면 주치의에게 전염병을 의심해보라고 요청하자.

면역력을 강화하는 가장 좋은 방법들을 소개한다.

· 비타민 D 수치를 확인하고 최적화하자.
· 장 건강은 면역력에 대단히 중요하므로 프로바이오틱스를 섭취하자.

- 마늘과 양파 같은 수선화과에 속하는 식품과 항균, 항염증 효과가 있는 버섯을 먹자.
- 음식 알레르기가 면역 체계에 손상을 주고 있지 않은지 알아보기 위해 한 달 동안 제외 식이요법을 시도하자(글루텐, 유제품, 옥수수, 대두, 설탕, 인공감미료, 색소, 보존료 제외).
- 진드기가 사는 곳에서 하이킹을 하지 말자(라임병).
- 면역 체계를 강화하기 위해 코미디를 보자. 팬데믹 동안 아내의 어머니는 백신 접종 전날 우리 집에서 주무셨다. 70대인 어머니는 함께 영화를 볼 때마다 보통 잠드시곤 한다. 나는 어머니가 잠들지 않을 만한 영화라고 생각해서 로버트 드니로가 나오는 「워 위드 그랜파The War with Grandpa」를 골랐다. 마음이 따뜻해지면서 너무너무 웃기는 영화였다. 어머니는 잠들지 않은 정도가 아니라 보는 내내 웃었고, 이는 면역 체계 기능을 강화한다. 그렇게 깔깔 웃는 어머니를 보면서 아내 역시 웃지 않을 수 없었다. 웃음에는 전염성이 있다. 우리가 원하는 전염이다.
- 긍정적인 관점을 갖자. 부정적인 관점(정신의학에서는 '부정적 정서 유형'이라고 한다)이 부실한 면역 반응 증가 및 질병 위험 증가 가능성과 관련이 있다는 사실을 알고 있었는가? 반면에 행복한 사람들은 더 유효한 면역 반응을 나타낼 수 있다.

신경호르몬 문제

신경호르몬은 뇌의 비료 같은 역할을 하며 안정적인 기분, 뛰어난 기억력, 건강한 정신에 꼭 필요하다. 건강에 좋은 호르몬이 없으면 신경질적이고 피곤하고 흐릿한 기분을 느끼게 되고, 해마가 작아지고 약해져 기분에 더욱 악영향을 미치게 된다.

- 테스토스테론은 행복, 동기부여, 성욕, 강인함을 느끼도록 돕는다.
- 갑상샘은 에너지와 맑은 정신을 제공한다. 내 친구인 리처드 셰임즈 박사는 "갑상샘저하증으로 죽지는 않는다. 다만 죽고 싶다고 생각하게 될 뿐이다"라고 말한다.
- DHEA(부신에서 생산하는 호르몬으로 보충제로 섭취할 수 있다)는 노화와 싸우도록 돕는다.
- 여성의 경우 에스트로겐과 프로게스테론은 감정 기복을 예방하고 혈류 증가를 도우며 뇌를 젊게 유지하는 작용을 한다.

호르몬 건강을 유지하려면 다음을 실천하자.

- 40세 이후로 매년 호르몬 검사를 실시하자.
- 개인 생활용품에 들어 있는 살충제, 프탈레이트류, 파라벤류 같은 호르몬 교란 물질을 피하자.
- 호르몬이나 항생제로 키운 동물성 단백질을 피하자.
- 건강에 좋지 않은 에스트로겐을 줄이도록 섬유질을 더 많이 섭취하자.
- 테스토스테론 수치를 높이기 위해 근력 운동을 하고 설탕 섭취를 제한하자.
- 여성이라면 에스트로겐과 프로게스테론 수치를 최적화하자.

- 필요하면 호르몬 대체 요법을 활용하자.
- 주치의와 상의하자.
- 웃음 요가를 해보자. 실없이 들릴 수도 있지만 태양 경배 자세를 하는 내내 웃는 웃음 요가는 스트레스 호르몬인 코르티솔을 줄인다.

앞에서 언급했던 뇌진탕으로 고생한 빅 웨이브 서퍼 마이다나는 갑상샘저하증이었다. 이는 두부 외상을 입은 사람들에게 흔한 증상이다. 마이다나는 갑상샘 기능 최적화로 에너지와 집중력을 높일 수 있었다. 에너지와 집중력이 좋아지면 누군들 더 행복해지지 않겠는가.

비만 당뇨

비만 당뇨는 뇌를 이중으로 위협한다. 비만 당뇨란 과체중 혹은 비만이거나 혈당 수치가 높거나(당뇨병 전증 혹은 당뇨병) 둘 다에 해당하는 경우를 말한다. 나는 체중이 증가함에 따라 뇌의 물리적 크기와 기능이 감소함을 보여주는 연구를 세 건 발표했다. 미국인 전체 중 72퍼센트가 과체중(비만인 42퍼센트를 포함)이고 거의 50퍼센트가 당뇨병 혹은 당뇨병 전증인 상황인 지금 미국은 역사상 최대의 두뇌 유출을 경험하고 있다.

과도한 체내 지방은 무해하지 않다. 체내 지방이 과도하면 호르몬을 교란하고 독소를 저장하고 염증을 증가시키는 화학물질을 생산한다. 비만이 당뇨병과 동시에 나타나면 위험은 더 커진다. 혈당 수치가 높으면 혈관이 상한다. 비만이 우울증 가능성을 높인다는 수많은 연구 결과가 있으며, 당뇨병 환자들의 경우 우울증에 걸릴 위험이 두 배로 증가한다는 연구도 있다. 비만 당뇨는 행복으로 이어지지 않는다.

비만 당뇨를 통제하려면 식생활을 바로잡아야 한다(식사 규칙은 3장을 참고하기 바란다).

수면

추정컨대 미국인 중 약 6천만 명이 수면과 관련된 문제를 겪고 있다. 만성 불면증, 수면제, 수면 무호흡증은 뇌 건강 문제가 발생할 위험을 현저히 높이고 울적하고 짜증나고 멍한 기분이 들게 한다. 다음 그림은 수면 무호흡증을 앓고 있는 사람의 뇌 스캔이다. 알츠하이머병에 걸렸을 때 일찍 기능이 멈추는

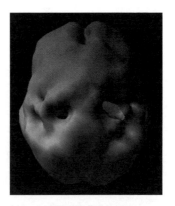

수면 무호흡증 스캔
'구멍'은 활성이 낮은 영역을 의미한다.

영역에서 활성이 낮게 나타난다. 밤에 자다가 코를 골면서 호흡을 멈추거나, 다른 사람에게 그렇다는 말을 들었다면 진단을 받도록 하자.

우리가 잠을 잘 때 뇌는 스스로 정화하거나 씻어낸다. 수면에 지장이 생기면 뇌에 노폐물이 쌓여서 기억력에 손상을 준다. 매일 밤 수면 시간이 일곱 시간보다 적으면 체중 문제, 고혈압, 사고는 물론 결혼

생활에도 문제가 발생할 수 있다. 나중에 후회할 말을 내뱉을 가능성이 높아지기 때문이다. 뇌를 개선하고 내일을 기분 좋게 시작하고 싶다면 오늘 밤 수면의 질을 높이도록 하자.

그러기 위해서는 다음을 피하자.

- 카페인(점심시간 이후에는 카페인을 섭취하지 않는다)
- 따뜻한 방
- 특히 전자기기에서 나오는 빛과 소음
- 알코올. 물론 술을 마시면 일단 잠이 들지만 술기운이 사라지면 뇌는 다시 기운을 차려 몇 시간 뒤에 깨게 된다.

잠을 잘 자려면 이렇게 하자.

- 방을 더 시원하고 어둡고 조용하게 만들자.
- 전자기기에 방해받지 않도록 꺼두자.
- 느리고 편안한 리듬의 음악을 듣자(분당 약 60비트 정도).
- 의료 최면을 시도해보자.

- 대개 아주 좋은 효과를 내는 마그네슘과 멜라토닌을 섭취하고 걱정이 많은 사람이라면 5-하이드록시트립토판을 섭취하자.
- 나쁜 생각에 시달려 잠들지 못한다면 일기를 써서 그런 생각을 머릿속에서 떨쳐내자.

행복하려면 뇌를 건강한 상태로 유지해야 한다. 브라이트 마인드 접근법을 실천해 뇌를 건강하게 하고 그 상태를 유지하자.

내 뇌 유형에 맞는
영양분을 공급하자

너무 행복하다면 사프란을 먹었음에 틀림없다.

_페르시아 속담

팬데믹 초기에 우리 막내딸 클로이가 눈물을 글썽이며 우리 부부에게 와서 절망적이고 우울하다고 말했다. 불과 몇 달 만에 미국에서 우울증이 전국적으로 세 배나 증가했을 정도로 스트레스가 극심했던 그 시기에 그런 기분은 청소년들에게 흔한 증상이었다. 클로이는 셧다운 직전에 운전면허를 땄고 라구나비치에 있는 징크 카페 직원으로 처음 일을 시작했으며 오랫동안 고대했던 방식으로 생활이 확장되고 있다고 느꼈다. 며칠 사이에 두려움이 사방으로 퍼졌고 클로이는 어디에도 갈 수 없었으며 징크 카페가 문을 닫으면서 일자리도 잃었다.

그런 스트레스가 연이어 한꺼번에 쌓이다 보면 우울증이 생기기 쉽고, 2020년은 스트레스가 줄줄이 찾아오는 해였다. 클로이는 명상, ANTs(4장에서 살펴볼 자동적인 부정적 생각) 없애기, 적외선 사우나(우울증 치료 효과가 증명됐다)를 비롯해 비타민 D, 오메가-3 지방산, 해피 사프란 플러스(사프란, 아연, 쿠르쿠민 함유) 같은 보충제를 복용하는 전략으로 몇 주 안에 평소 자기 모습으로 돌아왔다. 클로이는 그 힘든 시간 동안에 고등학교를 우수한 성적으로 졸업하고, 나중에는 뉴포트 코스트에 있는 세계적으로 유명한 식당인 비치코머에서 다시 일자리를 구하고, 대학에 입학하면서 계속 잘 지냈다. 팬데믹 동안에 우리 가족은 모두 좀 더 긍정적인 기분을 느낄 수 있도록 사프란을 비롯한 여러 보충제를 복용했다.

2010년에 나는 뉴트라수티컬 기업인 브레인MD를 설립했다. 처음에는 에이멘 클리닉 환자들을 위해 시작했다가 나중에는 일반 대중으로 대상을 넓혔다. 나는 1991년에 처음으로 뇌 SPECT 스캔을 지시한 이후로 줄곧 뉴트라수티컬(의약 효과가 있는 보충제) 관련 지식에 관심을 기울였다. 그동안 처방하라고 배웠던 수많은 정신 질환용 의약품(불안에 처방하는 벤조디아제핀 계열, 수면제, 통증에 처방하는 아편제 등)이 뇌 기능에 치명적인 영향을 끼쳐 뇌가 예상보다 더 늙고 덜 건강한 모습을 보이는 스캔을 보면서 나는 깜짝 놀랐다. 이에 나는 근심이 깊어졌다. 의대에 다니는 동안 프리뭄 논 노케레Primum non nocere('먼저 해를 끼치지 말라'라는 의미의 라틴어)라는 말을 귀에 못이 박히게 들었고, 환자들에게 해를 끼칠 가능성이 있는 치료는 무엇이든 마음이 불편했다. 그래서 그 대안으로 과학적인 근거가 있는 천연 보충제를 찾기 시작했다.

나는『정신 질환의 종말』에서 뉴트라수티컬 관련 지식과 주요 정신 건강 질환을 요약해서 소개했다. 여기에서는 구체적으로 행복 및 기분과 관련된 뉴트라수티컬에 초점을 맞추고자 한다.

1. 행복해지기 위해 모두에게 필요한 기본 네 가지
2. 행복의 주요 화학물질 각각과 각자의 뇌 유형을 뒷받침하는 영양소
3. 기분을 끌어올리는 데 전반적으로 효과를 나타내는 뉴트라수티컬

행복해지기 위해 모두에게 필요한 기본 4가지

1. 멀티비타민·미네랄

모두가 광범위 멀티비타민·미네랄 보충제를 매일 챙겨 먹어야 한다. 최근 연구들에 따르면 비타민과 미네랄 결핍은 심각할 정도로 널리 퍼져 있다.

내 친구이자 클리블랜드 기능의학 클리닉에서 전략혁신 책임자로 일하고 있는 의학박사 마크 하이먼은 "천연 미네랄과 영양분이 풍부한 토양에서 야생으로 신선하게 자란 현지 유기농 비유전자변형 자연식품을 장거리 운송과 장기간 보관을 거치지 않고 먹으면서 야외에서 일하고 생활하며, 오염되지 않은 신선한 공기만 호흡하고 깨끗하고 순수한 물만 마시며, 하룻밤에 아홉 시간 수면하고 매일 몸을 움직이는 데다 만성 스트레스 요인과 환경 독소에 노출되지 않는" 사람

이라면 보충제가 필요하지 않을 수도 있다고 설명한다. 하지만 식사를 거르고 그때그때 식품을 고르고 달달한 음식과 화학 처리된 가공식품을 많이 먹는 도시 사회에 사는 사람이라면 누구나 멀티비타민과 미네랄 보충제로 도움을 받을 수 있다.

영양분이 정신 건강 및 행복과 무슨 상관이 있을까? 지난 수십 년 동안 발표된 수많은 연구에서 미네랄과 비타민 20여 종으로 구성된 멀티비타민·미네랄 처방이 정신 건강에 도움이 된다고 보고했다. 2020년 특정 정신 건강 문제 치료를 위한 광범위 영양 보충제에 대한 과학적 지식을 검토한 결과, 연구 23건 중 16건에서 우울증이나 불안, 스트레스 증상에 긍정적인 효과가 있다는 결과가 나왔다. 또한 연구자들은 멀티비타민·미네랄 복합제제가 기분, 공격성, 주의력 문제에도 도움이 될 수 있다고 밝혔다.

또 스트레스가 심한 시기를 살아가는 사람들에게도 도움이 될 수 있다고 제안한다. 이는 내가 팬데믹 중에 환자들에게 이런 보충제를 강력하게 추천한 이유 중 하나이기도 하다. 흥미로운 무작위 플라세보 대조 시험 두 가지에서 광범위 멀티비타민·미네랄 보충제를 복용한 사람들은 불안과 스트레스 수준이 낮아졌다고 보고했다.

한 실험은 2011년 뉴질랜드에서 규모 6.3의 지진이 발생한 이후에 실시했다. 나머지 한 실험은 2013년 캐나다 앨버타주에서 대홍수가 발생한 직후에 실시했고, 뉴질랜드 지진 연구에서는 보충제를 복용한 참여자들은 기분, 불안, 에너지 수준이 크게 개선됐다고 보고했다. 보충제를 복용한 지 한 달 뒤에 외상 후 스트레스 장애 비율은 65퍼센트에서 19퍼센트로 떨어진 반면, 보충제를 복용하지 않은 참여자들의 비율은 변하지 않았다. 홍수 연구를 실시한 연구원들은 "재해 후에 공공 의료 조치로 그런 보충제를 배포한다면" 잠재적 이득을 기대할 수 있다고 제안했다.

뉴트라수티컬을 다룬 다른 과학 연구들에서는 뉴트라수티컬이 기분을 끌어올리는 효과를 나타낼 수 있다고 밝혔다. 2010년에 30세에서 55세 남성 215명을 대상으로 실시한 연구를 살펴보자. 이 연구에서는 대상을 두 집단으로 나눠 한 집단에게는 한 달 동안 멀티비타민을 복용하게 하고 다른 집단에게는 플라세보를 복용하게 했다. 결과는 어땠을까? 멀티비타민을 복용한 남성들은 스트레스와 정신적 피로가 적을 뿐 아니라 기분이 더 좋고 활력이 넘치며 인지 기능이 향상됐다고 보고했다. 간단히 말해 더 행복하다고 느끼고 더 똑똑해졌다.

하이먼 박사는 비타민 B군(엽산, 비타민 B6, 비타민 B12)을 '정신 건강을 위한 무적의 메틸화기methylator'라고 부른다. 그는 65세 이상의 중증 우울증 여성 중 27퍼센트가 비타민 B12 결핍이라는 「미국 정신의학 저널」 연구 결과를 근거로 "생각해보면 이는 모든 중증 우울증 중 4분의 1 이상이 비타민 B12 주사로 도움을 받을 수 있다는 뜻"이라고 언급했다.

약물 치료가 우리를 슬프게 할까?

많은 약물 치료가 영양분 고갈을 유발하고 슬픈 감정을 느낄 위험에 빠뜨릴 수 있다. 주치의에게 확인하지 않고 필요한 약의 복용을 중단하면 안 되지만 영양분 고갈과 관련된 잠재적 위험을 미리 인식해서 필수 영양소를 대체해야 한다. 다음 약물 중 일부(혹은 전부)는 문제를 일으킬 수 있다.

· 제산제: 위산, 칼슘, 인, 엽산, 포타슘을 줄인다. 또한 소장에서 유해 박테리아가 과다 증식하는 장내세균불균형dysbiosis은 비타민 K 결핍과 미네랄 흡수 저하를 유발할 수 있다.

· 항생제: 비타민 B와 K를 줄인다.

· 당뇨병 치료제: 코큐텐, 비타민 B12를 줄인다.

· 고혈압 치료제: 비타민 B6와 K, 코큐텐, 마그네슘, 아연을 줄인다.

· 항염증제(알리브, 이부프로펜 등): 비타민 B6, C, D, K, 엽산, 칼슘, 아연, 철을 줄인다.

· 콜레스테롤을 낮추는 약물(특히 스타틴): 코큐텐, 오메가-3 지방산, 카르니틴을 줄인다.

· 여성 호르몬: 엽산, 마그네슘, 비타민 B군, 비타민 C, 아연, 셀레늄, 코큐텐을 줄인다.

· 경구 피임약: 비타민 B군, 마그네슘, 엽산, 셀레늄, 아연, 타이로신, 세로토닌을 줄인다. 경구 피임약을 복용하는 여성 중 대략 16~52퍼센트가 우울증을 경험한다. 이런 경우 대개 항우울제 복용을 최우선으로 처방한다. 영양소 결핍은 거의 고려하지 않는다. 최근 연구에서는 경구 피임약이 10대 소녀들의 자살 위험을 두 배로 증가시킬 수 있고 성인 여성의 자살 위험 또한 유의미하게 증가시킬 수 있다는 사실을 밝혔다.

2. 비타민 D

비타민 D는 뼈를 만들고 면역 체계를 증진하는 데 중요한 역할을 하는 동시에 건강한 뇌, 기분, 기억력에도 꼭 필요하다. 낮은 비타민 D 수치는 우울증, 알츠하이머병, 심장 질환, 당뇨병, 암, 비만과 관련이 있다. 미국 인구 중 93퍼센트가 비타민 D 결핍이나 실내에서 보내는 시간이 길고 자외선 차단제 사용이 늘어났기 때문이다(피부는 햇볕에서 비타민 D를 흡수한다).

한 연구에서 18~43세 피험자들을 대상으로 비타민 D 보충을 검토한 결과 비타민 D를 복용한 사람들이 '열정적이다', '신난다', '결단력 있다'와 같은 긍정적인 감정에서 더 높은 점수를 기록했다.

평소에 혈압을 알아야 하듯이 비타민 D 수치도 알아야 한다. 간단한 혈액 검사로 확인할 수 있다. 최적 상태가 아니라면 하루에 2,000~5,000IU를 복용하고 두 달 뒤에 다시 검사해서 건강한 범위 내에 있는지 확인해야 한다.

3. 오메가-3 지방산

전반적인 건강 및 웰빙과 관련해 오메가-3 지방산은 필수적이다. 실제로 오메가-3 지방산은 너무나 중요해서 하버드대학교 챈 공중보건 대학원에서는 낮은 오메가-3 수치를 예방 가능한 주요 사망 원인 중 하나로 꼽았다. 오메가-3 지방산 중에서 제일 중요한 두 가지인 에이코사펜타엔산(EPA)과 도코사헥사엔산(DHA) 수치가 불충분하면 다음 증세를 일으킬 수 있다.

- 우울증과 조울증
- 자살 행동
- 염증
- 심장 질환
- ADHD

- 인지 장애와 치매
- 비만

이는 자기 자신과 인생 전반에 대해 좋게 느끼지 못하도록 방해하는 질환이다. 조사 결과, 식이로 오메가-3 지방산을 충분히 섭취하고 있지 않은 미국인이 95퍼센트라고 하니 적어도 여기에 속하는 사람이라면 누구나 이렇게 느낄 가능성이 있다. 인체는 스스로 오메가-3를 생산할 수 없으므로 외부 공급원에서 얻어야 한다. 식단에서 이 필수 영양소를 충분히 섭취하지 않고 있다면 이는 뇌에 좋지 않은 소식이다. 오메가-3가 뇌 무게에서 차지하는 비중이 약 8퍼센트에 달하기 때문이다.

오메가-3 보충제를 복용하고 있지 않다면 EPA와 DHA 수치가 낮을 가능성이 높다. 에이멘 클리닉에서는 어유 보충제(가장 흔히 사용하는 EPA와 DHA 공급원)를 복용하지 않는 환자 50명의 수치를 연속으로 검사했는데, 결과는 내가 예상했던 것보다 훨씬 더 나빴다. 50명 중 49명이 최적 수준 이하였다. 나는 오메가-3 위기가 우리 손에 달렸다고 생각하기 시작했다.

후속 연구에서 우리 조사팀은 환자 130명의 SPECT 스캔을 EPA 및 DHA 수치와 함께 분석했다. 당연하게도 EPA와 DHA 수치가 가장 낮은 사람들이 뇌 혈류량도 낮았다. 낮은 뇌 혈류량은 우울증과 관련이 있으며 향후 뇌 문제를 짐작하는 가장 중요한 예측 변수다. 같은 환자들에게 인지 검사를 받게 했을 때 오메가-3 점수가 낮은 사람들은 기분 점수도 낮았다.

다음은 좀 더 행복한 소식이다. 오메가-3 섭취량을 늘리면 좀 더 긍정적인 기분을 느끼게 된다. 예를 들어 오메가-3 지방산 함유량이 높은 생선을 먹으면 우울증과 자살 위험이 낮아진다는 상관관계를 보여주는 연구들이 있다.

게다가 EPA 수치가 높으면 행복과 관련을 나타낸다. 일본에서 실시한 흥미로운 연구에서 연구원들은 여성 간호사 140명의 협조를 얻어 행복(주관적 행복 척도로 측정), 성취감, 오메가-3 수치를 검사했다. 연구팀은 주관적 행복이 성취감(행복과 동일시되는 목적의식)은 물론 EPA 및 DHA 수치와 유의미한 상관관계를 나타낸다는 결과를 얻었다. 특히 EPA 수치와 강한 상관관계를 나타냈다. 다른 연구들도 EPA가 우울증을 비롯한 여러 질병 치료에 더 효과적이라고 시사했다.

성인 대부분은 오메가-3 지방산을 1~2그램 사이로 섭취해야 하며, EPA 60퍼센트, DHA 40퍼센트 비율이 바람직하다.

4. 프로바이오틱스('생명을 위한'이라는 의미)

때로는 행복하지 않은 이유가 뇌나 마음과 관련이 없을 수도 있다. 장을 가리켜 '제2의 뇌'라고 하는 경우가 많다는 사실을 기억하자. 인간의 소화기관은 입부터 항문까지 이어지는 길이 9미터의 관(위장을 포함)이다. 이 장관 내부는 관을 밀폐하고 소화가 덜 된 음식물이 복부로 스며들지 않도록 방지하면서 음식물을 효율적으로 소화하도록 돕는 치밀 결합으로 이뤄진 세포층 한 겹으로 둘러싸여 있다. 그런 치밀한 세포 결합이 느슨해져서 장관 투과성이 과도하게 증가하는 장누수leaky gut 현상이 발생하면 큰 문제가 일어난다. 장누수는 우울증, 조울증, 불안 장애, 심지어 알츠하이머병과도 관련이 있다. 또한 만성 염증 및 자가면역질환과도 연관이 있다.

소화기관에 있는 뉴런이 거의 1억 개에 달하고 장이 뇌와 직접 의사소통한다는 점을 고려할 때 장 건강은 뇌 건강과 밀접한 연관이 있다. 장 건강은 대부분 미생물에 달려 있다. 소화기관에는 약 100조 개에 달한다고 추정되는 미생물(세균, 효모 등)이 살고 있으며, 이 수치는 인체 나머지 부분을 구성하는 총 세포 수의 약 세 배에 이른다. 이 '미생물' 집단 전체를 가리켜 '마이크로바이옴microbiome'이라고 부른다. 마이크로바이옴은 정신 건강에 커다란 영향을 미치는 세로토닌과 같은 신경전달물질 합성에 중요한 역할을 한다.

장내 미생물 중에는 건강과 웰빙에 이로운 미생물도 있고 해로운 미생물도 있다. 이들은 전형적인 '좋은 녀석 대 나쁜 녀석' 시나리오에 따라 다들 장내 마이크로바이옴 통제권을 잡으려고 고군분투하고 있다. 좋은 미생물 대 나쁜 미생물 비율이 대략 85퍼센트 대 15퍼센트일 때 건강한 장 상태를 이룬다. 나쁜 미생물이 좋은 미생물보다 더 많으면 장 문제와 정신 문제로 이어질 수 있다. 다음처럼 일상의 흔한 수많은 요소가 좋은 미생물을 죽이고 나쁜 미생물에 유리하도록 균형을 깨뜨릴 수 있다.

- 의약품(항생제, 경구 피임약, 양성자펌프억제제proton pump inhibitors, 스테로이드, 비스테로이드항염증제)
- 오메가-3 지방산 부족
- 스트레스

- 설탕과 액상과당

- 인공감미료

- 글루텐

- 환경 알레르기 또는 음식 알레르기

- 불면증(특히 군인과 교대 근무자)

- 독소(비누 속 항균성 화학물질, 살충제, 중금속)

- 장 감염(헬리코박터 파이로리H. Pylori, 기생충, 칸디다Candida)

- 비타민 D 부족

- 방사선 치료 · 화학요법

- 과도한 고강도 운동

- 과도한 음주

나쁜 미생물 성장을 촉진하는 요소를 피함으로써 장 건강을 증진하고 정신적 웰빙을 개선하며 기분이 좋아질 가능성을 높일 수 있다. 좋은 미생물을 늘리는 방법으로는 다음과 같은 전략이 있다.

- **프리바이오틱스 섭취:** 프리바이오틱스는 장 건강을 촉진하는 식이 섬유로 사과, 콩, 양배추, 차전자, 아티초크artichoke(지중해 원산의 국화과 채소), 양파, 부추, 아스파라거스, 뿌리채소, 비트, 당근, 순무)에 많이 들어 있다.
- **프로바이오틱스 추가:** 케피르(무설탕 제품을 찾아보자), 콤부차(저당 제품을 선택하자), 피클, 무가당 요구르트(염소 혹은 코코넛), 김치, 절인 과일과 채소, 사워크라우트 등 살아 있는 미생물이 들어 있는 발효 식품을 더 많이 먹자.

- **프로바이오틱스 보충제 복용:** 플라세보 대조 임상 시험 두 차례에서 특히 락토바실러스 헬베티쿠스Lactobacillus helveticus(R52 균주)와 비피도박테리움 롱검Bifidobacterium longum(R175 균주)을 아주 구체적인 비율로 섭취했을 때 4주에서 8주에 걸쳐 기분에 도움이 되고 불안을 낮추는 결과가 나왔다. 한 연구에서 이 구체적인 프로바이오틱스 균주 조합으로 한 달 동안 매일 프로바이오틱스를 섭취한 대학생 86명이 공황 불안, 신경생리학적 불안, 걱정, 기분 조절에서 개선을 보였다. 다른 프로바이오틱스 연구에서는 성인 111명이 락토바실러스 플란타룸Lactobacillus plantarum을 12주 동안 매일 섭취한 결과, 짧게는 8주 안에 스트레스와 불안이 현저하게 감소했다.

행복의 화학물질 6가지를 뒷받침하는 영양소

1. **즉흥적인 뇌 유형에게 특히 중요한 도파민:** 락토바실러스 플란타룸 PS128 같은 프로바이오틱스, 비타민 D와 오메가-3 지방산 같은 영양소, 홍경천과 인삼, 바코파 몬니에리Bacopa monnieri, 녹차 추출물, 은행잎 추출물 같은 약용식물은 도파민 수치를 높여 집중력 향상과 에너지 증가를 촉진하는 동시에 지구력과 체력을 향상시킨다고 알려져 있다. 엘타이로신, 마그네슘, 쿠르쿠민, 엘테아닌, 베르베린berberine도 도파민을 증가시킨다.

2. **집요한 뇌 유형에게 특히 중요한 세로토닌:** 락토바실러스 플란타룸 PS128, 엘트립토판, 5-하이드록시트립토판, 마그네슘, 비타민 D, 비타

민 B6와 B12, 메틸 엽산^{methylfolate}, 사프란과 세인트존스워트, 쿠르쿠민 같은 약용식물은 모두 세로토닌을 증가시킬 수 있다.

3. **예민한 뇌 유형에게 특히 중요한 옥시토신**: 인체가 옥시토신을 생산 하려면 비타민 C가 필요하다. 옥시토신이 효과적으로 기능하려면 마그네슘이 필요하다. 보충제 형태로 판매하는 락토바실러스 루테리^{Lac-tobacillus reuteri}는 옥시토신과 테스토스테론 수치를 함께 높인다. 연구에 따르면 임산부가 세이지, 아니스 씨, 호로파^{fenugreek}를 섭취했을 때 옥시토신이 증가했다. 수면 호르몬 멜라토닌을 아주 소량만 섭취해도 한 시간 내에 옥시토신 분비가 증가한다.

4. **예민한 뇌 유형에게 특히 중요한 엔도르핀**: 아미노산인 엘페닐알라닌^{L-phenylalanine}은 엔도르핀을 분해하는 효소를 차단하므로 엔도르핀을 늘린다. 세인트존스워트, 락토바실러스 아시도필루스^{Lactobacillus aci-dophilus}, 멜라토닌도 도움이 될 수 있다.

5. **신중한 뇌 유형에게 특히 중요한 감마아미노부티르산(가바)**: 경구 가바, 마그네슘, 비타민 B6, 엘테아닌, 타우린, 프로바이오틱스(특히 락토바실러스 람노서스, 락토바실러스 파라카세이, 락토바실러스 브레비스, 락토코커스 락티스)는 가바 수치가 건강한 수준을 유지하도록 뒷받침한다. 레몬밤, 엘테아닌, 타우린, 시계꽃, 길초근 역시 가바 수치를 높일 수 있다.

6. **신중한 뇌 유형에게 특히 중요한 코르티솔**: 아슈와간다와 홍경천 같은 약용식물, 엘테아닌, EPA와 DHA 오메가-3 지방산 같은 영양소는 스트레스 호르몬인 코르티솔을 줄인다.

사프란: 모든 뇌 유형에게 유익

행복을 증진하는 모든 보충제 중에서 나는 사프란을 가장 좋아한다. 사프란은 적어도 2,600년 동안 아랍 지역에서 행복을 가져다주는 향신료로 쓰였다. 기원전 668년에서 633년 사이에 작성된 한 아시리아 문헌은 사프란을 약용으로 사용한 역사가 기원전 17세기까지 거슬러 올라간다고 언급했다. 지중해 테라섬에 있는 청동기 시대 벽화에도 경건하게 그린 사프란꽃이 남아 있다. 사프란은 사프란 크로커스 꽃에서 암술대를 손으로 따서 말려 만든다. 꽃 가운데 위치한 가늘고 붉은 구조물 세 개가 암술대다.

현대 과학은 사프란의 전통적인 사용법 중 다수를 검증했다. 무작위 대조 시험에서 사프란이 뇌, 눈, 순환, 폐, 관절, 생식 계통, 인체 항산화 방어 기능에 도움을 준다고 확인했다. 그중에서도 가장 입증된 적용 사례는 기분 증진이다.

사프란은 여러 이중 맹검, 플라세보 대조 임상 시험으로 입증된 바와 같이 뛰어난 기분 증진제이자 항우울제다. 몇몇 연구에서는 사프란을 항우울제인 플루옥세틴^{fluoxetine}(프로작), 이미프라민^{imipramine} 같은 여러 항우울제와 비교했다. 사프란의 효능 수준은 플루옥세틴과 맞먹는 정도였으며 플루옥세틴으로 손상된 남성 및 여성 성기능 일부를 복원했다. 사프란은 이미프라민과 비슷할 정도로 효과적이며 구강 건조와 진정 같은 이미프라민의 부작용은 나타나지 않았다.

이런 연구들에서 사프란이 기분에 미치는 효과가 항우울제의 효과와 맞먹는다고 나타났다. 과학적 증거에 따르면 사프란은 행복을 훔치는 다음과 같은 다양한 문제에도 효과를 나타낸다.

- 모든 정신 문제 중에서 가장 흔히 보고되는 증상인 불안 감소.
- 노년층의 기억력 및 기타 인지 기능 척도 향상.
- 부모와 교사가 모두 단 3주 만에 아동의 주의력 및 행동 문제가 개선됐다고 판단.

사프란이 어떻게 해서 이처럼 뇌에 놀라운 혜택을 불러일으키는지는 명확하게 밝혀지지 않았지만 사프란에 들어 있는 프로신crocin, 크로세틴crocetin, 피크로크로신picrocrocin, 사프라날safranal과 플라보노이드인 케르세틴quercetin, 캠퍼롤kaempferol은 항산화 능력이 뛰어난 물질이다. 동물 연구에서 이런 구성 성분들은 사프란이 뇌를 독성 손상에서 보호하는 능력을 설명하는 데 도움이 된다.

브레인MD가 만드는 해피 사프란 플러스는 사프란 30밀리그램과 기분 증진 효과가 증명된 아연, 쿠르쿠민을 함유하고 있다. 35년 넘게 뇌에 초점을 맞춘 영양소를 전문적으로 연구한 브레인MD 최고과학책임자 패리스 키드Parris Kidd 박사가 해피 사프란 플러스 개발을 도왔다. 우리는 코로나19 팬데믹이 닥치기 직전인 2020년 2월에 이를 처음 출시했다. 출시 초기 후기에서 구매자는 해피 사프란 플러스가 욕구와 기능을 강화한다고 평하면서 '여성용 비아그라'라고 칭했다. 내 비서인 킴에게 해피 사프란 플러스를 준 다음 날 그는 콧노래를 부르기 시작했다. 아들이 왜 콧노래를 부르냐고 물었고, 킴은 이유를 모르겠지만 그냥 기분이 좋아졌다고 말했다. 이런 혜택들 때문에 나는 빼먹지 않고 이 보충제를 복용한다.

쿠르쿠민: 모든 뇌 유형에게 유익

강황 뿌리(정확히는 뿌리줄기 또는 지하줄기)는 짧게는 2,600년, 길게는 4,000년 동안 만병통치약으로 떠받들어졌다는 점에서 사프란과 비슷하다. 또한 예로부터 긍정적인 기분 및 행복과 관련이 있어서 인도 일부 결혼식에서는 예식용 피부 장식에도 사용한다. 강황의 주된 활성 성분은 커큐미노이드 3종으로 그 상업용 명칭이 쿠르쿠민이다. 뛰어난 항산화제인 쿠르쿠민은 건강한 염증(치유) 반응을 촉진한다. 문제는 경구로 섭취했을 때 흡수가 잘 안 되고 흡수력을 높이는 가공을 한 경우에만 효과가 있다는 점이다. 롱비다Longvida 쿠르쿠민 추출물은 흡수력을 높인 원료다. 한 연구에서 건강한 참여자들에게 롱비다 쿠르쿠민 혹은 플라세보를 복용하게 한 다음 어려운 컴퓨터 인지 검사를 받게 했다. 검사를 받은 뒤에 쿠르쿠민을 복용한 집단은 시험 난이도와 관련된 좌절감과 기타 부정적 기분 변화를 비교적 덜 보고했다. 28일 뒤에 참여자들은 같은 검사를 다시 치렀다. 이번에도 쿠르쿠민을 복용한 집단은 부정적인 기분 변화가 적고 각성 정도가 높았으며 육체 피로가 적었다. 사프란과 비교하면 쿠르쿠민은 기분 관련 시험 건수가 적지만, 무작위 대조 시험 여섯 개를 메타 분석한 결과 쿠르쿠민이 기분과 불안을 개선한다는 결론이 나왔다.

아연: 모든 뇌 유형에게 유익

인체가 에너지, DNA와 단백질, 항산화 효소, 새로운 세포를 만들려면 아연이 필요하다. 면역력과 건강한 성장, 발달에도 아연이 필요하다. 낮은 아연 수치로 기분 문제를 예측할 수 있다. 아연이 건강한 사람들과 과체중인 사람들의 기분을 증진할 수 있고 기분 문제를 겪고 있는 참가자들을 대상으로 한 포괄적인 개인 프로그램의 일환으로 활용할 수 있음을 시사하는 시험 결과들도 나와 있다. 아연은 기본적으로 세로토닌과 도파민 수용체 조절에 관여한다. 미국 질병통제예방센터는 미국인 중 11퍼센트에서 20퍼센트(민족 집단에 따라 다르다)가 평소 식단으로 아연을 충분히 섭취하고 있지 않다고 보고한다. 노년 인구, 임산부나 수유부, 채식인과 비건, 겸상 적혈구 빈혈 환자, 알코올 의존자들은 모두 아연이 결핍되기 쉽다. 인체는 식물성 식품에 들어 있는 아연을 동물성 식품에 들어 있는 아연만큼 잘 흡수하지 못하므로 채식인은 채식을 하지 않는 사람보다 아연을 최대 50퍼센트 더 섭취해야 한다.

마그네슘: 신중한 뇌 유형에게 특히 유익

중요한 영양소인 마그네슘은 수많은 방법으로 인체 건강을 유지하고 보호한다. 마그네슘 결핍은 짜증, 피로, 정신 혼란, 불안, 스트레스로 이어질 수 있으며, 이는 신중한 뇌 유형에서 자주 보이는 증상이다. 미국인 중 50퍼센트 이상이 식사에서 마그네슘을 충분히 섭취하지 못하고 있다. 마그네슘 수치가 낮은 우울증 환자에게 치료제로도 효과가 있다.

SAMe: 예민한 뇌 유형에게 특히 유익

S-아데노실-메티오닌S-Adenosyl-Methionine(SAMe)은 세로토닌과 도파민, 에피네프린을 비롯한 여러 신경전달물질을 생산하는 데 필요하며 원활한 뇌 기능을 뒷받침한다. 보통 뇌는 필요한 SAMe를 모두 아미노산인 메티오닌으로 만든다. 예민한 뇌 유형이 느끼기 쉬운 슬픔이나 우울은 메티오닌으로 SAMe를 만드는 합성 과정에 손상을 입힐 수 있다. 많은 연구에서 SAMe가 기분 증진을 도울 수 있다는 사실을 증명했다. 예민한 뇌 유형에 속한 사람들에게는 SAMe가 잘 맞는 경우가 많다. 또한 SAMe는 식욕을 억제하고 관절 염증과 통증을 줄이는 것으로 나타났다. 나는 기분 문제와 관절 통증을 겪고 있는 환자를 치료할 때 우선적으로 SAMe를 사용한다. 성인의 경우 일반적으로 200~400밀리그램을 하루에 2회에서 4회 복용한다(주의: 조울증 환자의 경우 SAMe가 조증을 유발할 수 있다).

세인트존스워트: 집요한 뇌 유형에게 특히 유익

세인트존스워트(학명: Hypericum Perforatum)는 북아메리카, 유럽, 아시아, 인도, 중국의 아열대 지방 원산인 식물로 수백 년 동안 기분 장애와 우울증 치료제로 쓰였다. 세인트존스워트에 함유된 생물학적 유효 성분은 하이페리신hypericin으로 행복의 화학물질들, 세로토닌, 도파민, 가바, 글루타메이트glutamate를 비롯한 다양한 신경전달물질의 가용성을 높인다고 한다. 세인트존스워트는 프로작, 팍실, 졸로프트 등 널리 처방되는 항우울제와 비슷하게 작용한다. 이런 약들과 세인트존스워트는 기분을 좋게 하는 효과를 지닌 세로토닌 수치를 높게 유지시킨다.

스트레스는 세로토닌 수치를 낮춘다. 세인트존스워트는 그 작용을 상쇄하며 사실상 세로토닌을 증가시키는 데 가장 효과 좋은 보충제라고 볼 수 있다. 나는 세인트존스워트를 복용한 많은 환자의 상태가 크게 개선되는 사례를 봤다. 치료 전후 SPECT 스캔을 보면 그 효과가 나타난다. 세인트존스워트를 복용한 많은 환자들에게서 앞띠이랑 과활성이 줄어들었다. 앞띠이랑 과활성 상태일 때 상황이 원하는 대로 흘러가지 않으면 융통성을 잃고 스트레스를 받을 수 있다(집요한 뇌 유형에게 흔한 증상). 이 보충제는 변덕도 줄여준다.

문제는 세인트존스워트가 앞이마겉질 활성도 낮출 수 있다는 사실이다. 에이멘 클리닉의 환자 중 한 명은 "더 행복해지기는 했는데 더 멍청해졌어요"라고 말했다. 세인트존스워트는 피임약을 포함한 다른 약물의 효능을 억제한다는 사실 또한 명심하자.

일반적인 복용량은 어린이의 경우 하루 300밀리그램, 10대는 하루 300밀리그램씩 2회, 성인은 오전에 600밀리그램, 밤에 300밀리그램이다. 세인트존스워트 조제약은 유효 성분인 하이페리신을 0.3퍼센트 함유한다.

「미국 정신의학 저널」은 "뉴트라수티컬이 임상에서 고려할 가치가 있는 저비용 선택지"라고 말한다. 나도 동의한다. 다음 표는 주요 뇌 유형 다섯 가지를 뒷받침하는 뉴트라수티컬을 간단히 참고할 수 있도록 정리한 것이다.

뇌 유형에 따른 행복 증진 영양소

뇌 유형	균형형	즉흥형	집요형	예민형	신중형
모든 뇌 유형: 멀티비타민·미네랄, 오메가-3, 프로바이오틱스, 비타민 D, 사프란, 아연, 쿠르쿠민					
유형별 행복 영양소	엘타이로신, 홍경천, 인삼, 녹차추출물	5-HTP, 세인트존스워트, 비타민 B6, B12, 메틸 엽산	SAMe, DL-페닐알라닌, 비타민 C, 마그네슘	가바, 마그네슘, 비타민 B6, 엘테아닌, 길초근	

행복을 부르는 음식,
불행을 부르는 음식

불량 식품을 먹는 것은 보상이 아니라 처벌이다.

_드루 캐리Drew Carey, 미국 코미디언

슈퍼볼Super Bowl(미국 프로미식축구 챔피언 결정전)은 미국에서 1년 중 음식을 가장 많이 먹는 날 중 하루다. 이날 하루에 미국인들은 대략 닭 날개 13억 3천만 개, 도미노피자 1,100만 장, 감자칩 2억 2700만 달러어치를 먹어치운다. 기운을 빼고 우울증과 비만의 원인이 되는 식품을 대량으로 섭취하는 것은 '슈퍼'와 거리가 멀다. 오히려 '언해피 볼'이라고 불러야 할 판이다. 이런 이유로 나는 미식축구에 양가감정을 느낀다.

어린 시절부터 10대를 거쳐 성인이 된 이후로도 한동안 나는 미식축구를 엄청 좋아했다. 로스앤젤레스 램스의 열렬한 팬이었고 중학교에서 플래그풋볼flag football(미식축구에서 태클을 뺀 스포츠 종목), 고등학교 때는 정식 미식축구, 대학과 의대에서도 교내 미식축구를 했다. 다른 청소년, 젊은이들과 마찬가지로 미식축구 경기를 즐겨 봤다. 30대가 되어 뇌 사진을 보기 시작하고 미식축구가 고등학교, 대학교, 프로 미식축구 선수들에게 어떤 해를 끼치는지 보면서 모든 것이 바뀌었다. 미식축구를 바라보는 마음이 무척이나 불편해졌다. 미식축구가 선수들의 뇌를 망쳐서 가족들에게 정서적 스트레스와 고통을 유발할 수 있다는 사실을 알고 나니 경기를 보기가 힘들었다. 나는 300명이 넘는 NFL 선수들의 뇌를 촬영하고 치료했으며 그들의 아내, 자녀들과 함께 그동안 겪었던 스트레스에 대해 오랫동안 여러 차례 이야기를 나눴다. 내 손주들이 미식축구를 한다고 하면 절대로 찬성하지 않을 것이다. 하지만 현역 선수들을 치료하고 있으니 정보 수집을 핑계로 1년에 몇 경기는 본다(합리화라는 건 안다). 현역 선수들에게는 "뇌에 손상을 주는 일을 하고 싶다면 다른 모든 요인들은 꼭 잘 관리해야 합니다. 항상 뇌 재활에 최선을 다해야 해요"라고 말한다. 톰 브래디Tom Brady는 뇌에 손상을 주는 스포츠를 하겠다고 결심했을 때 무엇을 해야 하는지 아주 잘 보여주는 모범 사례다.

2021년 2월 7일 탬파베이 버커니어스와 캔자스시티 치프스가 맞붙은 슈퍼볼 경기를 본 1억 명에 가까운 사람 중에 나도 있었다. 이 경기는 현재 최고 쿼터백(패트릭 마홈스Patrick Mahomes)과 역대 최고 쿼터백(톰 브래디)의 대결로 불렸다. 43세인 브래디가 25세인 마홈스를 확실히 압도했고 버커니어스는 31대 9로 이겼다. 미식축구계에서 43세는 초고령이지만 나는 브래디의 비밀을 알았다. 브래디는 『TB12

생활법*The TB12 Method*』이라는 책에서 거의 매일 아침 5시 30분경에 일어나 전해질 물 600밀리리터를 마신 뒤 바나나, 블루베리, 견과류, 씨앗들을 넣고 간 스무디를 마신다고 설명했다. 아침 운동(여러 차례 운동 중 첫 번째)을 한 다음에는 근육 회복을 돕기 위해 다시 전해질 물과 단백질 셰이크를 마신다. 아침 식사로는 달걀과 아보카도를 먹고 점심 식사로는 보통 생선과 채소 혹은 견과류 샐러드를 먹는다. 미식축구의 전설인 브래디가 먹는 간식은 과카몰리나 후무스hummus(삶은 병아리콩에 올리브유, 레몬즙, 마늘 등을 섞어서 으깬 음식), 견과류다. 저녁 식사로는 닭고기와 채소를 먹는다. 하루 동안 그는 몸과 뇌가 원활하게 돌아가도록 스물다섯 잔에 달하는 물을 마신다. 경기가 있는 날에는 아몬드버터와 젤리를 바른 샌드위치로 경기 중 격렬한 움직임에 필요한 에너지를 빠르게 공급한다.

보통 사람들이 보기에는 얼핏 제한 식이처럼 보이거나 심지어 슬픈 식단처럼 보일 수도 있다. 제정신이 아니라고 하는 사람들도 있었고, 브래디가 뉴잉글랜드 패트리어츠에 있었을 때 같은 팀 선수 한 명은 자기는 '브래디가 먹는 새 모이를 절대 먹지 않을 것'이라고 말했다(그 선수의 선수 생활은 길지 않았다). 뇌진탕과 그 결과로 행복을 망치는 인지 문제와 심리 문제를 일으키기로 악명 높은 접촉 스포츠를 하는 사람으로서 브래디가 오랫동안 성공과 행복을 누리기 위해 세운 가장 중요한 전략 중 하나가 바로 섭취하는 음식을 통제한 것이다. 그는 순간적인 쾌락이 아니라 지속적인 행복을 가져다주는 장기적 건강과 성공을 위해 자기가 좋아하면서도 자신에게 보답해줄 음식을 먹는다. 그는 뇌와 신체, 기분을 최고로 유지하기 위해 할 수 있는 모든 방법을 실천하고 있다.

이는 그동안 두부 외상, 흡연과 수면 부족 같은 나쁜 습관 등 뇌에 나쁜 행동을 했더라도 바람직한 식생활이 성과와 행복 수준을 높이는 데 도움이 될 수 있음을 잘 보여준다.

브래디는 생선과 채소, 블루베리를 먹으면 행복하다고 한다. 당신은 어떤가? 어떤 음식을 먹을 때 행복한가? 종이를 한 장 꺼내거나 휴대전화 노트 앱을 켜서 목록을 작성해보자. 머릿속에 가장 먼저 떠오르는 스무 가지를 써보자. 환자들에게 이 연습을 시켰을 때 행복한 음식 목록에 오르는 가장 흔한 식품들 중에는 2015년에 해리스 여론조사소Harris Poll에서 실시한 설문 조사에 올랐던 음식들이 꽤 있었다. 이조사에서 여론조사원들은 성인 2천여 명에게 가장 좋아하는 위로 음식을 물었고(위로 음식은 마음이 울적할 때나 스트레스를 받을 때나 우울할때 먹으면 기분이 좋아지는 음식을 말한다), 영예의 1위는 바로 피자였다!

해리스 여론조사소에서 발표한 10대 위로 음식에는 기분이 좋아지는 패스트푸드 열 가지가 올랐다.

1. 피자

2. 초콜릿

3. 아이스크림

4. 마카로니와 치즈

5. 칩

6. 햄버거

7. 스테이크

8. 팝콘

9. 파스타

10. 멕시코 음식

이 위로 음식 중에서 몇 개나 당신의 목록에 올랐는가? 내 환자들과 비슷한 사람이라면 당신의 목록도 이와 비슷할 것이다. 어쩌면 빵, 치즈, 쿠키, 도넛, 사탕이나 와인, 청량음료, 커피처럼 기분이 좋아지는 음료도 들어 있을 것이다. 하지만 이런 행복한 음식에는 커다란 문제점이 하나 있다. 이런 음식을 먹으면 잠깐은 기분이 좋아질지 몰라도 장기적으로 봤을 때 하나같이 기분 장애, 스트레스, 불안, 우울증을 일으킬 가능성이 높다. 내 환자들에게도 알려줬듯이 당신에게도 이런 행복한 음식이 사실은 기쁨을 사라지게 하는 슬픈 음식임을 알린다.

행복으로 가는 비밀 일곱 가지 중 하나가 바로 그 순간만이 아니라 장기적으로 기분이 좋아지게 해줄 진짜 행복한 음식을 즐기는 것이다. 내가 쓴 모든 책에서 뇌가 건강해지는 식습관의 기초를 다뤘지만 이 책에서는 행복에 필요한 재료들, 즉 기분이 좋아지게 하고 에너지 수준을 높이며 불안과 스트레스를 잠재운다는 사실이 과학적으로 증명된 특정한 식품들을 알려주고자 한다. 또한 피해야 할 슬픈 음식들, 기분을 처지게 하고 에너지를 빨아들이며 긴장을 높이는 식품들도 알려줄 것이다.

다음 일반 규칙들은 모든 뇌 유형에 적용되지만 주요 뇌 유형 다섯 가지 각각에 맞는 맞춤형 권장 사항도 자세하게 설명할 것이다. 모든 뇌 유형에게 맞는 식단은 없다. 뇌 건강 검사를 받고 집요한 뇌 유형이라는 결과를 얻은 레이철 레이의 예를 들어보자. 고단백 저탄수화물 식단을 실시한 뒤에 레이는 "남편이 나를 떠나지 않는 게 이상할 정도로 사악해졌어요"라고 말했다. 레이는 자기 뇌 유형에 맞지 않는 식단을 실천하고 있었다. 자기 뇌 유형에 잘 맞는 식단을 알면 더 행복해질 수 있다.

1. 나를 영구적으로 행복하게 할 음식을 선택하자

진짜 행복한 음식은 먹는 순간에 기분이 좋을 뿐 아니라 장기적으로도 기분과 에너지, 신체적 웰빙을 높여주는 음식을 말한다. 행복에 관한 한 이 단순한 식사 전략이 가장 중요하다. 앞에서 언급했던 위로 음식을 생각해보자. 그런 음식을 먹으면 당장은 기분이 좋을지 몰라도 나중에는 충족감을 빼앗긴다. 전반적으로 봤을 때 그런 음식은 뇌의 '지복점bliss point'을 자극하고 도파민과 같은 행복의 신경화학물질 분비를 촉진해 중독을 일으킬 정도로 맛이 좋게끔 과학적으로 설계된 질 낮은 음식이다.

스탠더드 아메리칸 다이어트Standard American Diet(약자도 안성맞춤으로 'SAD'다)는 정신적, 정서적, 신체적 웰빙에 해로운 몸에 나쁜 성분과 인공 화학 물질이 가득한 식품으로 채워져 있다. 스탠더드 아메리칸 다이어트가 우울증, 불안 장애, ADHD, 치매는 물론 당뇨병, 고혈압, 심장 질환, 암에 걸릴 위험을 높인다는 사실을 증명한 연구들이 점점 늘어가고 있다. 30년 넘는 세월 동안 환자 수만 명을 만난 정신과 의사로서 나는 그런 질병에 걸리면 삶의 기쁨을 앗아간다고 장담할 수 있다.

☺ **행복한 음식:** 다음에 열거한 항목이 지금도 나중에도 당신을 행복하게 하는 음식이다.

· 알록달록한 유기농 과일과 채소, 그중에서도 특히 딸기류와 푸른 잎채소
· 지속 가능하게 생산한 생선과 육류
· 견과류와 씨앗류
· 몸에 좋은 지방
· 달걀
· 청정 단백질 분말(무설탕, 식물 위주)
· 다크 초콜릿
· 가공하지 않은 식품
· 유기농 식품
· 혈당 지수가 낮은 식품(혈당을 급격히 높이지 않는 식품)
· 고섬유질 식품

☹ **슬픈 음식:** 나는 이런 음식들을 가리켜 '대량살상무기'라고 부른다. 이런 식품들은 인류의 건강을 파괴하고 있고 미국은 이런 음식 유형을 전 세계로 수출하고 있기 때문이다. 다음과 같은 음식을 먹으면 당장은 행복하지만 나중에는 불쾌하거나 피곤하거나 불안하거나

스트레스를 받게 된다.

- 가공식품
- 살충제를 뿌린 식품
- 혈당지수가 높은 식품(혈당을 급격히 높이는 식품)
- 저섬유질 식품
- 식품 유사 물질
- 인공색소와 감미료를 넣은 식품
- 호르몬이 범벅된 식품
- 항생제에 오염된 식품
- 플라스틱 용기에 보관한 식품

2. 열량이 우울증이 아니라 행복에 기여하게 하자

열량은 중요하다! 당신이 섭취하는 열량이 좋은 기분을 이끌어내는 연료가 될 수도 있고 전망을 어둡게 할 수도 있다. 많이 먹으면 몸도 커지게 마련이고 비만은 우울증, 낮은 자존감, 열등한 신체상은 물론 ADHD, 조울증, 공황장애, 중독 같은 정신의학 문제와 강한 연관성을 나타낸다. 여성의 경우 체질량지수^{BMI} 증가는 심각한 불행의 증상인 자살 충동 증가와 연관이 있다. 2021년에 발표한 뇌 영상 연구에서는 체중이 증가하면 뇌로 가는 혈류가 줄어든다는 결과가 나왔다. 브라이트 마인드를 다룬 9장에서 봤듯이 낮은 혈류는 기쁨을 빼앗는 우울증을 비롯한 여러 문제와 관련이 있다.

열량과 행복의 관계를 뒷받침하는 과학적 증거가 점점 늘어나고 있다. 2016년 「미국 의사회 내과학 학회지*JAMA Internal Medicine*」에 실린 연구에 따르면 열량 제한은 더 행복한 결혼 생활로도 이어질 수 있다고 한다. 이 연구에는 비만이 아닌 성인 218명이 참여했다. 한 집단은 열량 섭취를 25퍼센트 줄이도록 요청받았고 다른 집단은 원하는 만큼 먹었다. 2년에 걸친 실험 기간이 끝나고 나서 참여자들은 기분, 삶의 질, 수면, 성생활에 대한 자기 보고서를 작성했다. 그 결과 열량 섭취를 줄인 집단은 모든 영역에서 향상을 경험했다. 기분이 유의미하게 좋아졌고 수면 시간은 물론 성욕과 관계 만족도 증가했다. 또한 열량 제한 집단은 평균 7킬로그램 이상 감량했다. 먹고 싶은 대로 다 먹은 사람들은 어땠을까? 그들은 이와 같은 이득을 누리지 못했다.

열량 제한이 항우울 효과를 나타낸다는 사실을 밝힌 과학 연구도 있다. 2018년에 과학자들은 기존 연구를 재검토하면서 열량 제한이 우울증 같은 정신 질환뿐 아니라 신경퇴행성 질환을 일으키는 위험 요소를 줄인다는 연구 결과를 지목했다. 또한 열량 섭취 감소는 수명, 기억력, 삶의 질도 높인다. 행복해할 만한 소식이다!

어째서 열량 섭취를 줄이면 뇌가 행복하다고 느끼게 될까? 연구자들은 아직 구체적인 관련 기제를 밝히는 데 몰두하고 있지만 아마도 해답은 다음에서 찾을 수 있을 것으로 보고 있다.

- 뇌로 가는 혈류 증가(브라이트 마인드를 다룬 장에서 봤듯이 뇌 혈류가 증가하면 기분이 좋아진다).

- 기분과 기억을 담당하는 해마에서 줄기 세포 생산(새로운 세포) 증가
- 학습을 증진하는 뇌유래신경영양인자brain-derived neurotrophic factor(BDNF) 증가
- 자가포식(뇌에 쌓인 독성 노폐물을 제거하는 과정) 촉진

☺ **행복한 음식**: 고품질 음식은 열량도 낮다

☹ **슬픈 음식**: 우울증, 불안을 비롯한 정신 건강 문제를 일으킬 위험을 높이는 질 낮은 고열량 음식

3. 더 행복해지도록 수분을 섭취하자

뇌를 구성하는 성분 중 약 80퍼센트는 수분이므로 최적 상태라고 느끼려면 적절한 수분 공급이 필요하다. 경미한 탈수 상태라도 기분을 망칠 수 있으며, 우울감, 불안감, 긴장감, 분노, 적대감을 높이는 것은 물론 기운이 빠지고 통증이 증가하고 집중력을 낮추는 결과를 초래할 수 있다.

2013년에 「영국 영양학 저널British Journal of Nutrition」에 실린 탈수와 기분을 다룬 연구에서 건강한 여성 스무 명이 24시간 동안 액체를 섭취하지 않았다. 이 같은 의도적인 탈수는 피로, 혼란, 각성도 저하는 물론 불안감이 증가하는 경향을 유발했다. 탈수가 뇌 기능에 미치는 영향을 연구한 다른 조사에서도 탈수가 기분을 크게 상하게 한다는 사실을 밝혔다.

탈수는 다음과 같은 다양한 이유로 발생한다.

- 격렬한 운동(트레드밀에서 30분에서 40분 정도만 운동해도 체액이 고갈될 수 있다)
- 극심한 더위
- 액체 섭취 부족
- 카페인이나 알코올 과다 섭취(탈수 작용을 한다)
- 고나트륨 식단
- 이뇨제 복용

수분 상태를 적절히 유지하려면 하루에 물을 여덟 잔에서 열 잔 정도 마셔야 한다. 하지만 물을 마시는 것만이 뇌가 잘 돌아가도록 유지하는 유일한 방법은 아니다. 채소와 과일처럼 수분이 풍부한 음식을 섭취하는 것도 수분 필요량을 채우는 데 도움이 된다.

☺ **행복한 음식**: 물, 플레인 탄산수, 과일 조각으로 맛을 낸 물(스파 워터), 스위트리프Sweet Leaf(미국의 감미료 브랜드)의 스테비아로 맛을 낸 물, 코코넛 워터, 허브차, 녹차, 홍차(카페인이 들었다면 소량), 수분이 풍부한 채소와 과일: 오이, 상추, 셀러리, 무, 주키니, 토마토, 피망, 딸기, 멜론, 라즈베리, 블루베리

☹ **슬픈 음식**: 알코올, 고카페인 음료(커피, 에너지 음료, 청량음료), 고나트륨 식품

4. 고품질 단백질로 기분이 좋아지는 신경화학물질 분비를 늘리자

더 행복해지고 싶다면 식단에 단백질을 넣자. 단백질은 우리 몸에서 물 다음으로 많은 물질이며 건강한 성장과 체세포, 조직, 기관의 기능에 중요한 역할을 한다. 놀랍게도 단백질은 행복 수준에도 크게 영향을 미칠 수 있다. 단백질은 다음과 같은 여러 방법으로 기분에 영향을 미친다.

• 불안 및 우울증과 관련된 혈당 불균형을 피하도록 돕는다.
• 기분이 나빠지게 하는 음식에 대한 갈망을 예방한다.
• 행복의 신경화학물질을 구성하는 요소를 제공한다.

혈당 수치가 치솟았다가 급격히 떨어지면 감정의 롤러코스터를 타게 된다. 매 끼니마다 단백질을 조금씩 섭취해서 혈당을 안정되게 하면 평온한 기분을 유지할 수 있다. 에이멘 클리닉에서는 단백질을 혈당 수치 균형을 잡기 위해 적어도 네 시간에서 다섯 시간마다 매 끼니와 간식 때 조금씩 복용해야 하는 약으로 생각한다.

단백질을 섭취해 혈당 수치 균형을 잡으면 우울증과 관련된 갈망을 막는 데도 도움이 된다. 아이스크림, 도넛, 감자칩 같은 음식을 갈망하는 노예가 되어본 사람이라면 그런 갈망이 긴장과 불안, 짜증을 유발한다는 사실을 안다. 그런 갈망과 이별하면 좀 더 기분 좋은 자신과 만나게 된다.

단백질은 우리 몸에 필요하지만 스스로 만들어낼 수 없는 중요한 아미노산을 함유하고 있다. 필수아미노산이라고 하는 이런 아미노산은 기분과 정서 건강에 중요한 역할을 담당하는 세로토닌과 도파민을 비롯한 신경전달물질의 전구체(생산에 필요한 물질)다. 예를 들어 1장에서 소개했던 존중의 분자인 세로토닌을 생산하려면 트립토판이라는 단백질이 필요하다. 세로토닌은 모든 뇌 유형에게 중요하지만 집요한 뇌 유형에 속한 사람들에게는 특히 이롭다. 식이 단백질에서 발견되는 타이로신이라는 아미노산은 도파민 생산에 꼭 필요하다. 즉흥적인 뇌 유형에 속한 사람들은 대개 도파민 수치가 낮으므로 이런 사람들일수록 식사로 충분한 단백질을 섭취해야 한다.

기분이 좋아지는 신경전달물질 생산을 최적으로 유지하려면 몸과 뇌에 필수 아미노산 스무 가지를 충분히 공급해야 한다. 견과류, 씨앗류, 콩과 식물, 일부 곡물, 채소 같은 식물성 식품에도 단백질이 들어 있지만 이를 적절히 종합하지 않으면 우리 몸에 필요한 필수 아미노산 스무 가지를 모두 공급할 수 없다. 생선, 가금류, 육류 대부분과 같은 동물성 식품만이 필수 아미노산 스무 가지를 모두 포함한다.

질 좋은 단백질을 소량 섭취하는 것은 행복에 꼭 필요하지만 너무 많이 먹으면 불행의 원인이 될 수 있다는 사실을 명심하자. 단백질을 과하게 섭취하면 체내 스트레스와 염증 증가를 유발할 수 있으며 이는 울적한 기분 및 불안과 관련이 있기 때문이다. 질 좋은 단백질이란 무엇일까? 식물성 단백질 중에는 살충제를 쓰지 않고 생산한 단백질, 동물성 단백질 중에는 풀을 먹이고 호르몬과 항생제를 쓰지 않으면서 방목으로 생산한 단백질을 말한다.

스무디에 단백질 분말을 첨가해도 단백질 섭취량을 높일 수 있다. 무설탕이면서 섬유질, 가지사슬 아미노산(필수 아미노산 중 발린, 류신, 이소류신을 묶어서 일컫는 용어), 소화를 돕는 효소가 들어 있는 식물성 단백질 분말을 구입하자. 나는 단백질 스무디로 하루를 시작한다.

내가 하루를 시작하는 행복 스무디

매일 아침 나는 아내가 '행복 스무디'라고 부르는 스무디를 만들면서 하루를 시작한다. 일단 블렌더에 물과 얼음을 넣고 질 좋은 초콜릿 맛 식물성 단백질 분말을 넣는다. 여기에 장 건강에 좋은 프리바이오틱스 분말을 한 숟갈 첨가한다. 장이 건강하면 행복과 밀접한 관계가 있는 반면 장 건강이 나쁘면 우울증과 연관이 있다는 사실을 기억하자. 그다음으로 항산화물질이 풍부한 말린 채소와 과일이 들어 있는 뉴로그린스NeuroGreens를 한 숟갈 뿌린다. 이번 장에서 소개했듯이 채소와 과일은 먹을 때마다 행복 수준이 높아지므로 이는 아주 행복한 아침 일과다.

여기에 면역력과 인지 능력을 높인다고 알려진 버섯 여섯 종류가 들어 있는 스마트 머시룸스Smart Mushrooms도 한 숟갈 넣는다. 바이러스와 싸울 태세를 단단히 갖췄으니 더 행복하고 안전하다고 느낀다. 브라이트 마인드 분말BRIGHT MINDS Powder(분말 형태의 멀티비타민·미네랄·뇌 영양제)를 더한 다음에 유기농 냉동 믹스 베리를 한 컵 넣어 기쁨을 더한다. 마지막으로 혈당 수치에 영향을 미치지 않는 천연 감미료인 초콜릿 맛 스테비아를 몇 방울 떨어뜨린다. 이 아침 식사용 음료는 초콜릿 맛과 딸기류 맛이 어우러져 정말 맛있다. 게다가 기분을 북돋아주는 온갖 재료를 사용한 덕분에 '행복 스무디'라는 이름값을 한다.

온종일 긍정적인 기운을 뿜을 수 있도록 기분 좋게 하루를 시작하고 싶다면 행복 스무디를 적극 추천한다.

☺ **행복한 음식:** 질 좋은 동물성 단백질(생선, 양고기, 칠면조고기, 닭고기, 쇠고기, 돼지고기), 콩을 비롯한 콩과 식물, 생 견과류, 고단백 채소(브로콜리, 시금치), 질 좋은 단백질 분말(식물성, 무설탕)

☹ **슬픈 음식:** 살충제, 호르몬, 항생제를 써서 키운 질 나쁜 단백질. 염증을 유발할 정도로 과도한 단백질.

5. 건강한 지방으로 뇌를 행복하게 하자

뇌는 구성 성분 중 80퍼센트가 물이지만 고형 성분 무게 중 60퍼센트는 지방이다. 수십 년 동안 의료계는 식이 지방이 몸에 해롭다고 주장하면서 건강을 유지하는 주요 전략으로 저지방 식단을 내세웠다. 하지만 의료계는 틀렸다. 뇌 건강과 정서적 웰빙에 관한 한 지방은 적이 아니다. 사실 뇌 기능을 최적화하고 긍정적인 기분을 느끼려면 식이 지방이 꼭 필요하다.

예를 들어 「미국 정신의학 및 신경과학 저널*Journal of Psychiatry and Neuroscience*」에 실린 흥미로운 연구에서 지방 섭취 제한으로 일어날 수 있는 낮은 콜레스테롤 수치가 주요 우울증과 자살 충동 및 행동과 관련이 있다고 나타났다. 실제로 이 연구에서 콜레스테롤 수치가 가장 낮은 사람들은 자살 위험이 112퍼센트 증가했다. 좀 더 긍정적인 측면을 보자면 오메가-3 지방산과 같은 특정 지방은 우울증을 퇴치하고 기분 장애와 관련된 증상을 줄이는 데 도움이 될 수 있다. 오메가-3 지방산에 대한 연구를 읽어보면 이런 지방이 긍정적인 기분과 정서적 균형을 촉진한다는 사실을 알게 될 것이다. 이는 행복으로 이어진다.

　　주의해야 할 점은 모든 식이 지방이 똑같이 만들어지지는 않는다는 사실이다. 나는 항상 환자들에게 우울증 증상과 관련이 있는 트랜스지방(상점에서 판매하는 제과제빵 제품, 전자레인지용 팝콘, 냉동 피자에 사용되기도 하는 지방)을 피하라고 말한다. 기분 문제로 힘들어하는 환자들에게는 오메가-6 지방산(식물성 정제유)도 배제하라고 추천한다. 이 역시 염증 및 우울증과 관련이 있기 때문이다.

　　☺ **행복한 음식:** 아보카도, 견과류(호두는 우울증 감소와 관련이 있다), 씨앗류, 지속 가능한 청정 생선, 기름(아보카도, 코코넛, 아마씨, 마카다미아넛, 올리브, 참깨, 호두)

　　☹ **슬픈 음식:** 식물성 기름(카놀라, 옥수수, 홍화, 대두), 공장식 축산 농장에서 키운 동물 지방과 유제품, 가공육, 트랜스지방(모든 경화유)

6. 오랫동안 기분을 북돋우는 탄수화물을 고르자

　　사람들은 탄수화물이라고 하면 제일 먼저 빵, 칩, 쿠키를 떠올린다. 이런 음식들은 '지금은 기분이 좋지만 나중에는 그렇지 않은' 범주에 속한다. 사실 프레첼, 크래커, 도넛 같은 정제 탄수화물은 우울증과 관련이 있다. 2015년에 「미국 임상영양학 저널*American Journal of Clinical Nutrition*」에 실린 논문의 결론을 살펴보자. 연구자들은 우울증을 비롯한 정신 건강 장애나 약물 남용 이력이 없는 여성 7만 명 정도를 대상으로 데이터를 분석했다. 3년에 걸쳐서 연구한 결과 혈당지수가 높은 식단(정제 곡물 비율이 높은)을 먹은 여성들은 우울증에 걸릴 위험이 증가했다. 이런 식품은 슬픈 탄수화물이다.

지금부터 기분을 북돋우고 좋은 기분을 유지하는 행복한 탄수화물을 소개하고자 한다. 먼저 신선한 채소와 과일이다. 채소를 먼저 썼다는 데 주목하자. 채소는 당분 함량이 낮고 영양가가 높으므로 채소와 과일을 2 대 1의 비율로 섭취할 것을 추천한다. 워릭대학교에서 실시한 연구에서 우리가 섭취하는 채소와 과일의 수는 행복 수준과 선형 상관관계를 나타낸다는 결과가 나왔다. 우리는 채소나 과일을 먹을 때마다(하루에 8회분까지) 더 행복해지고 그 효과는 거의 즉시 나타난다. 항우울제 처방은 그렇게 빨리 효과가 나타나지 않는다! 식료품 가게의 농산물 코너를 '행복한 장소'라고 여기자.

왜 농산물이 우리 기분에 그렇게 이로울까? 연구 결과 채소와 과일은 신경전달물질인 가바, 도파민, 세로토닌 생산을 뒷받침한다. 이런 행복의 신경화학물질을 잘 생산하도록 촉진하는 식품을 먹으면 긍정적인 기분을 느끼는 데 도움이 된다. 알록달록한 채소와 과일은 전반적인 뇌 건강에 이로운 여러 영양소와 비타민, 미네랄을 제공하며, 뇌 건강이 좋아지면 기분 역시 좋아진다.

콩과 식물처럼 섬유질 함유량이 높은 식품과 퀴노아처럼 글루텐이 없는 통곡물도 행복한 탄수화물이다. 이런 탄수화물은 혈당 수치와 전반적인 신체적 웰빙에 긍정적인 영향을 미친다. 정신 건강 역시 뒷받침한다. 토론토대학교에서 내놓은 흥미로운 연구에서는 섬유질 최소 두세 가지를 식단으로 섭취하는 노인들에게서 외상 후 스트레스 장애를 일으킬 위험이 유의미하게 감소하는 결과를 얻었다.

☺ **행복한 음식:** 혈당 지수가 낮고 섬유질 함유량이 높아 건강한 신경전달물질 수치를 촉진하는 알록달록한 채소, 과일, 콩과 식물

☹ **슬픈 음식:** 혈당 지수가 높고 섬유질 함유량이 낮아 기분 장애, 불안, 짜증, 스트레스 위험을 높이는 빵, 파스타, 감자, 쌀, 설탕

7. 향신료 찬장에서 행복을 찾자

더 행복해지고 싶은가? 요리할 때 향긋하고 풍미가 넘치는 허브와 향신료를 활용하자. 향신료 찬장에 있을 법한 품목 중에 천연 항우울제 특성을 지닌 제품들이 있다. 내가 개인적으로 사랑하고, 내 사랑에 보답해주는 기분 전환용 향신료들을 소개한다!

- **사프란:** 향기롭고 맛있는 사프란은 세계에서 가장 값비싼 향신료다. 여러 연구에 따르면 사프란 추출물은 주요 우울증 치료에 항우울제와 맞먹는 효과를 나타낸다.
- **강황:** 카레에 들어 있는 강황은 행복 신경화학물질 중 하나인 세로토닌 분비를 촉진한다. 강황은 알츠하이머병과 관련된 뇌 속 덩어리를 줄이는 화합물도 함유하고 있어서 내 마음속에 특별한 향신료로 자리 잡고 있다.
- **시나몬:** 가을에 가장 어울리는 시나몬은 항산화 성분이 풍부하고 주의

력과 혈당 조절 개선을 도와 기분을 북돋는 데 도움이 된다. 또한 천연 최음제 기능이 있어서 성생활을 향상하며 이는 확실히 더 행복해지는 데 도움이 될 수 있다.

- **로즈메리:** 향기로운 허브인 로즈메리 추출물은 항우울제 효과가 있어서 탈진과 정신적 피로에 도움을 줄 수 있다.

시나몬 라테를 마셔보자

나는 아내에게 세상에서 가장 맛있는 시나몬 라테를 즐겨 만들어주곤 한다. 아내가 만든 요리법이지만 아내 말로는 내가 더 잘 만든다고 한다. 먼저 탈수를 일으키지 않으면서 행복감도 높일 수 있도록 일반 커피와 디카페인 커피를 반반 섞어서 내린다. 그다음에 유기농 무가당 바닐라향 아몬드 밀크를 데운다. 여기에 스테비아(때에 따라 바닐라나 초콜릿, 헤이즐넛향을 넣는다)를 조금 넣고 에리스리톨(천연감미료)과 기분 전환에 도움이 되는 시나몬을 조금씩 뿌린다. 재료를 전부 블렌더에 넣고 돌리면 커피 전문점에서 파는 카푸치노처럼 풍부한 거품이 생긴다. 정말 향이 좋고 맛도 훌륭하다. 잠을 깨기에 안성맞춤이다. 내가 만든 시나몬 라테의 열량은 30킬로칼로리 정도이지만 주요 커피숍에서 판매하는 카페 라테는 600킬로칼로리 이상이다. 열량이 훨씬 낮으면서 똑같이 맛있는 음료를 마실 수 있는데 쓸데없이 고열량을 섭취할 필요가 있을까?

☺ **행복한 음식:** 여러 허브와 향신료
☹ **슬픈 음식:** 우리 뇌를 장악해서 기쁨을 빼앗는 인공 색소와 인공 조미료

8. 성욕을 촉진하는 음식을 먹자

섹스를 하면 더 행복해진다. 사랑하는 사람과 나누는 성적 친밀감은 살면서 느끼는 가장 큰 즐거움 중 하나다. 섹스의 이점으로는 뇌 건강, 면역 체계, 전반적인 신체 건강 향상을 꼽을 수 있다. 정서적 측면에서 볼 때 서로에게 헌신하는 관계에서 섹스는 신뢰와 애정을 키우는 역할을 한다. 또한 감정적 갈등을 다루는 능력을 길러준다. 더 행복한 관계를 가지면 전반적으로 더 행복해진다.

만족스러운 성생활을 뒷받침하기 위해 식단에 최음제를 더해보자. 성생활과 행복을 증진할 수 있는 관능적인 식품 여섯 가지를 소개한다.

- **과일**(특히 석류, 딸기류, 수박, 사과, 감귤류, 체리, 짙은 색 포도): 건강한 성 기능에 필요한 혈류를 촉진한다.
- **굴**: 건강한 테스토스테론 수치를 유지하는 데 필요한 아연이 풍부하다.
- **채소**(시금치, 물냉이, 갓, 루콜라, 케일, 비트잎, 근대, 상추, 비트, 순무, 당근 등): 혈액순환에 필요한 질산염이 풍부하다.
- **다크 초콜릿**(코코아 함량 70퍼센트 이상): 기분이 좋아지는 호르몬인 세로토닌과 도파민 수치 증가와 관련된 화합물인 펜에틸아민phenethylamine과 타이로신을 함유해 기분을 북돋우는 효과를 발휘한다. 욕구를 최대로 유지하려면 조금만 먹도록 하자.
- **연어를 비롯한 오메가-3 함유량이 높은 기름진 생선**: 혈류를 촉진하고 테스토스테론 수치를 최적으로 유지하는 데 꼭 필요한 비타민 D의

좋은 공급원이다.

- **향신료**: 혈류를 촉진하는 생강, 인삼, 마늘처럼 성기능을 개선시킨다.

9. 몸이 행복하도록 청정한 음식을 먹자

신체 기관이 살충제, 식품 첨가제, 방부제, 인공 색소와 감미료에 공격을 받으면 최적 수준으로 기능할 수 없다. 식품에 들어 있는 이런 유해 물질들은 기분을 망쳐서 우울감, 불안감, 피로감을 유발할 수 있다. 이를 피할 수 있도록 식품 라벨을 읽기 시작하자. 외국어를 배우는 듯한 느낌이 들 수도 있고 식품 산업 경영진들이 의도적으로 더 어려운 말을 쓰는 경향도 있지만 그만한 노력을 들일 가치가 있는 일이다! 라벨에 적힌 원료명이 발음하기 어렵다면 행복한 음식이 아닐 가능성이 높다. 가능하다면 유기농 식품을 먹는 것이 좋다.

청정한 식생활이란 제조업체와 농업계가 우리가 먹는 음식에 쏟아붓는 살충제와 화학물질을 의식하는 데서 끝나지 않는다. 생선 같은 식품에 우리 몸과 뇌를 공격하는 독소가 들어 있을 가능성도 염두에 둬야 한다. 예를 들어 특정한 어종은 수은 함유량이 높고, 중금속에 노출되면 우울증, 불안을 비롯한 여러 질환에 걸릴 가능성이 증가한다. 일반적으로 큰 생선일수록 수은 함량이 높으므로 소형 어종을 고르도록 하자.

☺ **행복한 음식**: 유기농으로 키운 청정한 자연식품

☹️ **슬픈 음식:** 살충제, 호르몬, 항생제를 써서 키웠거나 인공 감미료, 색소, 방부제를 함유한 식품

10. 한 달간의 제외 식이요법으로 행복을 방해하는 요소를 타파하자

식품 민감성^{food sensitivity}이 사람을 우울하게 할 수 있다는 사실에 대한 인식이 점점 높아지고 있다. 내가 만나는 환자들 중에서 우울증, 불안, 조울증, 피로, 브레인 포그, 느려진 생각 속도, 짜증, 동요, 공격성, ADHD, 치매를 비롯해 사람들을 불행하게 하는 수많은 문제들의 원인이 되는 경미한 음식 알레르기를 발견하지 못한 경우가 많았다. 이런 숨은 알레르기를 발견하기가 그토록 어려운 이유는 반응이 즉각적으로 나타나지 않는다는 데 있다. 증상이 나타나기까지 며칠이 걸리는 경우가 많다. 그때쯤이면 사흘 전에 먹은 언뜻 보기에 '건강한' 샐러드에 들어 있던 옥수수와 곤두박질치고 있는 현재 기분을 연결 짓기가 어렵다.

일반적인 치료에 잘 반응하지 않는 사람들에게 내가 사용하는 가장 효과적인 전략 중 하나가 바로 제외 식이요법이다. 제외 식이요법이란 설탕, 인공 감미료, 글루텐, 대두, 옥수수, 유제품, 식품 첨가물과 색소 같은 일반적인 알레르기 유발 식품을 한 달 동안 먹지 않는 방법이다.

이런 식품들은 각각 다음과 같이 삶에 대한 열정을 빼앗을 수 있다.

- **설탕:** 교활한 식품 제조업자들은 달콤한 음식이 행복을 전달한다고 설득하려 하지만 사실 설탕은 기분을 망친다. 천연 벌꿀이나 메이플 시럽을 포함한 모든 형태의 당은 혈당 수치가 치솟았다가 급격히 떨어지게 한다. 이는 기분에 부정적인 영향을 미치고 불안, 짜증, 스트레스를 증가시킨다. 게다가 피로감이 들게 하고 갈망을 유발한다. 설탕 비율이 너무 높은 식단은 염증을 촉진하며, 이는 우울증을 비롯해 불행을 부르는 여러 문제와 관련이 있다.

- **인공 감미료:** 인공 감미료가 설탕의 단점은 없으면서 빠르게 행복감을 높여준다고 생각하는가? 절대 아니다! 아스파탐(상품명 뉴트라스위트Nu-traSweet, 이퀄Equal)은 우울증, 불안, 짜증 나는 기분, 불면증을 비롯한 수많은 신경생리학적 문제와 관련이 있다. 아스파탐, 사카린(상품명 스위트앤로Sweet'N Low), 수크랄로스(상품명 스플렌다Splenda) 같은 인공 감미료는 인슐린 수치를 높일 수 있으며, 이는 알츠하이머병 및 다양한 신체 질병과 우울증에 걸린 위험 증가와 관련이 있다.

- **글루텐:** 내가 환자들에게 처음으로 글루텐 민감성과 어떻게 글루텐이 기분과 전반적인 행복감에 부정적인 영향을 미칠 수 있는지 이야기하기 시작했을 무렵에는 그 단어를 들어본 적이 없는 환자들이 대부분이었다. 요즘에는 '글루텐 비함유'라는 단어가 어디에서나 볼 수 있는 마케팅 유행어가 됐다. 그런 상황에서도 여전히 글루텐은 빵, 시리얼, 그래놀라, 토르티야, 파스타에서 찾아볼 수 있으며, 바비큐 소스, 간장, 샐러드드레싱, 수프, 가공육, 채식 버거에도 들어간다. 이는 글루텐을 먹었을 때 소장에서 문제가 발생하는 자가면역질환인 셀리악병celiac disease을 앓고 있는 미국 인구 1퍼센트는 물론 글루텐 민감성을 나타내는 미국인 6퍼센

트에게도 나쁜 소식이다.

글루텐 감수성과 셀리악병이 행복과 어떤 상관이 있을까? 연구에 따르면 이는 우울증, 불안 장애, 기분 장애, ADHD를 비롯해 기쁨을 앗아가는 여러 문제와 연관성을 나타낸다. 다행히도 글루텐 섭취를 제한하면 우울증과 ADHD 등의 증상이 줄어든다. 2018년에 참여자 1,139명을 대상으로 글루텐과 기분 증상을 다룬 연구 열세 개를 검토한 결과 글루텐 제외 식이요법은 우울 증상을 유의미하게 개선하는 것으로 나타났다. 연구자들은 식단에서 글루텐을 제외하는 방법이 기분 장애를 치료하는 효과적인 전략이 될 수 있다고 제안했다.

- **대두 단백질:** 식료품 가게에 가면 우유 대용품, 두부, 템페tempeh(청국장과 비슷한 인도네시아의 콩 발효 식품), 풋콩 등 대두 단백질이 들어 있는 제품들이 진열대에 늘어서 있다. 대두에서 유래하는 대두 단백질은 그 밖에도 통조림 수프, 참치 통조림, 제과제빵 제품, 시리얼, 가공육, 단백질 바, 에너지 스택, 소스, 심지어 이유식 같은 수많은 식품에도 들어 있다. 이런 현실은 문제를 일으킬 수 있다. 대두 단백질은 잔이 반쯤 찼다고 생각하는 긍정적인 인생관을 잔이 반쯤 비었다고 생각하는 부정적인 인생관으로 바꿀 수 있는 성분을 함유하고 있기 때문이다. 대두 단백질에 포함된 행복을 앗아가는 성분으로는 염증을 유발하는 오메가-6 지방산과 독성을 나타낼 수 있는 탄수화물 결합 단백질인 렉틴lectin을 들 수 있다. 앞에서 살펴봤듯이 염증은 우울증과 관련이 있다.

- **옥수수:** 뉴스 속보! 옥수수는 채소가 아니라 곡물이다. 오메가-6 비율이 높고 오메가-3 비율이 아주 낮은 옥수수의 지방산 특성은 모든 곡물 중에서 최악의 순위를 차지한다. 이런 이유로 옥수수는 염증과 나쁜 기분

을 유발할 수 있는 슬픈 음식이다.

• **유제품:** 유제품 섭취와 기분 문제 사이에 연관성이 있는지 여부는 아직 과학계에서 결론을 내리지 못한 문제다. 하지만 나는 진료를 하면서 유제품을 먹었을 때 우울증과 불안 증상이 악화되고 이를 먹지 않으면 기분이 나아지는 환자들을 많이 봤다. 게다가 젖소들은 대부분 호르몬과 항생제를 먹여서 키운다.

• **식품 첨가물과 색소:** 인공색소, 방부제, 조미료를 비롯한 첨가물들은 기분 장애를 비롯한 여러 문제와 연관을 나타낸다. 이런 원료들은 너무나 많은 흔한 식품에 숨어 있어서 이런 유해 물질이 행복을 앗아가고 있다고는 생각지도 못했을 것이다. 미국 식품업계에서 허용된 식품 첨가물은 1만 가지가 넘는다. 2010년 공익과학센터가 내놓은 기사에 따르면 미국의 인공 식용 색소 소비는 다섯 배로 증가했다고 한다. 더 행복해지고 싶다면 이런 첨가물을 일시적으로 제외해볼 만한 가치가 있다. 글루탐산나트륨monosodium glutamate, MSG를 다룬 여러 연구에서 MSG는 우울 및 불안 증상을 비롯한 여러 심리적 문제를 유발할 수 있다는 결과가 나왔다. 적색 색소 40Red Dye 40에 대한 증거는 한층 더 심상치 않다.

에이멘 클리닉을 찾아온 15세 소년 로버트를 살펴보자. 로버트의 부모는 그가 대립을 일삼고 호전적인 행동을 반복해서 나타낸다면서 로버트를 데려왔다. 그는 뚜렷한 이유 없이 자주 심하게 짜증을 내거나 화를 냈다. 행복한 청소년이 아니었다. 좀 더 자세히 조사해보자 로버트가 빨간색 음식이나 음료를 섭취한 뒤에 이런 공격적인 성향이 나타나고 있었다. 우리는 그의 정서적 불안정성과 불량한 행동이 분노 폭발을 비롯한 여러 문제와 관련된 아주 흔한 식용 색소인 적색 색소 40과 관련이 있을

지도 모른다고 의심했다. 적색 색소 40을 섭취한 후 촬영한 로버트의 뇌 SPECT 스캔에서는 전반적으로 과도한 활성이 나타났다. 식단에서 적색 색소 40을 제거하자 로버트의 행동과 기분이 눈에 띄게 개선됐다.

로버트의 활성 SPECT 스캔

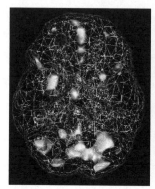 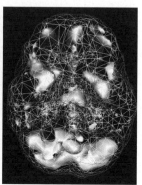

적색 색소 미 섭취 시   적색 색소 40 섭취 시 뚜렷한 활성

한 달 동안 이런 음식들을 먹지 않았을 때 기분이 어떤지에 주목하자. 좀 더 기분이 좋은가? 더 차분해졌나? 긴장이 줄어들었는가? 정서적으로 안정됐다고 느끼는가? 좀 더 기운이 넘치는가? 더 정신이 또렷해졌는가? 만약 그렇다면 이런 음식 중에 문제를 일으키는 원인이 하나 이상 있었을 가능성이 높다.

어떤 음식이 범인인지 찾기 위해 사나흘마다 한 번에 한 가지씩 다시 섭취해보자. 해당 음식을 사흘 동안 하루에 적어도 두세 차례 먹으면서 신체 반응이나 심리 반응이 일어나는지 잘 살펴보자. 신체 반응으로는 두통, 통증과 고통, 충혈, 피부 변화, 소화나 장 기능 변화를 들

수 있다. 심리 반응으로는 다음과 같은 증상이 있다.

- 우울
- 불안
- 분노
- 자살 생각
- 브레인 포그
- 건망증
- 피로

섭취 후 즉시 문제를 발견했다면 당장 음식 섭취를 멈추도록 하자. 이후 며칠 동안에 나타나는 반응을 알아차렸다면 90일 동안 그 음식을 식단에서 제외해 면역 체계가 진정하고 소화기관이 치유되도록 하자. 평생 그 음식을 먹지 않겠다고 생각하게 될 수도 있다.

환자들에게 제외 식이요법을 시켜보면 깜짝 놀랄 정도로 달라지곤 한다. 이런 음식들 중에서 인공 감미료, 첨가물, 색소를 제외한 나머지는 민감하지 않다면 평생 먹지 않을 필요는 없다.

☺ **행복한 음식:** 어떠한 알레르기 반응도 일으키지 않은 음식
☹ **슬픈 음식:** 당장이든 시간이 흐른 후든 기분이 나빠지는 음식

11. 간헐적 단식으로 쾌락 적응을 막자

1장에서 '쾌락 적응'이라는 개념을 소개했다. 쾌락 적응이란 어떤 것이 뇌의 쾌락 중추를 자극한 이후로 내성이 생겨 같은 느낌을 얻으려면 그 어떤 것이 점점 더 많이 필요하게 되는 현상이다. 음식도 그 '어떤 것'이 될 수 있다. 예를 들어 저녁 식사 후에 아이스크림을 한 숟갈 먹고 나면 나중에는 두 숟갈을 먹어야 같은 만족감을 느낄 수 있는 상태가 되고 그다음에는 초콜릿 시럽을 뿌려야 쾌락 중추가 똑같은 지복점을 느낀다. 그다음에는 브라우니를 잘게 부숴 흩뿌리기 시작한다. 그런 식으로 계속 또 더하고, 또 더하고, 또 더한다. 특히 도파민 수치가 낮은 즉흥적인 뇌 유형이라면 끝없이 더 많이 원하게 된다.

저녁 식사를 하고 나서 다음 식사를 하기까지 최소 열두 시간 동안 음식을 먹지 않는 간헐적 단식은 쾌락 적응을 차단할 수 있다. 단식 기간이 음식으로 쾌락을 느끼는 역치를 낮출 수 있다. 뇌의 쾌락 중추가 더 많이, 더 많이, 더 많이 요구하는 대신에 낮은 설정 값에 맞춰 다시 조율된다. 그 결과 아이스크림을 몇 입만 먹어도 행복하다고 느낄 수 있다. 열두 시간에서 열여섯 시간 동안 아예 음식을 먹지 않으면 예전에는 딱히 입맛에 맞지 않는다고 느꼈던 음식에도 지극히 감사한 기분을 느끼게 되곤 한다.

간헐적 단식은 쾌락 적응을 되돌릴 뿐만 아니라 기분도 북돋울 수 있다. 2013년 「영양건강노화 저널Journal of Nutrition, Health and Aging」에 실린 한 연구에 따르면 단식과 열량 제한은 분노, 긴장감, 혼란을 비롯한 기분 장애를 현저히 줄이는 동시에 활력을 높인다.

12. 음식과 나의 관계에 대해 행복한 마음가짐을 갖자

다음은 마음가짐과 음식에 관련해 받은 감사 인사 중에서 내가 가장 좋아하는 글이다. 유감스러울 정도로 정확하고 재미있다.

이번 주말에 처음으로 코스트코에 갔습니다. 여기저기 구석구석에 죽음이 있었습니다. 죽음의 견본들이 죽음을 뒤집어쓰고 있더군요. 머릿속에 계속해서 에이멘 박사님의 목소리가 들렸어요. 그래서 모든 것을 다 지나쳤죠. 유기농 제품을 사서 빠져나왔어요. 엄청난 일이었죠. 점심때가 다가오고 있었고 다들 정말 냄새가 좋았거든요! 좋은 선택을 할 수 있는 방법을 알려주셔서 감사합니다.

음식은 관계다. 당신은 나쁜 관계를 맺어본 적이 있는가? 나는 몇 번 있었고 고통스러웠다. 음식과 나쁜 관계를 맺는 사람들이 너무 많다. 열량이 높고 비만을 유발하며 당뇨를 촉진하고 염증을 일으키는 음식을 좋아한다. 똑똑해지자. 당신에게 보답하는 음식만을 사랑하는 새로운 일상을 시작해보자.

당신이 100만 달러짜리 경주마를 샀다면 정크 푸드를 먹이겠는가? 어리석은 사람이나 할 법한 일이다. 영양가 높은 질 좋은 사료를 먹여 투자 가치를 유지하고 싶을 것이다. 당신 자신은 그보다 훨씬 더 가치 있지 않은가?

우리는 모두 습관에 좌우된다. 자신에게 해가 되는 습관 대신에 도움이 되는 습관이 몸에 배도록 노력하자. 예를 들어 서른 가지가 아니라 한 가지 결정을 내리는 법을 배우자. 멕시칸 음식점에 갈 때마다 종업원은 칩이 담긴 바구니를 내온다. 배가 고프고 칩이 식탁 위에 놓여 있으면 머릿속에서 논쟁이 벌어진다. 고삐 풀린 마음은 "그냥 딱 하나만 먹어. 그렇게 나쁘지는 않아"라고 말하며 당신을 놀린다. 반면에 앞이마겉질은 제동을 걸면서 "먹지 마. 하나를 먹으면 바구니를 비울 때까지 먹을 거야"라고 말한다. 보통 누가 이기는가? 이런 갈등을 피하기 위해 그냥 종업원에게 "칩은 됐어요"라고 말하자. 그렇게 하면 좀 더 쉽게 유혹을 물리칠 수 있다.

이 개념을 실천한 환자의 사례를 소개한다.

저는 서른 번이 아니라 딱 한 번만 거절했어요. 우리 부부는 바비큐 파티에 친구들을 초대했어요. 곧장 아내는 핫도그, 햄버거, 번, 칩을 사자고 하더군요. 저는 좋은 재료로 바비큐를 하자고 주장했어요. 아내는 반대하더군요. 그래서 그러면 바비큐 파티는 취소하자고 했어요. 서른 번 거절하기보다는 한 번 거절하는 편이 쉬우니까요.

그렇게 수많은 논의를 한 끝에 우리는 바비큐 파티를 열었고 올바른 음식을 내놓았어요. 정크 푸드를 준비하지 않았다고 불평하는 친구는 아무도 없었죠.

음식과 더 행복한 관계를 맺기 시작할 수 있는 훌륭한 방법이 있다. 이번 장 초반에 작성하라고 했던 위로 음식 목록을 다시 꺼내보자. 좀 전에 당신에게 알려준 규칙을 염두에 두면서 당신의 사랑에 보답하지 않는 음식은 지워버리자. 지운 음식 대신에 행복을 키우는 뇌 건강에 좋은 음식들을 적자. 목록에 적은 음식 스무 가지를 집중적으로 섭취하면 앞으로 오랫동안 좀 더 긍정적이고 밝은 기분을 느끼게 될 것이다.

뇌 건강에 좋은 세계 최고 핫 초콜릿을 마셔보자

나는 핫 초콜릿을 좋아하지만 흔히 볼 수 있는 핫 초콜릿은 내 사랑에 보답하지 않는다. 평범한 핫 초콜릿은 설탕, 나쁜 지방, 질 낮은 초콜릿으로 만든다. 윽! 나는 가게에서 판매하는 핫 초콜릿만큼 맛있거나 심지어 더 맛있는 뇌 건강에 좋은 간단한 조리법을 개발하기로 마음먹었다. 마시면 기분까지 좋아진다.

만드는 법은 다음과 같다. 먼저 설탕이 첨가되지 않은 유기농 생 코코아 분말을 넣는다. 진짜 코코아는 기분을 좋게 하는 기능이 있는 슈퍼 푸드이자 강력한 항산화제다. 코코아 1티스푼에 데운 유기농 무설탕 바닐라 맛 아몬드 밀크를 470밀리리터 넣는다. 그다음에 초콜릿 맛 스테비아를 몇 방울 떨어뜨리고 잘 젓는다. 핵심은 설탕이 딱 1그램 들어 있는 아몬드 밀크 생크림을 사용하는 것이다. 이 핫 초콜릿은 진짜 맛있어서 잠자리에 들기 전에 마시면 기분이 정말 좋아진다. 하루를 마무리하는 얼마나 행복한 방법인가!

13. 뇌 유형에 맞는 음식을 먹자

앞에서 언급했듯이 당신이 더 행복해지는 식단에서 마지막이자 가장 인생을 크게 바꿀 개념은 뇌 유형에 맞는 음식을 먹는 것이다. 일반적인 규칙을 자신의 뇌 유형에 적절하게 맞추면 그 어느 때보다도 더 기분이 좋아질 것이다. 다음 표를 보면서 당신의 뇌를 최적화해서 더 행복하게 해줄 음식을 찾도록 하자. 복합 유형이라면 그중에서 가장 우세한 뇌 유형에 맞춰서 먹도록 하자.

유형 1: 균형 잡힌 뇌

식단 유형

균형 잡힌 식사를 하자.

행복한 음식	슬픈 음식
과일과 채소: 행복 수준을 높이도록 하루에 8회분까지 섭취하자. 토마토, 비트, 푸른잎채소는 기분을 좋게 한다. **질 좋은 단백질:** 생선, 해산물, 칠면조, 닭고기, 쇠고기, 양고기, 돼지고기 **플라보노이드가 풍부한 식품:** 블루베리, 딸기, 라즈베리, 코코아 **오메가-3가 풍부한 식품:** 아마씨, 호두, 연어, 정어리, 쇠고기, 새우, 호두 오일, 치아시드, 아보카도, 아보카도 오일 **프로바이오틱스가 풍부한 식품:** 소금에 절인 채소, 김치, 사워크라우트, 케피르(무설탕), 된장국, 피클, 스피룰리나spirulina(남조류에 속하는 나선형 미생물), 클로렐라, 콤부차(저당)	설탕 인공감미료 혈당 지수가 높은 탄수화물 알레르기 반응을 유발하는 식품 알코올 과도한 카페인

유형 2: 즉흥적인 뇌

식단 유형

케톤 생성 식단이나 구석기 식단paleo diet(구석기 시대 인류가 먹었던 식품으로 구성된 식단)과 같은 고단백 저탄수화물 식사를 하자.

행복한 음식	슬픈 음식
집중력과 동기부여를 돕는 도파민이 풍부한 식품: 강황, 녹차, 렌틸콩, 생선, 양고기, 닭고기, 칠면조, 쇠고기, 달걀, 견과류와 씨앗류, 고단백 채소(브로콜리, 시금치 등), 단백질 분말 **플라보노이드가 풍부한 식품:** 블루베리, 딸기, 라즈베리, 코코아 **오메가-3가 풍부한 식품:** 아마씨, 호두, 연어, 정어리, 쇠고기, 새우, 호두 오일, 치아시드, 아보카도, 아보카도 오일 **프로바이오틱스가 풍부한 식품:** 소금에 절인 채소, 김치, 사워크라우트, 케피르(무설탕), 된장국, 피클, 스피룰리나, 클로렐라, 콤부차(저당) **타이로신이 풍부한 식품:** 아몬드, 바나나, 아보카도, 달걀, 콩, 생선, 닭고기, 다크 초콜릿 **비트** **푸른 잎채소**	설탕 인공감미료 혈당 지수가 높은 탄수화물

식단 유형

복합탄수화물 비율이 높고 단백질 비율이 낮은 식사를 하자.

행복한 음식

과일과 채소: 행복 수준을 높이도록 하루에 8회분까지 섭취하자. 토마토는 기분을 좋게 한다. 마카(페루 원산의 뿌리채소)

세로토닌이 풍부한 식품: 트립토판을 함유한 식품(달걀, 칠면조, 해산물, 병아리콩, 견과류, 씨앗류)과 고구마, 퀴노아처럼 몸에 좋은 탄수화물을 함께 섭취해 인슐린이 뇌로 가도록 돕자.

오메가-3가 풍부한 식품: 아마씨, 호두, 연어, 정어리, 쇠고기, 새우, 호두 오일, 치아시드, 아보카도, 아보카도 오일

프로바이오틱스가 풍부한 식품: 소금에 절인 채소, 김치, 사워크라우트, 케피르, 된장국, 피클, 스피룰리나, 클로렐라, 콤부차

프리바이오틱스가 풍부한 식품: 민들레잎, 차전자, 아티초크, 아스파라거스, 콩, 양배추, 생마늘, 양파, 부추, 뿌리채소(당근, 히카마, 비트, 순무 등)

슬픈 음식

과도한 단백질
혈당 지수가 높은 탄수화물
알코올

식단 유형

균형 잡힌 식사를 하자.

행복한 음식

엔도르핀 분비를 자극하는 식품: 매운 음식(할라페뇨, 하바네로, 칠리 같은 고추)과 다크 초콜릿

과일과 채소: 행복 수준을 높이도록 하루에 8회분까지 섭취하자. 토마토는 기분을 좋게 한다. 마카(페루 원산의 뿌리채소)

세로토닌이 풍부한 식품: 트립토판을 함유한 식품(달걀, 칠면조, 해산물, 병아리콩, 견과류, 씨앗류)과 고구마, 퀴노아처럼 몸에 좋은 탄수화물을 함께 섭취해 인슐린이 뇌로 가도록 돕자.

오메가-3가 풍부한 식품: 아마씨, 호두, 연어, 정어리, 쇠고기, 새우, 호두 오일, 치아시드, 아보카도, 아보카도 오일

프로바이오틱스가 풍부한 식품: 소금에 절인 채소, 김치, 사워크라우트, 케피르, 된장국, 피클, 스피룰리나, 클로렐라, 콤부차

프리바이오틱스가 풍부한 식품: 민들레잎, 차전자, 아티초크, 아스파라거스, 콩, 양배추, 생마늘, 양파, 부추, 뿌리채소(당근, 히카마, 비트, 순무 등)

슬픈 음식

빵, 쌀, 파스타, 감자 같은 단순 탄수화물
염증과 우울증 및 부정성 위험을 높인다.

유형 5: 신중한 뇌

식단 유형

균형 잡힌 식사를 하자.

행복한 음식	슬픈 음식
가바가 풍부한 식품: 녹차, 홍차, 우롱차, 렌틸콩, 딸기류, 목초로 사육한 쇠고기, 자연산 생선, 해초, 노니 열매, 감자, 토마토 **비타민 B6가 풍부한 식품:** 시금치, 마늘, 브로콜리, 방울양배추, 바나나 **마그네슘이 풍부한 식품:** 호박씨, 해바라기씨, 아몬드, 시금치, 근대, 참깨, 비트잎, 애호박, 퀴노아, 검은콩, 캐슈 **오메가-3가 풍부한 식품:** 아마씨, 호두, 연어, 정어리, 쇠고기, 새우, 호두 오일, 치아시드, 아보카도, 아보카도 오일 **프로바이오틱스가 풍부한 식품:** 소금에 절인 채소, 김치, 사워크라우트, 케피르, 된장국, 피클, 스피룰리나, 클로렐라, 콤부차 **엘테아닌:** 녹차	알코올 카페인 설탕

총 정리

아홉 살인 주드는 중증 불안과 우울증, 운동틱과 음성틱 증세로 나를 찾아왔다. 처음 봤을 때 주드는 가만히 앉아 있지 못하고 금세 울고 징징거렸으며 셀 수 없이 고개를 흔들었다. 괴상하게 얼굴을 찡그리고 닭 울음소리를 내는가 하면 부적절한 때에 휘파람을 불었다. 나는 그의 괴로움을 알 수 있었고 투렛 증후군이라고 진단했다. 주드는 친구가 한 명도 없었고, 다른 아이들은 매일같이 그를 놀렸다. 나는 가장 먼저 제외 식이요법을 추천했다. 주드의 부모는 내가 약을 처방할 것이라고 생각했고, 나 역시 그럴 생각이 있었지만 먼저 한 달 동안 제외 식이요법을 하도록 설득했다. 이와 더불어 불안과 틱 증상을 가라앉히는 데 도움이 되는 저용량 가바와 마그네슘을 처방했다. 한 달 뒤에 병원을 찾았을 때 주드의 틱 증상은 90퍼센트나 감소했다. 모두가 기뻐했지만 주드는 예외였다. 그는 부모님이 주는 음식이 단 하나도 마음에 들지 않는다고 말했다.

나는 "아무것도 마음에 안 든다고? 단 하나도?"라고 물었다.

주드는 투렛 증후군을 앓고 있는 아이에게 흔히 나타나는 삐딱한 태도로 "단 하나도요"라고 대답했다.

"그렇다면 지금부터 다음에 병원에 올 때까지 넌 네 사랑에 보답해줄 음식 스무 가지를 찾아봐. 네가 할 수 있을지는 모르겠지만."

나는 주드의 삐딱한 행동을 내게 유리하게 이용하려고 일부러 마지막 문장을 덧붙였다. 그리고 주드의 어머니와 함께 몸에 좋은 식재료를 파는 식료품 가게에 주드를 데려가서 통로를 오가며 그의 사랑에 보답해줄 음식 스무 가지를 찾을 계획을 세웠다.

몇 주일 뒤에 주드를 만났을 때 그는 활짝 웃으며 자기 사랑에 보답해주는 음식 마흔세 가지를 적은 목록을 보여줬다. 지금 주드는 행복하고 학교에서도 잘 지내며 친구도 사귀었고 틱 증상도 완전히 사라졌다. 게다가 음식 목록은 거의 200가지로 늘어났다.

나쁜 음식은 우리 정신을 훔치지만 올바른 음식은 우리를 무척이나 행복하게 한다. 선택은 당신의 몫이다. 올바른 음식들을 소개한다.

음료

무가당 아몬드 밀크(향을 첨가한 스테비아를 넣으면 맛이 좋아진다)
물
비트 주스(혈류 증가)
스파 워터(딸기류나 민트, 레몬, 오렌지, 복숭아, 멜론 조각을 띄운 탄산수)
채소 주스나 녹즙(과일 주스 무첨가)
체리 주스(수면 촉진)
코코넛 워터
탄산수
허브차
힌트Hint(미국의 무설탕 음료)처럼 향을 살짝 넣은 물

견과류, 씨앗류, 견과와 씨앗 버터, 으깬 곡물

브라질너트
삼씨
생 아몬드
생 카카오
아마씨
으깬 아마씨
참깨
치아시드
캐슈
캐슈 버터
코코넛
퀴노아
피스타치오
호두
호박씨

콩과 식물(소량, 모두 섬유질과 단백질 함량이 높고 혈당 균형을 돕는다)

강낭콩
검은콩
렌틸콩
병아리콩
아몬드 버터
아몬드 가루
완두콩
핀토콩(멕시코 원산으로 갈색 반점이 있는 강낭콩의 일종)
후무스
흰강낭콩

과일(혈당 지수가 낮고 섬유질이 풍부한 종류)

고지베리
골든베리
귤
그레이프프루트
금귤
딸기
라즈베리
레몬
리치
망고스틴
무화과
배
복숭아
블랙베리
블루베리
사과
살구
석류
아보카도
아사이베리
오렌지
올리브
자두
천도복숭아
체리
캔털루프cantaloupe(멜론의 일종)
크랜베리
키위
토마토
패션프루트
포도(붉은 포도와 청포도)
허니듀 멜론
호박

채소

갓
고구마
근대
당근
땅콩호박
로메인 상추
루콜라
마늘
마카뿌리
물냉이
밀싹 주스
방울양배추
버터상추
부추
브로콜리
비트와 비트잎
서양고추냉이
셀러리
셀러리악
순무
스피룰리나

시금치
아스파라거스
아티초크
애호박
양배추
양파
오이
오크라
완두콩
적상추나 청상추
주키니
치커리
케일
콜라드잎collard green (케일의 일종)
콜리플라워
클로렐라
파
파스닙parsnip(당근과 닮은 미나리과 뿌리채소)
파슬리
피망
해초
히카마

프리바이오틱스

민들레잎
부추
뿌리채소(고구마, 얌, 호박, 히카마, 비트, 당근,
순무 등)
생마늘
아스파라거스
아티초크
양배추
양파
차전자
치아시드
콩

프로바이오틱스

김치
된장국
사워크라우트
소금에 절인 채소(식초 무첨가)
스피룰리나
케피르
콤부차
클로렐라
피클

버섯

검은 송로버섯
꾀꼬리버섯

느타리버섯
만가닥버섯
양송이버섯
영지버섯
잎새버섯
차가버섯
포르치니
표고버섯

기름

마카다미아넛 오일
아보카도오일
올리브오일(실온에서만 안정)
코코넛오일(고온에서 안정)

달걀·육류·가금류·생선

가리비
달걀
닭고기나 칠면조고기
무지개송어
북극 곤들매기
새우
양고기(오메가-3 함유량이 높다)
자연산 연어
자연산 정어리
킹크랩

뇌 건강에 좋은 허브와 양념

강황
로즈마리
마늘
마저럼marjoram(지중해 원산의 꿀풀과 향신료)
민트
바질
백리향
사프란
생강
세이지
시나몬
오레가노
육두구
정향
카옌 고추
쿠르쿠민
파슬리
페퍼민트
흑후추

기타

실곤약

"세상이 내 영혼을 짓밟겠다고 위협할 때 사용할 새로운 도구를 얻었습니다.

이제 제 인생은 기쁨과 행복, 제가 사랑하고 저를 사랑하는 사람들로 가득해요.

제 뇌는 더 예리해졌고, 훨씬 많이 웃고 명랑해졌으며,

의사 결정에 자신감도 생겼어요.

행복과 긍정성, 감사를 또렷하게 보는 법을 알려주신

에이멘 박사님의 가르침에 감사드립니다."

_M.D.

하루 10분
불안한
뇌를
조련하라

행복을 신경계에 고정시키는 법

생각하는 대로 느끼고
느끼는 대로 행동하고
행동하는 대로 가진다.
_조지프 매클렌던Joseph McClendon, 미국 리더십 컨설턴트

다음 문장을 적어서 매일 보는 곳에 붙여놓고 이번 장을 읽기 시작
하자.

상실에 집중하면 슬프다고 느낄 것이다.

공포에 집중하면 두렵다고 느낄 것이다.

비하당하는 데 집중하면 초라하다고 느낄 것이다.

상처 준 사람들에게 집중하면 화가 날 것이다.

감사에 집중하면 고맙다고 느낄 것이다.

당신을 사랑하는 사람에게 집중하면 사랑받는다고 느낄 것이다.

사랑하는 사람에게 집중하면 사랑스럽다고 느낄 것이다.

기쁨을 느꼈던 때에 집중하면 기쁘다고 느낄 것이다.

어디에 주의를 기울이는지가 항상 기분을 결정한다.

그러므로 우리 마음이 우리를 다치게 하기보다는 돕도록 활용하는 것이 행복으로 가는 비밀 중 하나다. 안타깝게도 많은 사람이 끔찍한 기분을 느끼게 되는 걱정과 두려움에 초점을 맞춘다. 부정적으로 생각하면 코르티솔 수치가 증가하므로 불안하고 우울해진다. 긍정적으로 생각하면 도파민과 세로토닌이 분비되므로 기분이 훨씬 더 좋아질 수 있다. 일단 뇌가 건강해지면 그다음에는 뇌가 행복하게끔 설정해야 한다. 구체적인 과학적 근거가 뒷받침되는 방법으로 행복한 뇌를 만들 수 있다.

20년 전에 CNN에서 뇌에 관한 토론을 하는 채팅방에 참여해달라는 요청을 받은 적이 있다. 그날 저녁에 참가자들에게 정말 다양한 질문을 받았지만 그중에서도 눈에 띄는 질문이 두 개 있었다.

채팅 참가자: 행복의 척도는 뭘까요? 어떨 때가 정말로 행복한 걸까요?

에이멘 박사: 그건 전적으로 자기 자신에게 달렸어요. 어떤 사람은 오늘 먹을 양식이 있다면 행복한 반면 어떤 사람들은 완벽한 짝을 찾기 전까지는 행복하지 않죠. 온전히 자기 자신과 자기가 내리는 행복의 정의에 따라 달라지는 문제예요. 제 경우에는 좋아하는 일을 할 때 행복합니다. 제가 좋아하는 일을 직업으로 선택했고 제가 사랑하고 저를 사랑해주는 사람들이 주변에 있으니 전 축복받은 사람이죠.

채팅 참가자: 다 가졌는데도 어떤 것에도 만족하지 않는 사람들은 어떤가요? 태도가 문제인가요, 뇌에 물리적 결함이 있는 건가요?

에이멘 박사: 아마 둘 다일 거예요. 보기 전까지는 알 수 없고 동료들과도 늘 그 문제를 얘기합니다. 다 가졌는데도 여전히 불행하다면 태도가 문제일 수도 있고 뇌가 문제일 수도 있어요. 예를 들어 둘레계통이 지나치게 활성화되는 경향을 물려받았을 수도 있고, 이는 자기 잘못이 아니에요. 태도를 바꾼다고 해도 도움이 되지 않죠. 약물 치료가 필요할 수도 있어요.

마지막 답변의 요지는 '의지에서 비롯되는 행동(태도)'과 의지력으로 좌우할 수 없는 '뇌에서 비롯되는 행동'은 서로 다르다는 것이다. 그날 저녁 CNN 채팅방의 이름은 '행복과 바람직한 뇌 기능'이었다. 이는 행복을 찾는 탐구가 시대를 초월하며 뇌를 이해하고 치유하고 최적화하려는 욕구가 좀처럼 채워지지 않는다는 뜻이기도 하다. 뇌를 올바르게 재설정한다는 말은 그저 행복한 생각을 하도록 다짐하는 데서 그치지 않는다. 바람직한 마음의 틀, 즉 행복한 상태로 머무르려면 긍정적이고 낙관적인 시선으로 '정확하게 생각'하는 마음가짐을 가지는 것이 좋다. 하지만 선사시대로 거슬러 올라가는 뇌의 기본 설정은 부정적 성향이므로 쉽지 않은 일이다.

농경을 시작하기 전에 근근이 생활을 꾸려가던 인류의 초기 조상들은 우연히 쥐라기 공원에 발을 들여놓게 된 관광객들처럼 매일 아침 동굴 같은 원시 주거지에서 나와 위험 요소를 살폈다. 진화 초기 인류의 마음은 불안과 두려움에 익숙했고, 이런 감정은 가혹한 환경과 그들을 잡아먹으려는 야생동물로부터 우리 조상들을 보호하는 역할을 했다.

항상 주위를 경계하며 살아갔다는 이유로 우리 조상들을 비난할 수는 없다. 언제 사자나 호랑이, 곰이 덮칠지 알 수 없었기 때문이다. 우리의 선조들은 야생동물, 흉악한 무리, 역병, 흉년의 위협을 받으면서 살아남아야 한다는 생각에 사로잡혀 있었으므로 그들의 뇌는 부정적 성향을 띠고 있었다. 살면서 자기 운명을 개척하려면 무엇을 할 수 있는지를 먼저 생각하기보다는 무엇이 잘못될 수 있고 그에 따라 어떤 끔찍한 결과가 발생할 수 있는지에 자동으로 주의를 기울였다.

지금도 우리는 여전히 앞으로 닥쳐올 일에 주의를 기울여야 한다. 그래야 자기 자신을 보호하고 살아남을 수 있기 때문이다. 하지만 내 경험상으로는 앞으로 일어날 일을 지나치게 걱정하면서 스스로를 비참하게 만드는 사람들이 너무 많다. 수천 년이 흐른 지금 우리는 정신과 몸의 연관성을 좀 더 잘 알게 됐다. 요약해서 말하자면, 우리 몸은 우리의 모든 생각과 기분, 믿음, 태도에 반응하며, 이는 우리 행복은 물론 생물학적 기능에도 긍정적으로나 부정적으로 영향을 미칠 수 있다. 다들 예상하겠지만 부정적이고 분노하고 적대적인 생각은 최악이다.

소화기와 뇌의 연관성 역시 양방향으로 작용한다. 불안은 위장 문제와 관련이 있을 수 있고, 위장 문제는 불안과 관련이 있을 수 있다. 중요한 시험을 앞두고 '속이 뒤틀리는' 경험, 가슴이 벌렁거리거나 당장이라도 토할 것 같은 기분을 느껴본 적이 있다면 뇌에서 비롯되는 분노, 불안, 슬픔, 스트레스 같은 감정이 소화기관 문제를 일으키고 얼굴에서 미소가 사라지게 할 수 있다는 사실을 떠올렸을 것이다.

『스스로 치유하는 환자Patient Heal Thyself』와 『창조주 다이어트The Maker' s Diet』를 쓴 조던 루빈Jordan Rubin이 주장하듯이 "당신이 소화기관을 돌보면 소화기관이 당신을 돌볼 것"이다.

소화기관 돌보기는 뇌에서 시작한다. 뇌에 짜증 나거나 분통 터지거나 화가 치밀어 오르거나 격노하는 생각들이 먹구름처럼 모여들면 교감 신경계가 흥분하게 된다. 교감 신경계가 흥분하면 근육이 긴장하고 혈압이 상승하며 손바닥에 땀이 나고 손발이 차가워진다. 심장박동이 불규칙해지고 머릿속이 혼란스러워지며 소화기관과 면역 체계에 문제가 발생한다. 에이멘 클리닉에서 연구한 바에 따르면 부정적인 생각은 앞이마겉질(활성 감소), 관자엽(학습 능력에 영향), 소뇌(협응 능력 감소)의 뇌 기능을 방해한다.

반면에 긍정적이고 행복하며 희망찬 생각은 부교감 신경계 반응으로 이어진다. 근육이 풀어지고 혈압이 낮아지며 건강한 심장박동이 나타난다. 손발이 따뜻해지고 명료하게 생각할 수 있으며 앞이마겉질이 건강하게 작동하고 둘레계통이 차분하게 가라앉는다. 이는 행복하고 만족하는 사람들의 특징이다.

마음을 지휘하는 법을 배우는 것은 행복으로 가는 중요한 비결이다. "그냥 긍정적으로 생각하세요"라고 말하고 행운을 기원하기는 쉽겠지만 우리 마음은 너무 똑똑하고 너무 활발해서 그곳에 그리 오래 머무르지 못한다. 당장 코앞에 부정적인 사건이나 비관적인 생각이 도사리고 있기 때문이다. 동시에 비합리적으로 긍정적인 생각을 즐기는 것 역시 부정적인 생각에 빠져 있는 것만큼이나 역효과를 낳을 수 있다.

비결은 거의 2천 년 전에 사도 바오로가 코린토서에 썼듯이 "모든 생각을 포로로 잡는 것"이다. 생각을 포로로 잡는다는 말은 자기 자신과 삶에 대한 생각을 스스로 통제한다는 뜻이다. 다음과 같은 방법으로 이를 달성할 수 있다.

- 자기 생각에 대한 책임을 받아들인다.
- 행동의 근원이 되는 마음을 수련하는 데 애쓴다.
- 문제에 반응하기보다는 신중하게 충분히 생각한다.
- 진실하고 고귀한 것을 생각하는 데 초점을 맞춘다.

팬데믹 기간 동안에 직장에서 해고되고 나서 친구들에게 "다시는 일자리를 못 찾을 거야"라거나 "나는 가치가 없어", "더 오래 일했어야 했어"라고 말하는 사람들이 있었다.

하지만 좀 더 긍정적인 쪽으로 마음을 돌리면 긍정적인 일이 일어나거나 해고 같은 힘든 상황에서 좋은 일이 생길 가능성을 열어놓는 합리적인 생각을 할 수 있다. 해고당한 상황에서도 다음과 같이 좀 더 희망찬 생각을 품을 수 있다.

- 다시 일자리를 찾을 수 있을지 모르겠지만 마음에 드는 일자리를 찾을 수 있도록 최선을 다할래.
- 해고됐다고 해서 내가 쓸모없는 직원이라는 뜻은 아니야. 회사 매출이 떨어져서 해고할 수밖에 없었던 거지 내가 문제였던 건 아니야.

- 물론 더 오래 일할 수도 있었겠지만 초과 근무를 했다고 해서 안 잘리지는 않았을 거야.

부정적인 관점에서 벗어나 좀 더 행복한 사고방식으로 옮겨가는 방법으로 일상생활에 적용할 수 있는 간단한 전략 네 가지를 추천한다. 먼저 좋은 일을 찾는 일에 몰두하는 데서 시작하자.

1. '기쁨 놀이'를 하자

내가 막 초등학교에 들어갔을 무렵에 월트 디즈니 스튜디오에서 장편영화 「폴리아나 Pollyanna」를 개봉했다. 선교사 부부의 딸이 고아가 되어 버몬트주의 가상 마을 벨딩스빌에 사는 부유하고 엄격한 독신 이모와 함께 살게 되면서 벌어지는 일을 그린 인기 소설을 각색한 영화였다. 사랑스러운 금발 곱슬머리에 코가 작고 둥근 14세 영국 배우 헤일리 밀스가 폴리아나 역을 맡았다.

「폴리아나」는 어린 시절 내가 무척이나 좋아한 디즈니 영화였다. 폴리아나는 크리스마스 선물로 받고 싶었던 인형 대신에 목발 한 쌍이 배달된 날, 지금은 돌아가신 아버지가 기쁨 놀이를 만들었다고 친구들에게 얘기한다. 1913년에는 이런 배달 사고가 종종 있었던 모양이다. 폴리아나는 무엇에 기뻐했을까? 그는 목발이 필요하지 않아서 감사하다고 말했다.

폴리 이모와 같이 살게 됐을 때 폴리아나는 저녁 식사에 늦었다는 이유로 벌을 받아 하녀 중 한 명과 함께 부엌에서 빵과 우유를 먹게 된다. 빵과 우유를 제일 좋아하는 폴리아나는 아무렇지도 않다. 독신인 폴리 이모가 그림도, 깔개도, 거울도 없는 다락방 침실로 자기를 쫓아냈을 때도 폴리아나는 밖을 보면서 '벽에 그림이 걸려 있었더라면 창밖에 저렇게 아름다운 버드나무가 있는지 몰랐을 것'이라고 생각한다.

곧 폴리아나는 투덜거리는 늙은 구두쇠, 자기 연민에 빠진 병약자, 건강염려증 환자, 은둔자, 지옥불을 들먹이는 전도사를 만나게 된다. 그들에게는 항상 무언가에 대해 불평한다는 공통점이 있다. 하지만 폴리아나는 선교사였던 부모가 가르쳐준 교훈을 전한다. 아무리 상황이 처참하고 암울하더라도 삶의 좋은 점에 초점을 맞추고 기뻐할 일을 찾는 것이 좋다는 가르침이다.

어느 일요일 오후 폴리아나는 폴리 이모의 빅토리아풍 저택 뒷마당에서 놀다가 틸리(요리사), 앤지와 낸시(하녀), 토머스 씨(정원사)가 저녁 식사 준비로 완두콩 껍질을 까면서 그날 아침에 들은 포드 목사의 맹렬한 설교에 대해 투덜거리는 소리를 듣는다.

낸시는 "일요일이 너무 싫어요. 그냥 너무 싫어요"라고 말한다. 폴리아나는 긍정적인 면을 보면서 그날 통닭구이를 먹게 될 것이라고 말한다. 낸시는 못마땅한 듯이 '또 이게 기쁘고 저게 기쁘다' 놀이를 시작할 셈이냐고 묻는다. 앤지가 끼어들어서 그 '기쁨' 놀이가 무엇인지 묻는다.

폴리아나는 아버지에게 배운 놀이일 뿐이라고 설명한다. 함께 있던 나머지 사람들이 계속해서 일요일이 싫은 이유를 늘어놓았지만 폴리아나는 이럴 때야말로 기쁨 놀이를 해야 한다고 주장한다. 앤지가 반발하며 "아, 네, 똑똑한 아가씨. 일요일이 뭐가 그렇게 좋아요?"라고 묻는다.

폴리아나는 잠시 생각한 후에 대답한다. "글쎄요, 항상 기뻐할 거리가 있죠. 음, 일요일이 다시 돌아오기까지는 꼬박 6일이 지나야 하니까 기쁘잖아요."

일행은 키득키득 웃으며 폴리아나를 보내고, 폴리아나는 기쁨 놀이와 활기찬 태도로 마을 전체를 조금씩 바꿔나간다.

60년이 지난 지금 폴리아나에 대한 인식이 어떻게 바뀌었는지를 보면 유감스럽다. '폴리아나'라는 호칭은 세상물정 모르게 낙관적이고 불쾌한 진실을 의도적으로 모른 척하며 인생의 가혹한 현실과 지독하게 동떨어진 사람을 비하하는 용어가 됐다. 오늘날 메리엄-웹스터 사전은 '폴리아나'를 "억누를 수 없는 낙관주의와 모든 것에서 좋은 면을 찾으려는 경향이 특징인 사람"으로 정의한다.

제1차 세계대전으로 암울했던 시절에 엄청난 베스트셀러가 된 『폴리아나』의 저자 엘리너 포터Eleanor H. Porter는 한 세기 전에 폴리아나의 '천진난만한 평판'과 관련해 평론가와 독자들의 반발까지 겪었다. 1920년에 사망하기 전에 한 인터뷰에서 포터는 "폴리아나 책으로 꽤나 괴로웠어요. 오해를 받는 경우가 많았죠. 사람들은 폴리아나가 모든 일에 '기뻐'한다고 떠벌렸다고 생각해요. 저는 불편과 고통, 악을 부정해야 한다고 생각한 적이 없습니다. 그저 '미지의 것은 환호로 맞이'하는 편이 훨씬 좋다고 생각했을 뿐이에요"라고 말했다.

어떤 상황에서든 기뻐할 거리를 찾는 폴리아나의 철학은 인생을 헤쳐나가는 탁월한 방법이다. 기쁨 놀이를 하기에 좋은 때가 있다면 그날은 바로 오늘일 것이다. 어떤 상황이나 좌절을 겪는다 해도 '어떤 기뻐할 거리가 있을까?'라는 질문을 스스로에게 던지기 바란다.

행복해지려면 일단 뇌를 건강하게 관리하고, 계속해서 슬프거나 불안하거나 두려워할 일을 찾는 대신에 행복해질 일을 찾도록 훈련해야 한다. 폴리아나는 가장 중요한 행복 원칙을 채택했다. 바로 '잘못된 점을 찾는 대신 자기 주변에서 좋은 점을 찾도록 마음을 밀어붙이는 것'이다.

당신은 팬데믹 기간 동안에 '기쁨 놀이'를 했는가?

끔찍한 코로나19 팬데믹을 겪으면서도 긍정적인 측면을 보는 사람들이 있었다. 내가 아는 사람들 중에는 코로나바이러스에 감염된 후에 "걸려서 기쁘다"고 말하는 이들이 있었다. 적어도 한동안은 면역이 생겼다는 논리였다. 그런 생각도 기쁨 놀이를 하는 방법인 것 같다.

내 환자들이 팬데믹 기간에 경험했다고 얘기한 긍정적인 측면들을 소개한다.

· 함께하는 시간이 늘어난 덕분에 자녀들과 더 가까워진 느낌
· 저녁 식사 후 산책의 재발견
· 집에서 만든 밥을 더 많이, 패스트푸드를 더 적게 먹음
· 함께 보드게임 하기
· 목공이나 뜨개 같은 새로운 취미 생활 시작
· 오랫동안 먼지가 쌓여 있던 악기 연습하기
· 일찍 잠자리에 들기

· 볼 시간이 없었던 텔레비전 프로그램 몰아보기
· 자녀들과 탁구하기
· 독서의 재발견
· 주변 하이킹
· 교통량 감소
· 가치를 재평가하는 시간

2. 마음에 이름을 붙이자: 심리적 거리 두기

내 친구이자 『자유로운 마음*A Liberated Mind*』 저자인 스티브 헤이즈Steven C. Hayes 박사가 내놓은 연습법도 사용할 수 있다. 헤이즈는 우리 대부분이 내부의 생각, 과거의 비판, 상사와 권위 있는 인물들의 명령이 머릿속을 끊임없이 어지럽히는 상태로 살아간다고 말한다. 그는 '심리적 유연성psychological flexibility'을 키워 우리 생각이 우리에게 하는 말을 곧이곧대로 받아들이거나 우리 행동과 선택을 과하게 좌지우지하지 않도록 함으로써 그런 머릿속 생각에 휘둘리지 않을 수 있다고 말한다.

헤이즈는 책을 쓰는 동안에 머릿속 구석구석을 휘젓고 다니던 생각들을 예로 들었다.

이제 일어날 시간이야. 아니, 아직 아니야. 아직 6시밖에 안 됐어. 그러면 수면 시간이 일곱 시간이잖아. 여덟 시간을 자야 해. 그게 목표야. 살이 찐 것 같아. 생일 케이크가 문제군. 아들 생일에 케이크를 먹어야 해. 어쩌면 그리 큰 조각은 아닐 거야. 89킬로그램까지 찐 것 같아. 젠장······ 핼러윈 데이를 지나 추수감사절까지 겪고 나면 다시 90킬로그램을 훌쩍 넘길 것 같아. 아닐 수도 있어. 오히려 87킬로그램 정도로 빠질 수도 있어. 운동을 더 해야 해. 뭐든 '더' 해야지. 집중해야 해. 아직 한 장을 더 써야 해. 일정에 뒤처지고 있어······ 게다가 다시 살이 찌고 있어. 머릿속 목소리들을 알아차리고 목소리들이 날뛰도록 두면 이번 장 첫머리를 쓰는 데 도움이 될지도 몰라. 다시 잠을 청하는 게 좋겠어. 하지만 어쩌면 잘될지도 몰라. 그걸 제안하다니 제이크는 친절하기도 하지. 일찍 일어났네. 어쩌면 감기에 걸렸는지도 몰라. 일어나서 괜찮은지 봐야겠어. 6시 15분밖에 안 됐어. 여덟 시간은 자야 하는데. 이제 일곱 시간 반이 다 되어 가네. 아직 여덟 시간은 안 됐어.

헤이즈는 이런 원치 않는 생각들을 '침입자'라고 부른다. 이런 생각들은 온갖 형태와 크기로 나타나며, 그냥 머무르도록 방치하면 수치심, 두려움, 혐오감을 불러일으킨다. 침입자 생각은 배우자나 친한 친구 옆에 앉아 있을 때 그 사람을 스테이크용 칼로 찌를 수 있다는 생각이 스쳐갈 때 시작될 수 있다. 진지하게 살인을 저지르겠다는 생각을 하는 것은 아니지만 어떤 이유에서인지 그런 무시무시한 생각이 머릿속을 파고든다. 헤이즈는 이런 침입자 생각들이 불안한 내용일 때가 많지만 지극히 정상이고 평범하다고 말한다. 연구자 애덤 라돔스키Adam Radomsky는 13개국 출신의 대학생 7백여 명을 대상으로 실시한 연구에서 거의 모든 학생(94퍼센트)이 지난 3개월 동안에 침입자 생각을 했다고 보고했다.

우리는 뇌 안에 자리 잡고 있는 침입자 생각과 불행한 생각을 떨쳐 버리도록 단련할 수 있다. 헤이즈는 「브레인 워리어스 웨이」 팟캐스트에 출연했을 때 유용한 전략을 소개했고 나는 이를 여러 환자들에게 써왔다. '마음에 이름 붙이기'라고 하는 이 전략은 내면의 목소리에 자기 이름이 아닌 다른 이름을 붙이는 방법이다. 마음에게 다른 이름을 붙이면 이는 '나 자신'과 다른 존재가 된다.

오랜 연구에 따르면 '거리를 둔 자기 대화distanced self-talk'는 내면의 생각과 심리적인 거리를 두도록 도와서 감정과 자제력, 지혜를 조절할 수 있다고 한다. 자신의 감정이나 행동을 제어하는 데 어려움을 겪은 적이 있는 사람이더라도 부정적인 감정과 격한 상황에 좀 더 잘 대처할 수 있다.

인간인 우리에게는 자기 성찰 능력이 있다. 이 능력은 미래를 계획하고 복잡한 문제를 해결하는 데 도움이 되지만 나쁜 경험이 일어나고 있다고 인식할 때 자기 성찰은 부정적 성향이나 곱씹기, 집착이라는 암흑세계로 바뀔 수 있다. 마음에 이름을 붙이거나 자기 자신을 3인칭으로 불러 머릿속에서 일어나는 부정적인 수다와 거리를 두면 현실과 빛을 끌어들여 우리 뇌를 긍정적으로 바꿀 수 있다. 영상법 연구를 활용해 거리 두기 기법이 뇌에 미치는 효능을 평가한 연구자들은 이런 기법이 뇌의 감정 중추를 진정시키고 자제력이 향상된다는 사실을 발견했다.

헤이즈는 자기 마음을 '조지'라고 부른다. 자기 마음이 재잘거리기 시작하면 "의견을 말해줘서 고마워, 조지. 넌 정말 생각이 깊구나"라고 대답하곤 한다. 그는 자기 마음을 무시하지 않는다. 완전히 진심으로 대한다. '어째서 오늘 아마존에서 1점짜리 리뷰를 받게 된 거지?' 같은 강박적인 생각에 사로잡힐 때면 자기 자신에게 '수많은 5점짜리 리뷰를 제쳐놓고 안 좋은 아마존 리뷰만 생각하고 있다는 걸 알았어' 라고 말하면서 그런 생각을 떨칠 수 있다. 이렇게 하면 자기 자신과 울적한 순간 사이에 공간이 생기면서 부정적인 생각이 다소 힘을 잃는다. 당신도 똑같이 할 수 있다. 마음에게 당신이 그런 침입자 생각을 들었고 이제 떨쳐버리려 한다고 알리면 된다.

헤이즈가 하는 '조지' 이야기를 들으면서 나는 '불행한 생각을 전하는 내 마음에 어떤 이름을 붙이면 좋을까?'라고 생각했다. 내 마음은 곧장 해답을 내놓았고, 그 답은 앞에서 언급했듯이 허미였다.

어느 날 부모님이 샌퍼낸도 밸리에 있는 동네 반려동물용품점에 가서 우리 개에게 씌울 칼라를 사 오라고 내게 부탁했다. 가게를 둘러보던 중에 뭔가가 내 다리 뒤편으로 기어올랐다. 돌아보니 아기 너구리가 내 몸통을 타고 올라 어깨에 앉아서 머리카락을 헝클어뜨리고 있었다. 지금까지 본 동물 중에 최고로 귀여웠고, 사지 않고는 배길 수 없었다.

우리에 든 너구리를 들고 집으로 돌아왔을 때 부모님은 크게 화를 냈다. 나는 너구리에게 푹 빠졌고 이름을 '허미'라고 지었다. 당시에는 허미가 암컷인지 몰랐던 터라 그해에 봤던 영화 중에서 제일 좋았던 「42년의 여름Summer of '42」의 남자 주인공 이름을 붙였다.

허미는 재미있고 똑똑하고 제멋대로인 점이 내 마음과 비슷했다. 전화가 울리면 수화기를 쳐서 떨어뜨린 다음 수화기에 대고 너구리

울음소리를 냈다. 그저 물이 소용돌이쳐서 내려가는 모습을 보고 싶어서 계속 변기 물을 내리기도 했다. 어느 날은 어머니 화장실에 두루마리 휴지를 풀어놓기도 했다. 그날 아버지가 퇴근했을 때 어머니가 "여보, 나와 너구리 중에 선택해요!"라고 선언했기 때문에 그날을 기억한다. 아버지는 눈치 없이 "나갈 때 문 조심해"라고 대답했다(아버지는 누가 자기에게 이래라저래라 하는 걸 못 견디는 사람이었다). 허미는 부모님 결혼 생활에 문제를 일으켰고, 허미의 장난은 그것으로 그치지 않았다.

허미는 내 여동생 르네의 침실에 있는 수족관에서 구피와 금붕어들이 헤엄치는 모습을 즐겨 구경하곤 했다. 어느 날 나는 허미가 까치발을 들고 앞발을 어항에 넣어 물고기와 노는 현장을 목격했다. 당장 방에서 허미를 쫓아냈다. 며칠 뒤에 르네가 엄청난 비명을 질러서 방에 들어가 보니 수족관에 물고기가 한 마리도 없었다. 허미를 찾아보니 만족스러운 미소를 짓고 있었다. 그때 허미가 우리 집에서 오래 버티지는 못할 것 같다고 생각했다. 하루는 출근 시간에 늦어서 서둘러 신발을 신는데 '철퍼덕!' 소리가 났다. 가장 두려워하던 일이 일어났음을 코로 확인할 수 있었다. 방금 발을 넣은 신발에 너구리 똥이 가득 차 있었다. 그러던 어느 날 허미가 내 여자친구를 처음으로 만났다. 나는 둘을 만나게 할 생각에 한껏 부풀어 있었다. 하지만 여자친구가 허미를 무릎 위에 올려놓자마자 허미는 바로 똥을 쌌다. 한 번도 없었던 일이었다. 내 생각에 허미는 내 사랑을 두고 경쟁하고 싶지 않았던 것 같다.

그러니 내 뇌에서 장난과 문제를 일으키는 부분을 가리킬 이름으로 허미가 안성맞춤일 것 같았다. 허미는 내 마음처럼 항상 재잘거렸다. 너구리 소리를 들어본 적이 있는가? 너구리는 그르렁, 재잘재잘, 으르렁, 쉬쉬, 아르렁, 낑낑, 꽥 등 200가지가 넘는 소리를 내는 시끄러운 생물이다. 새끼 너구리는 자주 찡찡거리고 울고 칭얼거리는데, 마치 내 마음이 내는 소리처럼 들린다. 당신의 마음은 어떠한가?

요즘 내 마음(허미)은 내 실패, 두려움, 좌절에 대해 닥치는 대로 목소리를 높인다. 내게 중요한 사람이나 중요한 물건을 잃게 될 것이라고 말하기도 한다. 가끔은 상냥하게 굴지만 그냥 방치하면 갖가지 문제로 겁을 주거나 위협한다.

허미가 나타나 문제를 일으킬 때 나는 이런 생각들을 평가한 다음에 비합리적이거나 도움이 되지 않는 생각이라면 재빨리 떨쳐버리고 나서 허미를 우리에 넣는 상상을 한다. 그러고 나서 하던 일을 계속한다. 부정적인 생각들이 오래 머무르면서 두려움과 공포, 불안, 동요에 잠길 때까지 내버려두지 말자.

당신의 마음에도 이름을 지어주자. 내 환자들이 마음에 붙인 이름들을 소개하자면 「인어공주」에 등장하는 악당 우르술라, 히스토리

채널에서 방영한 드라마 시리즈 「바이킹스」에 나오는 여전사 라게르사가 있다. 웃기는 역할만 맡는다는 이유로 배우이자 코미디언인 멀리사 매카시Melissa McCarthy의 이름을 딴 환자도 있었다. 내가 치료했던 프로 아이스하키 선수는 자기 마음에 경쟁 선수의 이름을 따서 '조니'라는 이름을 붙였다. 그는 절대 조니가 자기에게 이기도록 마냥 두고 보지 않았다.

나와 함께 일하는 한 여성은 자기 마음에 '리타'라는 이름을 지어줬다면서 이유를 이렇게 설명했다. "내 마음에는 리타라는 이름을 붙였어요. 초등학교에 다닐 때 '리타'는 제가 처음으로 열등감과 질투심, 경쟁심을 느낀 아이였어요. 단지 불안감 때문이었죠. 리타는 매일 치토스를 먹곤 했어요. 도시락에 늘 치토스가 들어 있었죠. 어릴 때 우리 엄마는 건강에 좋지 않은 음식을 못 먹게 해서 치토스도 못 먹게 했어요. 저는 치토스를 먹을 수 있는 게 너무 부러웠고 정말 먹고 싶었어요. 그렇게 시작된 감정이죠. 이제 제가 불안할 때나 우울할 때나 절망할 때 무엇을 저절로 갈망하고 나 자신이 쓰레기처럼 느껴질 때까지 먹을까요? 바로 치토스예요! 리타에게 하이킹을 가자고 말해야겠어요."

이런 부정적인 생각이 당신 마음속에 임대료도 내지 않고 살게 내버려두지 말자. 자기 마음에게 내가 다 알고 있다고 말하자!

3. 불필요한 불행한 순간들을 차단하자

나는 이 전략을 친구인 조지프 매클렌던에게 배웠다. 매클렌던이

10대였을 때 백인 남성 세 명에게 인종차별에서 비롯된 동기로 공격을 받아 다치고 결국에는 집까지 잃게 됐다. 완전히 바닥을 친 이후 그는 마음가짐을 바꿔 신경심리학 박사이자 베스트셀러 작가, 토니 로빈슨Tony Robbins 세미나에서 자주 강연하는 인기 연설가가 됐다. 매클렌던은 불필요한 불행한 순간이 닥치면 간단한 4단계 과정을 밟으며 다시 정상 궤도로 돌아간다고 말한다.

a. **일부러 불행한 기분을 느낀다.** 잠시 동안 불행한 기분을 느끼자. 암울한 기분에 빠져들자. 불행한 기분이 밀려오도록 내버려두자. 말도 안 되는 소리 같은가? 하지만 잠시라면 힘이 될 수 있다. 불행한 기분을 느끼는 법을 안다면 이를 떨쳐버리기로 결심할 수도 있기 때문이다.

b. **패턴을 차단하자.** 그런 불행한 기분이 불필요하다거나 도움이 되지 않는 경우(그런 경우가 흔하다)라면 차단하자. 굳이 '불필요한'이라고 말한 이유는 불행한 기분이 필요할 때도 있기 때문이다. 내 경우에는 할아버지와 아버지가 돌아가셨을 때와 무심코 아내에게 상처가 되는 말을 했을 때 그런 감정이 들었다. 그런 순간에는 불행한 기분을 느껴야 했고

나 자신이 그런 기분을 느끼지 못하도록 했다면 오히려 부적절했을 것이다. 하지만 내가 불행하다고 느끼는 대부분의 경우는 불필요한 기분이므로 이를 차단하고 대체할 필요가 있다.

불행한 기분을 느끼는 연습을 한 다음에는 "멈춰"라고 말하고 자리에서 일어나 심호흡을 세 번 하자. 이렇게 해서 빈틈이 생길 공간을 만든다. 하지만 주의하자. 빈틈은 언제나 채워지기를 바라므로 방심하면 우리 마음은 일단 부정적인 쪽으로 기울 것이다. 그러니 마음을 좀 더 바람직하고 자기 자신에게 유용한 쪽으로 돌리자.

나는 여러 환자들의 손목에 고무줄을 채웠다. 그리고 불행하다는 기분이 들면 일어서서 "멈춰"라고 말하고 고무줄을 손목에 튕긴 다음 심호흡을 몇 번 하라고 권한다. 일어서고 신체에 자극을 줘서 주의를 돌리고 일부러 호흡에 집중하는 신체 활동이 불행하다고 느끼는 패턴을 차단한다.

c. **의도적으로 행복한 기억에 초점을 맞추자.** 빈틈을 행복한 기억으로 채워 의도적으로 기분이 좋아지게끔 하자. 어디에 주의를 집중하는지가 감정을 결정한다는 사실을 기억하자. 나는 모든 환자들에게 인생에서 가장 행복했던 기억을 열 가지에서 스무 가지 쓰도록 시킨다(이 뒤에 내가 떠올리는 가장 행복했던 기억들을 정리했으니 참고하자). 정말로 행복하거나 즐겁다고 느낄 수 있을 때까지 그런 좋은 기억들에 초점을 맞추자. 모든 감각을 동원해서 그 기억들을 상상하자. 무엇이 있었는지 보고, 어떤 소리가 들렸는지 듣고, 감각을 느끼고, 공기 중에 맴돌던 냄새와 맛을 떠올리자. 기억을 마음속 깊이 느낄 수 있을 때까지 몇 분 동안 이렇게 하자.

내가 나쁜 생각을 대체할 때 사용하는 네 영역의 행복한 순간들

생물적 영역

- 60세 나이로 전국 방송에 나가 허리에 11킬로그램이 넘는 추를 달고 턱걸이를 12회 했을 때
- 건강 체중에 도달했을 때
- 내 사랑에 보답하는 맛있는 음식을 먹을 때
- 반려견을 쓰다듬을 때
- 탁구를 잘하게 됐을 때

심리적 영역

- 네 살 때 할아버지와 함께 부엌 오븐으로 퍼지를 만든 기억
- 대학교 졸업식 연사가 됐을 때
- 40년 후에 모교 졸업식 연사가 됐을 때
- 댈러스에 있는 아메리칸 에어라인스 센터에 2만 6,000명이 모인 자리에서 90분 동안 강연을 하고 청중들이 내가 한 말을 낱낱이 좋아한다고 느꼈을 때
- 매사추세츠주에서 열린 예비 의사들을 위한 콘퍼런스에서 고등학생 7,500명에게 강연했을 때
- 『그것은 뇌다』가 40주 동안 「뉴욕타임스」 베스트셀러에 올랐을 때
- 잡지 『디스커버*Discover*』가 내 연구를 2015년 최고의 신경과학 기사이자 100대 과학 기사 중 하나로 꼽았을 때
- CNN에서 '뇌 사랑 주간Love Your Brain Week'을 진행했을 때

사회적 영역

- 아내와 결혼했을 때
- 매일 아내 곁에서 눈을 뜨고 일상을 함께할 때

- 할아버지가 됐을 때(특히 엄마를 꼭 빼닮은 세 살배기 헤이븐에게 책을 읽어줄 때)
- 아내와 우리 자녀, 손자들의 모습이 새겨진 담요를 깜짝 선물로 받았을 때
- 2020년 가을 내가 응원하는 팀들이 연달아 세계 선수권에서 우승하는 모습을 지켜봤을 때
- 내 딸 케이틀린이 일곱 살 때 「포카혼타스」를 공연하는 모습을 봤을 때
- 내 딸이 에든버러대학교 수의학과에 입학했을 때

영적 영역
- 내 인생의 목적에 초점을 맞출 때
- 우리의 일이 환자들의 삶을 바꿨다는 말을 들을 때
- 정신의학 진료 방식을 바꾸고자 열심히 노력할 때
- 릭 워렌 목사, 마크 하이먼 박사와 함께 다니엘 플랜Daniel Plan을 만들었을 때(다니엘 플랜은 종교 단체를 통해 세상을 건강하게 만드는 프로그램으로 전 세계 수많은 교회에서 실시했다)

---

d. 축하하자. 마지막으로 불필요한 불행한 순간을 차단하는 능력을 축하함으로써 신경계에 좋은 기분을 새겨 넣자. 조지프 매클렌던은 종종 주먹을 쥐고 미소를 지으며 "좋았어!"라고 말한다. 새로운 습관이 자리 잡으려면 축하가 꼭 필요하다.

☺ 소소한 순간에서 행복 찾기

불필요한 불행한 순간을 차단하는 찰나
힘든 하루를 보내면서도 기뻐할 거리를 찾아낼 때
마음이 하는 말에 대꾸하면서 내가 지어준 이름으로 부를 때
현관으로 걸어가며 행복한 기억을 떠올리는 순간
인생 최고의 기억들을 목록으로 작성할 때

불행한 기분을 연습한다면 이 간단한 과정을 거치면서 행복을 장악하기 시작하자.

매클렌던은 불필요한 불행한 순간을 다루는 데 아주 열심이다. 심지어 아주 잠깐 동안 불행한 기분을 '방문'할 시간이라고 알리도록 스마트폰 알람을 정각마다 울리도록 설정해뒀다.

그는 내게 "불행한 기분에 젖어서 빠져들 필요는 없어요. 그냥 잠깐 느끼고 일어서서 얼굴에 미소를 지으며 재빨리 벗어나 스스로를 격려합니다. 그렇게 열 번 하고 나면 다시는 그런 부정적인 기분을 느끼지 않게 될 거예요"라고 말했다.

일어서는 단계가 생각보다 중요하다. 자리에서 일어날 때 뇌에 암점scotoma(맹점)이 생긴다. 거실 소파에 앉아 있다가 주방 조리대 위에 놓여 있는 신문을 읽고 싶어졌을 때와 비슷하다. 자리에서 일어나 주방으로 향해 들어갔다가 문득 '내가 뭘 찾고 있었더라?'라고 생각할 때가 있다. 패턴(소파에 앉아 있는 상태)을 방해해서 암점 혹은 맹점이 생기기 때문이다. 불행한 기분을 느낄 때도 같은 원칙이 적용된다. 일어서서 뇌에 암점을 만든 다음 여기에 긍정적인 기분을 채우고, 축하한 다음 나아가자.

몸을 움직이면 뇌에 틈이 생겨 그곳에 다른 것을 채울 수 있다. 긍정적인 기운을 우리 마음과 '결부'할 수 있다.

이번 장 시작 부분에 매클렌던이 한 말을 인용했다. 대단히 힘 있는 말이라서 당신이 한 번 더 읽어줬으면 하는 마음에 다시 옮겨본다.

생각하는 대로 느끼고

느끼는 대로 행동하고

행동하는 대로 가진다.

다시 말해 생각이 행복이나 분노 같은 감정을 만든다. 감정은 행동을 만들고 행동은 우리 관계와 일, 돈, 건강의 성패를 좌우한다. 이는 뇌 건강, 나아가 우리 자신에게 해가 되기보다는 도움이 되는 생각을 하는 데서 시작한다.

물론 때때로 불행한 기분을 느끼는 것은 괜찮다. 온 세상의 허미들은 분명히 자기 말을 들어주기를 바란다. 하지만 이제 당신은 부정적이고 불행한 생각을 행복한 기억으로 대체하는 데 필요한 방법을 알고 있다.

4. 언제 어디서나 멋진 기분을 만끽하자

마지막 도구는 내가 환자들에게 가장 행복했던 기억을 집 안에 있는 방이나 물체처럼 이미 알고 있는 머릿속의 구체적인 장소에 고정해서 쉽게 떠올릴 수 있도록 하는 연습이다. 이는 고대 그리스인들이 알고 있던 한 기법을 바탕으로 만들었다. 고대 그리스 시인 시모니데스Simonides가 술자리에 있다가 밖으로 나간 직후 연회장 지붕이 무너지면서 안에 있던 사람이 전부 죽었다는 이야기가 전한다. 알아볼 수 없는 시체가 많았지만 시모니데스는 그들이 앉아 있던 자리를 근거로 그들의 신원을 알아볼 수 있었다. 이 기법을 실제로 활용할 때는 일단 기억하고 싶은 대상을 구체적인 위치에 배치해야 한다. 그런 다음에 마음속에 있는 그 위치에 주의를 집중하면 그 물체나 사실이 떠오르게 된다.

예를 들어 체계적으로 개요를 짠 연설을 암기할 때 개념이나 주요 부분들을 선택해 이를 집 안의 여러 방과 어떤 식으로든 연관을 짓는다. 연설을 하면서 방에서 방으로 걸어 다니는 자신의 모습을 상상하며 당신이 적절한 순서로 짜놓은 연관성을 떠올린다.

이 방법의 효과를 높이려면 아래의 팁 두 가지를 활용하자.

a. **생동감을 부여하자.** 뇌는 스틸 사진 상태로 생각하지 않으므로 움직임이 많을수록 어떤 장면에 더 많은 세부 사항을 적용할 수 있다.

b. **사진을 최대한 비정상적이고 불균형하게 만들자.** 방 안에서 이상하거나 특이한 대상을 떠올릴 때 세부 사항을 더 쉽게 기억할 수 있다.

기억력은 우리가 생각할 수 있는 위치의 개수에 따라서만 제한된다. 나는 현관문으로 걸어 들어와 거실을 거쳐서 가족실, 주방, 손님방 등으로 가는 경로를 생각한다. 일반 가정집 안에 있는 수많은 물건들과 연관을 지을 수 있다. 이것이 수많은 '기억력 선수'들이 기나긴 목록을 그토록 잘 외우는 비결이다. 그들은 이런 결부 기법anchoring technique을 활용한다.

당신이 해봤으면 하는 연습을 소개한다. 살면서 '가장 좋았던' 기억을 열 개에서 스무 개 정도 적은 다음, 모든 감각을 총동원해서 그 기억들을 집 안의 구체적인 장소와 결부시킨다. 기분이 언짢을 때마다 집 안을 걸어 다니는 상상을 하면서 행복했던 기억들을 되살리자. 조금만 연습하면 거의 순식간에 멋진 기분을 느끼도록 뇌를 훈련할 수 있다.

지금부터는 내가 가장 좋았던 기억 다섯 가지로 이 연습을 하는 방법을 소개한다(이미지를 최대한 생생하게 만들어야 한다는 점을 명심하자).

- **현관문에서 시작한다.** 결혼식이 끝난 뒤 아내를 안고 문지방을 넘어갈 때 아내가 자기를 떨어뜨리지 말라고 부탁했다. 그럴 만한 충분한 이유가 있었다. 결혼식 전날 밤에 결혼식 춤을 연습하다가 내가 발을 헛디뎌서 아내를 떨어뜨릴 뻔했기 때문이었다. 우리는 지금도 그때 이야기를 하면서 웃는다.
- **주방 옆에 있는 가족실로 이동한다.** 내 딸 케이틀린이 일곱 살이었을 때 텔레비전 앞에 서서 「포카혼타스」에서 자기가 맡은 역을 연기하는 모습을 본다. 딸은 연기를 좋아했고, 텔레비전 앞에 서서 우리 시야를 막았지만 전혀 아랑곳하지 않았다.
- **주방으로 들어가니 기가 막힌 냄새가 난다.** 어머니가 저녁 식사 준비를 하면서 그날 내게 있었던 일들을 듣고 싶어 하신다. 어머니는 항상 그러셨고, 아직도 어머니가 살아 계신다는 게 얼마나 큰 축복인지 느낀다.
- **내가 오븐 옆에 서 있다.** 어린 시절의 내가 퍼지를 만들고 있는 할아버지 옆에 놓인 의자 위에 서 있다. 할아버지는 사탕 만드는 일을 하셨고 내 어린 시절의 가장 친한 친구였다.
- **위층으로 걸어간다.** 막내딸 클로이의 방을 보면서 얼룩말 무늬 후드 스웨터를 입고 내 어깨 위에 앉아 레이커스 경기를 보던 때를 상상한다. 그

때 클로이는 내 대머리에 뽀뽀를 하면서 처음으로 사랑한다고 말했다.

당신은 어떤 행복한 기억들을 결부시킬 수 있는가? 조금만 연습하면 이 방법으로 언제 어디서나 멋진 기분을 느낄 수 있다. 이 연습을 직접 해본 사람들은 하나같이 정말 마음에 들었다고 얘기한다. 특히 다른 사람들에게 자기 기억을 들려줄 때 좋다고 한다.

마음을 좋은 쪽으로 돌리는
긍정성 편향 훈련

좋은 것들에 감사하면 좋은 것들이 감사한다.

_탈 벤 샤하르Tal Ben-shahar, 미국 심리학자

나는 2020년 5월 5일 화요일 아침을 영영 잊지 못할 것이다. 화장실에서 이를 닦으며 하루를 시작할 준비를 하고 있었다. 그날은 90세인 내 아버지가 호흡기 내과 주치의를 만나는 예약일이어서 같이 병원에 갈 예정이었다. 코로나19 바이러스가 미국에 상륙할 발판을 마련하고 있던 2월 초에 아버지는 위장 출혈을 일으켜 피를 많이 흘렸다. 우리는 아버지를 병원에 데려갔지만 의사들은 출혈 부위를 찾지 못했다. 수혈을 해야 했지만 의료진은 아버지 빈혈 상태가 심각하지 않다고 판단해서 아직 쇠약한 상태인데도 일주일 뒤에 퇴원하게 됐다. 당시 나는 아버지에게 기침 증상이 나타났다는 것을 알아차렸다.

3월 중순이 되자 아버지의 기침 증상이 점점 심해졌다. 미국에서는 '확산 속도를 늦추는 15일'이라는 이름으로 첫 번째 전국 봉쇄를 시작했던 무렵이라 모두가 이 신종 코로나바이러스를 염두에 두고 있었다. 에이멘 클리닉에는 코로나19 검사 키트가 있었다. 나는 코스타메사에 있는 에이멘 클리닉 관리자였던 조카 크리슬을 부모님 집으로 보내 검사를 하도록 했다.

이틀 뒤에 부모님이 모두 양성 판정을 받았다. 구급대원들이 부모님을 급히 병원으로 데려갔고 병원 직원들은 우리 부모님이 한 방을 쓰도록 배려해줬다. 하지만 우리는 부모님을 면회할 수 없었고 다시 만날 수 있을지 걱정이 됐다. 뉴욕시 병원들 밖에 주차된 냉장 트럭에 시신을 지게차로 싣는 모습이 뉴스 보도를 뒤덮던 때에 일어난 일이었다.

부모님은 하이드록시클로로퀸hydroxychloroquine(말라리아 치료제로 코로나 팬데믹 초기에 치료에 사용했다), 아지트로마이신azithromycin(항생제의 일종), 아연을 투여받았다. 어머니는 하이드록시클로로퀸과 아지트로마이신 또는 렘데시비르remdesivir(항바이러스제로 최초의 코로나19 치료제)를 무작위로 투여받는 임상 시험에 참여했다. 아내와 나는 어머니와 통화를 하다가 치료 중에 임신하지 않겠다는 동의서에 서명했다는 얘기를 듣고 웃었다. 어쩌면 어머니의 장난기 넘치는 유머 감각이 금방 회복한 원인 중 하나일지도 모르겠다. 닷새 뒤에 부모님은 퇴원했고 「오렌지카운티 레지스터Orange County Register」가 1면에 노인 치료 성공기로 두 분을 다루는 바람에 지역에서 유명 인사가 됐다.

하지만 아버지는 회복이 느렸다. 기운이나 활력을 되찾지 못했고 하루에 길게는 열여섯 시간까지도 주무셨다. 의사들은 흉부 엑스레이를 촬영했고 항생제를 투여했지만 확실히 여느 때와 달랐다.

5월 5일 내가 외출할 준비를 하고 있는 와중에 어머니가 휴대전화로 전화를 했다. 엄청나게 당황한 상태였다.

어머니는 "아버지가 숨을 쉬지 않아!"라고 소리쳤다.

나는 "전화 끊지 마세요. 제가 구급차를 부를게요!"라고 대답했다.

지역 응급 구조대에 상황을 설명하고 부모님 댁 주소를 알려준 다음 바로 차에 올라타서 어머니 목소리를 스피커폰으로 들으며 부모님 댁으로 향했다.

어머니가 아버지에게 "여보, 일어나요. 여보, 눈 떠봐요"라고 말하는 소리가 들렸다.

우리 집에서 부모님 댁으로 가는 6킬로미터를 그때만큼 빨리 달려본 적은 없다. 응급 구조대가 도착한 직후에 나도 도착했다. 가족실로 뛰어 들어가자 아버지가 목에 삽관용관을 꽂고 누워 있는 모습이 보였다.

응급구조대원이 "심장이 뛰지 않습니다. 심폐 소생을 할까요?"라고 물었다.

나는 망설이지 않고 "물론입니다"라고 말했다. 하지만 응급구조대원들이 아버지를 되살릴 수 있을 것이라고는 전혀 기대하지 않았다.

어머니는 집요했다. "아버지는 멀쩡했고 오늘 컨디션도 좋았어. 잠깐 옷을 갈아입고 나와 보니 숨을 쉬지 않았다고."

나는 어머니에게 "얼마나 오래요?"라고 물었다.

어머니는 고개를 저었다. 모른다고 하셨다.

응급구조대원이 심폐소생술을 실시했지만 성공하지 못했고 뉴포트 비치 경찰서 소속 경찰관이 집으로 들어왔다. 내가 아는 얼굴이었다. NBPD 베테랑 경관인 데이비드 달링이었다. 나는 한 달에 한 번씩 MBPD 본부를 방문해서 뇌 건강에 관한 두 시간짜리 세미나를 여는 자원봉사를 하고 있었고 그 과정에서 달링을 비롯해 여러 훌륭한 경찰관들을 만났다. 경찰관은 만성 스트레스를 받는 직업이므로 우리 경찰 인력들이 뇌 건강을 챙기기를 바랐다. NBPD 서장인 내 친구 존 루이스도 같은 생각을 갖고 있었다.

달린 경관은 나와 어머니를 불러냈다. 그는 연민 어린 목소리로 "이런 말씀을 드려서 죄송하지만 집에서 사망자가 발생하면 조사를 해야 합니다"라고 말했다.

어머니는 눈을 크게 떴다. "내가 남편을 죽였다는 말씀이에요? 내가 남편을 두고 바람을 피웠다고요?"

어머니도 자기가 실없는 소리를 하고 있다는 것을 알았다. 얼굴에 언뜻 미소가 스쳤다. 전 세계에 전염병이 도는 와중에 90세 노인이 자택에서 호흡을 멈췄는데 경찰이 조사한다니 말이 안 된다는 사실을 우리 모두가 알았지만 그게 규칙이었다.

"에이멘 여사님, 우리는 절차를 따라야 합니다."

그렇게 해서 끔찍하고 지독하고 좋은 일 하나 없는 아주 나쁜 날이 시작됐고 흐릿하게 지나갔다. 캘리포니아주가 엄중한 봉쇄 명령을 와중이었지만 90분도 채 되지 않아 수십 명이 어머니 집을 방문해 어머니와 내 형제자매들과 그 배우자들을 포함한 우리 가족들을 위로했다.

영안실에 갔다가 아버지 시신이 들것에 실려 나가는 모습까지 본 길고 힘든 하루를 보낸 그날 저녁, 나는 샤워를 하고 잠자리에 들 준비를 했다.

지난 3, 4년간 나는 기도를 하고 '오늘은 어떤 일이 잘 풀렸지?'라고 스스로에게 물어본 다음 잠자리에 들곤 했다. 아침에 일어나면 발바닥에 발이 닿자마자 "오늘은 멋진 하루가 될 거야"라고 말하면서 하루를 시작했다. 나는 내 마음이 잘못된 것보다 옳은 것을 찾도록 계획했으므로 이 양대 긍정성 편향 훈련 방법을 받아들였다. 아침마다 그날이 왜 멋진 하루가 될 것인지에 초점을 맞추고 머리가 베개에 닿을 때는 '무엇이 잘됐는지'에 초점을 맞추고 싶다. 그날 하루 동안 일어난 좋은 일을 찾도록 뇌를 훈련하는 것은 나만의 하이라이트 쇼를 만드는 방법이었다. 습관이자 의식이고 일상이다. 늘 하는 일이다.

그날 밤 잠자리에 들 시간이 됐을 때 기도를 하고 나서 내 마음은 '오늘은 어떤 일이 잘 풀렸지?'로 향했다. 그러다가 갑자기 내 마음이 이의를 제기했다. '진심이야? 38년 만에 찾아온 인생 최악의 날인 오늘 밤에도 그걸 하겠다고? 1982년에 할아버지가 돌아가신 이래로 최악인 날에? 아버지를 사랑했다면 너무 불경한 거 아니야?'

하지만 그것이 내 습관이었으므로 달링 경관과 어머니가 나눈 대화를 떠올렸다. 슬픈 와중에도 어머니가 유머 감각을 잃지 않았다는 생각에 입가에 미소가 떠올랐다. 그러고 나서 그날 내 친구와 아버지 친구들이 보낸 수많은 문자 메시지를 생각했다. 아버지도 나도 사랑받고 있었다. 잠이 들기 전에는 아내와 내가 아버지와 가족실에 앉아 작별 인사를 나눈 때를 떠올렸다. 나는 아버지 손을 잡았고 정말 부드럽다고 생각하던 중에 영안실 직원이 와서 아버지를 데려갔다. 그렇게 슬픈 일이 있었지만 나는 그날 밤에도 잘 잤다. 오랫동안 내 마음을 단련해왔기 때문이었다.

이틀 뒤에 우리는 아버지를 화장하기로 결정했다. 누군가가 영안실에 가서 아버지의 옷과 결혼반지, 서류를 가지러 갔다. 부모님 댁에서 어머니와 함께 서류를 살펴보다가 서류 더미 사이에 아무렇게나 들어 있는 아버지 사진을 발견했다. 영안실에 어깨까지 시트를 덮고 누워 있는 모습이었다. 그날 내내 아버지의 시신 사진이 마음에 걸렸다. 도저히 머릿속에서 그 모습을 떨쳐낼 수가 없었다.

그때 내가 환자들에게 가르치는 '안식법havening'이라는 기법이 떠올랐다. 영안실에 있는 아버지의 모습을 속상한 기분과 함께 떠올린 다음, 양손을 각각 반대쪽 어깨에 얹고 30초 동안 팔꿈치까지 부드럽게 쓸어내리기를 반복했다. 속상한 기분을 씻어내기라도 한 듯이 마음이 한결 차분해졌다.

그런 다음 나 자신에게 '기분이 어때?'라고 물었다.

나는 재빨리 '기분이 나아졌어'라고 대답했다.

이 안식 기법을 30초씩 다섯 번 더 반복했다. 다 마쳤을 때는 나를 괴롭혔던 사진이 감사할 수 있는 사진으로 바뀌었다. 아버지를 담은 마지막 사진이었고 평온한 모습이었기 때문이다.

이 경험을 하면서 나는 마음이 어디로 향하는지가 중요하다는 사실을 다시 한 번 떠올렸다. '대체 어떤 바보가 돌아가신 아버지 사진을 그 서류더미에 넣었지?' 같은 질문으로 나 자신을 고문하는 데 머리를 쓸 수도 있었고, 슬픈 기분을 긍정적으로 바꿀 수도 있었다. 나는 후자를 택했다.

부정성이 넘치는 세상이니 긍정성 편향 훈련을 하는 편이 훨씬 이롭다.

'안식' 기법이란 정확히 무엇인가

2000년대 초에 유기화학 박사 학위를 받은 내과전문의 로널드 루든Ronald Ruden 박사가 안식법을 개발했다. 안식법이란 접촉 요법을 이용해 감정적 고통과 연결된 뇌 경로를 바꾸는 치료 기법이다. 루든 박사는 특정한 접촉 기법이 뇌의 세로토닌 생산 촉진을 도와서 긴장을 풀고 속상한 삶의 경험에서 벗어날 수 있다는 이론을 제시했다. 안식법을 실시할 때는 다음의 접촉 기법 중 하나 이상을 사용한다.

• 손바닥을 마주대고 손을 씻듯이 천천히 문지른다.
• 자기 자신을 안아준다. 양손을 각각 반대편 어깨에 얹고 팔꿈치까지 쓸어내린다.
• '세수하듯이' 손가락 끝을 이마와 머리카락 경계선에 놓고 손으로 얼굴을 턱까지 쓸어내린다.

신경과학 관점에서 볼 때 안식법은 스트레스가 심한 생각이나 과거 트라우마를 머릿속으로 생각하는 동시에 뇌의 좌우반구를 모두 자극하는 형태(치유에 필수)다.

안식법은 팬데믹 기간 동안 가수 저스틴 비버가 접촉 기법을 사용하는 모습을 담은 다큐멘터리 영상을 유튜브에 공개하면서 널리 알려졌다. 저스틴 비버가 구부려 앉은 자세로 관자놀이를 문지르는 동안 아내인 헤일리가 카메라를 보며 설명한다. "쉽게 말해 진짜 스트레스가 심하다고 느낄 때나 진정하고 싶을 때 자기 자신을 달래는 방법이에요. 어렸을 때 엄마가 등을 토닥여서 재워줬을 때와 비슷하죠. 세상에서 제일 좋은 기분이잖아요. 그것과 비슷해요. 단지 스스로 한다는 게 다르죠."

루든 박사는 연구를 통해 안식법이 델타파라고 하는 진폭이 크고 수면 시에 경험하는 뇌파를 만들어낸다고 밝혔다. 델타파는 감정이 북받친 기억과 트라우마를 만들어내는 데 관여하는 뇌 영역을 진정시킨다. 이런 뇌 영역 중 하나인 편도체는 경험에서 생기는 감정을 기록하는 데 중요한 역할을 수행한다.

트라우마를 경험했을 때 편도체는 관련된 감정을 다르게 암호화해서 신경과학자들이 '강력화potentiated'라고 부르는 상태가 된다. 이는 트라우마와 감정이 뇌에 단단히 고정되면서 마치 강력접착제로 붙인 듯이 달라붙는다는 뜻이다. 안식법은 그런 강력접착제를 녹이는 역할을 한다.

잘 잊어보길
바랄게!

긍정성의 힘을 도입하자

"오늘은 멋진 하루가 될 거야"라고 말하고 안식 기법을 활용하는 것은 나쁜 순간과 나쁜 기억을 제거하거나 그 힘을 없애도록 돕는 긍정성 편향 훈련 연습이다.

나는 이 분야와 관련해서 '긍정 심리학의 아버지' 마틴 셀리그만Martin Seligman 박사에게 영향을 받았다. 25년도 넘게 지난 예전에 미국 심리학회 회장으로 뽑혔을 때 셀리그만은 최고의 심리학자 10여 명을 모아 심리학이라는 학문이 정신 질환 치료에서 벗어나 인류 번영으로 나아갈 수 있는 계획을 세울 수 있도록 도와달라고 요청했다. 오랫동안 심리학은 질병 모형, 즉 정신 문제와 정신병리적 문제를 앓고 있는 사람들을 치료하는 데 전념했다. 심리학자들은 정신 건강 손상을 복구하는 데 몰두하느라 사람들을 더 행복하게 만드는 긍정적인 개입법을 만들어야겠다는 생각을 하지 못했다. 그것이 셀리그만 박사가 미하이 칙센트미하이Mihaly Csikszentmihalyi 박사를 비롯한 여러 최고 심리학자들과 함께 '긍정 심리학'이라는 전략 개발에 열중하게 된 원동력이었다. 긍정 심리학은 개입의 초점을 문제에서 해결책으로 돌렸다.

긍정 심리학의 주요 특징 다섯 가지는 다음과 같다.

1. 삶을 낙관적으로 바라볼 수 있도록 돕는다.
2. 현재에 감사하도록 해준다.
3. 과거를 받아들이고 화해할 수 있도록 해준다.

4. 더욱 감사하고 용서할 수 있도록 돕는다.

5. 삶의 순간적인 기쁨과 고통 너머를 바라볼 수 있도록 돕는다.

셀리그만 박사는 1998년 미국 심리학회 연례 회의에서 긍정 심리학 개념을 소개했다. 그는 심리학이 정신 질환 치료에 초점을 맞추는 근시안적 시야에서 벗어나 정신 건강을 포함하도록 그 분야를 확장해야 한다는 메시지를 전했다. 그다음에 동료들로 가득 찬 강당에서 이야기를 들려주며 이를 명확히 밝혔다.

지난여름 11개월 전에 다섯 살이 된 딸 니키와 함께 정원에서 잡초를 뽑았습니다. 저는 정원을 가꾸는 데 진심이고, 이날 오후에 저는 제가 하고 있던 일, 그러니까 잡초 뽑기에 무척이나 집중하고 있었습니다. 반면에 니키는 재미있게 놀고 있었죠. 잡초가 공중에 날아다니고 흙먼지가 여기저기 흩날렸습니다.

고백하건대, 지금까지 낙관주의를 연구했지만 우리 집에서 저는 늘 비구름 같은 존재였습니다. 어린이를 그렇게 많이 연구했고, 5세부터 29세까지 자녀가 다섯 명이나 있지만 저 자신은 아이들을 대하는 데 능숙하지 않습니다. 그래서 그날 오후 정원에서 잡초를 뽑다가 저는 니키에게 소리를 질렀죠.

니키는 심각한 표정을 지으며 곧장 제게 걸어왔습니다. "아빠, 할 말이 있어요"라고 하더군요. 그러고는 이렇게 말했습니다. "세 살 때부터 다섯 살이 될 때까지 나는 많이 징징거렸어요. 하지만 다섯 살이 된 날부터 징징거리지 않기로 마음먹었죠. 다섯 살이 된 날부터 한 번도 징징거리지 않았어요."

니키는 제 눈을 똑바로 쳐다보며 "아빠, 내가 징징거리지 않을 수 있었으니 아빠도 투덜거리지 않을 수 있어요"라고 말했답니다.

강당에서 폭소가 터져 나왔다. 아이답지 않게 아주 딱 부러지는 말이지 않은가.

2000년대 들어 셀리그만 박사가 책임지고 이끌면서 긍정 심리학은 심리학의 판도를 바꾸기 시작했다. 과거에 과학자와 심리학자들은 행복이란 지나치게 주관적이고 광범위하고 문화에 따라 다른 개념이라 진지하게 탐구하기 어렵다고 말했지만 이 책 앞부분에서 말했듯이 신경과학자들은 개인이 느끼는 긍정적인 감각 중 약 40퍼센트가 유전적 구성에서 비롯된다는 사실을 발견했다. 나머지는 전부 개인의 경험, 감정, 생각에 크게 좌우된다.

그들의 연구에 따르면 행복이란 다음과 같은 다양한 경로를 통해 달성할 수 있다.

- 사회적 의식(촉각, 후각, 미각, 청각, 시각이라는 신체 감각을 알아차리는 것)
- 사회적 의사소통(언어 및 비언어 형태로 이뤄지는 사회적 상호작용)
- 감사 실천(진심 어린 감사를 표현하고 보여주는 것)
- 인지 개혁(생각하는 방식을 바꾸는 것)

종합하면 이런 요인들을 긍정 심리 개입법positive psychology intervention(PPI)이라고 하는 실천 기법으로 묶을 수 있다. 이런 과학적 도구와 전략은 행복과 웰빙, 감정을 북돋우고자 고안한 것이다.

긍정성 편향 훈련 연습: 행복도를 높이는 9단계

셀리그만과 칙센트미하이 박사는 개인의 정신 상태나 상황과 상관없이 긍정 심리 개입법으로 삶을 개선할 수 있다는 사실을 발견했다. 이와 관련하여 내가 환자들이 더 행복해지고 건강해져서 부정적인 감정을 극복할 수 있도록 돕고자 가르치는 실행 가능한 9단계를 소개한다.

1. 매일 아침 "오늘은 멋진 날이 될 거야"라고 말하면서 시작하자.
앞에서 얘기했듯이 어디에 주의를 기울이는지가 기분을 결정한다. 더 행복하다고 느끼고 싶다면 부정적인 것보다는 내가 설레고, 좋아하고, 원하고, 바라고, 행복해지는 대상에 관심을 두면서 하루를 시작하자. 나는 가족들에게 자녀들을 깨울 때나 아침 식탁에서 함께 이 말을 하라고 권한다. 나는 이 연습을 무척이나 좋아해서 깜빡하고 빼먹을 경우에 대비해 내가 매일 보는 할 일 목록 맨 위에 적어뒀다.

"오늘은 멋진 날이 될 거야"라는 말이 다소 폴리아나가 할 법한 소리처럼 들릴 수도 있다. 코로나19로 수많은 사람이 목숨을 잃고 식당주인들이 가게 문을 닫을 수밖에 없었던 팬데믹 중에는 특히 더 그랬다. 나는 코로나바이러스로 직접 타격을 입을 가족들(우리 가족을 포함해)에 대해 진심으로 슬퍼했지만 그런 상황에서도 부정적인 태도는 그 누구에게도 도움이 되지 않는다. 점점 커지는 불안과 우울, 자살 생각에 시달리는 수많은 사람을 도우려면 에이멘 클리닉에서 해야 할 일이 무척이나 많았다.

"오늘은 멋진 날이 될 거야"라고 말함으로써 나는 쉽게 눈에 보이는 잘못된 부분뿐 아니라 옳은 것도 볼 수 있도록 내 마음을 보호하고 집중할 수 있었다. 그 덕분에 팬데믹 동안에 소셜 미디어에서 라이브 채팅을 활발하게 하면서 우리 환자와 팔로워들을 격려했다.

내가 이 연습을 추천하는 또 다른 이유는 바로 이 말이 일상생활이라는 토양에 낙관주의라는 씨앗을 심기 때문이다. 행복한 사람들은 잘못될 수 있는 부분이 아니라 어떤 상황에서 비롯될 수 있는 좋은 점을 찾는다. '비관론자는 모든 기회에서 어려움을 본다. 낙관론자는 모든 어려움에서 기회를 본다'라는 말은 내가 정말 좋아하는 격언이다.

낙관론자와 비관론자는 문제에 다르게 접근한다. 낙관론자는 대체로 긍정적인 관점으로 나아가는 반면 비관론자는 하늘이 무너질 것이라고 예상한다. 낙관론자는 일이 항상 자기 뜻대로 되지 않는다는 사실을 알고 있으므로 살다가 쓰러지는 일이 생기면 일어나서 다시 시도한다. 낙관주의는 면역 체계를 향상하고 만성 질환 예방에 도움이 되며 아버지가 돌아가셨을 때 내가 그랬듯이 나쁜 소식에 좀 더 잘 대처할 수 있다.

2. 나중에 볼 수 있도록 소소한 행복의 순간들을 기록하자. 앞에서 언급했듯이 행복이 꼭 '대단'하거나 '굉장'한 사건일 필요는 없다. 사소한 순간에서 비롯되는 행복이 실은 생일이나 졸업식, 파티처럼

중대한 이정표보다 더 큰 가치를 지닐 수 있다.

하루를 보내면서 작디작은 소소한 행복의 순간들을 찾는 습관을 들이면 뇌가 긍정성 편향을 나타내도록 훈련하게 된다. 일기를 쓰거나 휴대전화 노트 앱을 활용해 매일 이런 순간들을 기록하자. 당신이 행복을 느끼도록 도와줄 작은 일들을 놓치지 않도록 하루를 마감할 때 그 기록을 살펴보도록 하자. 이런 소소한 순간에 관심을 기울이면 행복의 화학물질과 전반적인 긍정성에 커다란 영향을 미칠 수 있다.

내 환자들이 행복의 네 영역 각각에서 찾은 소소한 행복의 순간들을 소개한다.

네 영역에서 찾은 소소한 행복의 순간들

생물적

일어나서 푹 잤다고 느낄 때

내 아이가 웃는 모습을 볼 때

단풍이 드는 나뭇잎을 알아차릴 때

좋아하는 노래의 첫 음이 라디오에서 흘러나오는 순간

수영장으로 뛰어드는 순간

요리를 시작했을 때 나는 냄새

콘서트가 시작되고 들리는 라이브 음악 소리

휴가 첫날 비행기로 걸어 들어갈 때

폭풍우가 치는 와중에 우산을 들고 있을 때

건강한 디저트를 처음 한 입 음미할 때

심리적

퍼즐을 다 맞췄을 때

좋아하는 텔레비전 시리즈를 켤 때

일기에 생각을 쓰고 곧바로 기분이 좋아졌을 때

좋아하는 악기를 연주할 때

조상을 찾아볼 때

어린 자녀에게 책을 읽어줄 때

유익한 팟캐스트를 들을 때

훌륭한 오디오북을 들을 때

새로운 소프트웨어 프로그램을 써볼 때

사회적

휴가를 떠나기 위해 항공권 '구매' 버튼을 누를 때

반려견을 쓰다듬으면서 나를 보는 그 눈빛을 볼 때

우리 집 마당에 찾아온 부엉이를 발견할 때

배우자가 손을 뻗어 내 손을 잡을 때

다른 사람이 웃는 소리를 들을 때

상사가 잘했다고 칭찬할 때

옛 친구에게 뜻밖의 문자 메시지를 받았을 때

테니스 코트에 도착해 친구들을 볼 때

저녁 파티에 참석할 때

경치 좋은 곳으로 차를 타고 가서 지는 해를 볼 때

영적

기도하면서 신과 이어져 있다고 느낄 때

사랑하는 사람들과 예배에 참석할 때

지구를 돌볼 때(재활용)

시간이 가는 줄 모르고 명상할 때

중요한 일을 할 때

친구가 상실을 극복할 수 있도록 도울 때

부흥회에 참석할 때

영감을 찾을 때

---

3. 고마움과 감사 인사를 최대한 자주 표현하자. 행동 과학자이자 『내 모습 그대로 당당하게Unapologetically You』를 쓴 작가인 스티브 마라볼리Steve Maraboli는 2020년에 「행복을 찾고 싶다면 고마움을 찾자You Want to Find Happiness, Find Gratitude」라는 고마움 일기장을 출간했다. 왜 마다하겠는가. 고마움을 표현하면 더욱 긍정적으로 느끼고 감사를 받는 상대도 더욱 긍정적으로 느끼게 된다. 고마움에 초점을 맞추면 행복과 건강, 외모, 관계가 발전한다. 감사 인사는 사람과 사람 사이에 다리를 놓으므로 고마움을 새로운 수준으로 끌어올린다. 매일 고맙다고 생각한 일을 세 가지 적고 감사 인사를 할 사람을 한 명 찾아보자. 이 간단한 연습으로 단 몇 주일 만에 행복 수준을 유의미하게 바꿀 수 있다.

셀리그만 박사는 사람들의 행복 수준을 높이고자 '감사 방문Gratitude Visit'이라는 연습법을 생각해냈다. 셀리그만은 그 방법을 이렇게 설명한다.

눈을 감는다. 살아 있는 사람 중에서 몇 년 전에 당신의 인생을 더 좋게 바꾼 행동이나 말을 한 사람의 얼굴을 떠올려보자. 제대로 감사한 적이 없는 사람이면서 다음 주에 직접 만날 수 있는 사람. 얼굴이 떠올랐는가? 감사는 삶을 더 행복하고 만족스럽게 해준다. 고맙다고 느낄 때 우리는 살면서 겪은 긍정적인 사건의 즐거운 기억을 떠올린다. 또한 다른 사람에게 고마움을 표현할 때 상대방과의 관계를 강화한다. 하지만 때로는 고맙다는 말을 너무 아무렇지 않게 혹은 순식간에 하고 지나가서 아무런 의미가 없는 말처럼 느껴지기도 한다. 이 연습으로 우리는 사려 깊게 의도를 담아서 감사를 표현하는 행동이 어떤 것인지 경험할 기회를 갖게 될 것이다.

당신이 해야 할 일은 떠올린 사람에게 감사 편지를 적어서 직접 전달하는 것이다. 편지는 구체적이면서 300단어 정도로 적어야 한다. 상대방이 당신에게 무엇을 해주었고 그것이 당신 삶에 어떤 영향을 미쳤는지 구체적으로 표현하자. 당신이 지금 무엇을 하고 있는지 알려주고 상대방이 베푼 호의를 얼마나 자주 떠올리는지 언급하자. 예찬하자! 일단 감사 인사를 다 썼으면 그 사람에게 전화해서 찾아가고 싶다고 말하되, 방문 목적은 얼버무려라. 이 연습은 뜻밖의 일일 때 훨씬 더 재미있다. 그 사람을 만나면 천천히 편지를 읽어주자.

셀리그만 박사는 이 감사 인사를 상대방 앞에서 직접 읽을 예정이라면 미리 각오하라고 말한다. 눈물바다가 될지 모르기 때문이다. 감사 편지를 읽으면 모두가 눈물을 흘린다. 셀리그만 박사가 감사 편지 연습에 참여한 사람들을 일주일, 한 달, 3개월 뒤에 검사했을 때 모두가 더 행복해지고 덜 우울했다.

4. 다른 사람에게 공감하고 친절하게 대하자. 다른 사람의 관점을 이해하려고 애쓰면 그 사람의 감정도 좀 더 잘 이해하게 된다. 자기애

명상과 마음챙김 수련은 자기 자신과 다른 사람들을 향한 공감과 긍정적인 느낌을 높이는 연습법이다. 효과적인 의사소통과 풍부한 정보를 바탕으로 한 인식은 의미 있는 관계를 형성하도록 돕는다.

요즘은 많은 사람들이 힘든 시기를 겪었거나 겪고 있다. 전화나 화상 채팅으로 어떻게 지내고 있는지 안부를 물을 사람이 있는가? 지인 중에 이야기할 상대가 필요한 사람이 있는가?

연구에 따르면 친절은 행복으로 이어진다고 한다. 다들 '임의로 하는 친절 행위random acts of kindness'라는 말을 들어봤을 것이다. 이는 누군가를 미소 짓게 하겠다는 이유만으로 낯선 사람을 돕거나 격려하는 사심 없는 행위를 말한다. 친절을 보이는 방법은 수없이 많지만 몇 가지만 예로 들어보겠다.

- 자기 쪽으로 걸어오는 사람이 보이면 미소를 짓는다.
- 뒷사람을 위해 문을 잡아주고 덜 서두른다.
- 상대방의 말을 귀 기울여 듣는다.
- 상대방에게 오늘 하루가 어땠는지 묻고 귀 기울여 듣는다.
- 친구에게 꽃을 보낸다.
- 친구에게 재밌는 만화를 보내거나 농담을 한다.
- 반려동물과 놀면서 시간을 보낸다.

이타주의 행동은 하는 사람과 받는 사람 모두의 웰빙 수준을 높이는 것으로 나타났다. 하지만 호주국립대학교 정신건강연구센터 소속 티머시 윈저Timothy D. Windsor 박사가 주도한 연구는 자원봉사에 '너무 적은' 혹은 '너무 많은' 시간을 보내는 사람들이 서로 비슷할 정도로 낮은 웰빙 수준을 나타냈다고 밝혔다. 자원봉사에 적정한 시간을 보낸 사람들이 삶의 만족도 수준이 가장 높다는 것이었다.

5. 강점과 성취에 초점을 맞추자. 긍정 심리 개입법의 본질적인 미덕은 잘못보다는 옳은 것에 초점을 맞추는 태도다. 나는 예전에 레코드를 4억 장 넘게 판매한 가수를 만난 적이 있다. 그는 우울증을 겪고 있었고 자기 인생에서 잘못된 일에만 초점을 맞췄다. 그중에서는 40년 전에 그의 음악 스타일을 비판한 로큰롤 출판물 기사도 있었다. 돈과 명성을 다 가졌지만 자기 마음을 다스릴 능력이 없었다. 나는 그에게 집에 가서 자신의 성취와 강점을 목록으로 작성해 오라는 숙제를 냈다. 그렇게 작성한 목록을 보면서 우리는 함께 웃었고 우울증을 극복하는 데 도움이 됐다.

약점보다 강점에 집중하는 것이 중요하다. 셀리그만 박사는 2005년에 참여한 연구에서 강점에 기반을 둔 개입이 단 한 달 만에 행복 수준을 높이고 우울 증상을 줄인다는 사실을 증명했다. 하지만 그러기 위해서는 파악한 강점을 실제로 사용해야 한다. 말로만 그런 강점을 이야기하는 자체로는 같은 이득을 얻지 못한다.

당신이 잘하는 다섯 가지는 무엇인가? 확신이 들지 않는다면 친구들에게 한번 물어보자.

다섯 가지를 적었다면 그런 특성을 일상생활에서 사용할 수 있는 방법을 생각해보자. 그 능력을 당신이 하는 일에 좀 더 잘 활용할 수 있을까? 컴퓨터 전문 지식이나 요리 능력, 팀을 이끄는 능력도 마찬가지다. 당신이 지닌 개인 능력은 당신 고유의 강점이 될 수 있다.

강점에 초점을 맞추는 비결은 올바른 기대와 열망을 갖는 것이다. 흥미롭게도 우리는 어릴 때부터 원한다면 그 누구라도, 심지어 미국 대통령도 될 수 있다는 이야기를 들으면서 자란다. 드높은 기대와 밝은 미래에 대한 희망을 가지고 성인기에 접어들지만 팬데믹을 겪으며 배운 것이 있다면 그것은 바로 요즘 세상에서는 '어떤 것'도 기대할 수 없다는 사실일 것이다.

비현실적인 기대를 버리거나 줄이면 더 행복해질 수 있다. 인생에서 우리는 완벽한 경력, 완벽한 배우자, 완벽한 자녀를 갖지 못할 가능성이 높다. 사실 완벽 추구야말로 불행으로 가는 지름길이다. 어김없이 실망하게 될 것이기 때문이다. 현재 자신이 처한 상황에 맞는 기대치를 설정하자. 그런 다음에 강점을 중심으로 자기 자신을 평가하면서 배운 지식과 그런 기대를 맞추도록 하자.

마찬가지로 자신의 성취에 초점을 맞추자. 당신은 무엇을 달성했는가? 한 환자에게 이 질문을 했을 때 그는 "저는 관계를 유지할 수 없어요"라고 대답했다. 그는 결혼을 열한 번 한 사람이었다. 우리는 긍정성 편향 훈련을 활용해 그 상황을 그가 관계를 시작하고 여성이 그에게 반하게 하는 데 아주 뛰어나다는 사실을 보여주도록 재구성했다. 우리는 어떻게 하면 관계를 유지할 수 있을지 알아내고자 했다. 옳은 것에 주목하면서 개선할 여지가 있는 부분에 초점을 맞췄다.

당신은 무엇을 성취했는지 기록해보고 적은 내용을 살펴보자. 나는 휴대전화에 내가 참석했거나 주최했던 멋진 행사들을 기록해놓고 울적할 때마다 읽어본다.

6. 현재를 살아가도록 훈련하자. 다들 '지금 여기에서 살아라'라거나 '매일을 최대한 활용하라'라는 상투적인 문구를 들어봤겠지만 연구에 따르면 행복한 사람들은 불행한 사람들보다 좀 더 순간순간에 충실하게 살아간다고 한다. 하버드대학교 연구원 두 명이 이 개념을 검증하고자 앱을 만들어서 사람들의 생각과 감정, 행동을 시시각각으로 분석했다. 그 결과 사람들은 현재 순간에 일어나고 있는 일만큼이나 일어나지 '않은' 일에 대해서도 많이 생각하는 경향을 나타냈고, 이는 대체로 사람들을 불행하게 했다. 반대로 현재에 초점을 맞추는 행복한 사람들은 과거의 상처에 집착하거나 후회로 스트레스를 받거나 미래에 일어날지도 모르는 일에 몰두하지 않는다. 그 대신에 현재의 순간에 관심을 집중한다. 이는 그들이 지금 이 순간에 일어나고 있는 일을 의식하고 유념한다는 뜻이다.

현재에 충실한 마음가짐은 건강과 행복에 꼭 필요하다. 이런 마음가짐을 가질 때 우리는 현실에 발을 딛고 주변 세상과 이어진 채로 살아갈 수 있다. 머릿속에서 모든 생각을 비워야 한다는 뜻이 아니라 지금 하고 있는 일, 지금 함께 있는 사람, 지금 겪고 있는 경험에 주의를 집중해야 한다는 뜻이다.

언젠가 소중한 사람을 잃고 슬퍼하던 중에 우연히 에크하르트 톨레Eckhart Tolle가 쓴 『지금 이 순간을 살아라The Power of Now』를 읽게 됐다. 소중한 사람을 잃은 고통에 과거 기억들을 샅샅이 훑었고, 후회와 불안으로 가슴이 미어질 듯 아팠다. 내가 이 책을 읽으면서 배운 가장 중요한 개념은 반복되는 생각이 활기를 빼앗아가도록 두면 내 생각이 고통을 유발한다는 것이었다. 미래에 일어날 일에 정신적으로 대비하지 않으면 과거에서 길을 헤매게 된다. 하지만 현재에 충실하게 살아갈수록 과거에서 비롯되는 감정적 고통과 미래에 대한 걱정에서 벗어나는 느낌을 받았다.

어려운 시기에도 현재 순간의 생각은 중요하다. 고통에서 벗어나고 싶더라도 고통 '속으로' 들어가야 한다. 『뇌는 항상 듣고 있다*Your Brain Is Always Listening*』라는 책에서 나는 상실을 겪을 때는 슬픔이 거세게 밀려와 눈물이 흐르도록 두는 것이 중요하다고 썼다. 고통을 인정하고 그 속으로 파고들 때 비로소 고통이 사라지기 시작한다. 현재에 충실하고 지금 있는 곳에 유념함으로써 우리는 행복과 안전을 느끼고, 고통에 좀 더 잘 대처하며, 스트레스가 건강에 미치는 영향을 줄이고, 힘겨운 감정에 좀 더 잘 대처할 수 있다.

내가 현재 순간에 마음을 집중하려고 할 때 사용했던 방법을 한 가지 소개한다. 몇 차례 연속으로 차에 탈 때마다 시동을 걸기 전에 핸들을 느끼곤 했다. 내 손의 위치와 테두리를 둘러싼 소재에 주목하면서 핸들을 움켜쥐었다. 차를 몰고 떠나기 전에 20초에서 30초 정도 충분히 시간을 들여 이렇게 하는 행위는 현재 순간에 나 자신을 '결부'할 수 있도록 도와주는 삶의 속도를 늦추는 연습이었다. 손을 관찰하고 호흡을 관찰하면서 나는 내 몸과 마음을 여기, 이곳에 연결했다.

바쁘게 인생을 살아가는 와중에 운전대를 움켜쥐거나 장미향을 맡으며 여유를 찾도록 일깨워줄 계기는 누구에게나 필요하다. 금방 건조기에서 꺼낸 빨래에서 풍기는 편안한 냄새를 맡거나 음식의 풍부한 맛을 천천히 즐기는 것처럼 주변 세상을 음미할 때 우리는 감각 경험을 새롭게 되살린다.

현재를 살아간다는 의미는 미래를 걱정하지 않는다는 것을 포함한다. 미래를 걱정하다 보면 행복을 매일매일, 심지어 일요일에는 두 차례 망치게 된다. 많은 이에게 걱정은 제2의 천성과도 같지만 대부분은 자신이 얼마나 두려운 생각을 곱씹으며 살아가는지 알아차리지 못한다. 연구에 따르면 행복한 사람들은 불행한 사람들보다 훨씬 더 걱정을 적게 한다고 한다. 이는 새삼스러울 것 없는 통찰이다.

7. 부정성을 없애서 긍정적인 사람이 되자. 우리가 아무리 긍정적으로 생각하려고 해도 우리 뇌는 부정적인 영토(나는 이를 가리켜 '배드랜드Badland'라고 부른다)에 진을 치려고 한다. 진료를 보기 시작했을 무렵에 나는 깊고 어둡고 부정적인 생각을 토로하는 환자들을 많이 치료했다. 그들은 마치 저절로 움직이기라도 하는 듯 부정적인 생각들을 반사적으로 퍼뜨렸다.

어느 날 집으로 돌아와 주방에 우글거리는 개미를 보면서 이런 자동적인 부정적 생각을 떠올렸다. 조명 소켓, 바닥재와 벽 틈에서 기어나온 이 작은 생물들은 어디에나 있었다. 식료품 저장고에서는 시리얼 박스로 기어 들어가는 개미를 발견했다. 에이멘 집 안에서 수확이 쏠쏠했다는 소문이 상당히 큰 개미 군락에 퍼진 모양이었다.

나는 '기억술mnemonics'이라는 개념 덕분에 의대를 졸업했다. 이 암기법은 뇌에 구체적인 사실이나 많은 정보를 저장하고 끄집어내는 방법이다. 기억술은 '1492년 콜럼버스는 푸른 바다를 항해했다In fourteen hundred ninety-two Columbus sailed the ocean blue'(미국에서 어린이들에게 콜럼버스 관련 역사를 가르칠 때 사용하는 노래 가사 중 일부) 같은 간단한 구절부터 기억하고 싶은 단어들의 첫 글자를 따서 그 글자들로 새로운 단어를 만드는 머리글자에 이르기까지 다양하다. 그래서 나는 '자동적인 부정적 생각automatic negative thoughts'이라는 구절을 머릿속으로 이리저리 굴려보다가 딱 맞는 머리글자를 발견했다. 바로 ANTs(개미들)였다! 집에 와서 우글거리는 개미를 발견한 날에도 어울렸고 마음을 좀먹는 부정적인 생각에 시달리는 환자들에게도 안성맞춤이었다.

한동안 생각한 끝에 나는 주방에 몰려온 개미처럼 우리 마음에 들끓는 부정적인 생각을 아홉 가지로 나눠봤다.

- **모 아니면 도 ANTs:** 이는 모든 것이 끝내주게 좋거나 모든 것이 망했다고 생각할 때 덮칠 태세를 갖추고 우리 머릿속을 기어 다니는 생각이다. 모 아니면 도 ANTs가 나타나면 그 중간 영역, 애매한 부분이란 없다. 모두 좋거나 모두 나쁘거나 둘 중 하나이고 대체로 모두 나쁘다. 이 생각에는 '나는 항상 실수해…… 나는 절대 살을 빼지 못할 거야…… 도저히 자제할 수가 없어…… 절대 초콜릿을 끊을 수 없을 거야……'처럼 '항상'과 '절대' 같은 빈도를 나타내는 부사가 자주 따라다닌다. 팬데믹 동안에 모 아니면 도 ANTs를 하는 환자들을 많이 만났다. 그들은 우리가 모두 코로나바이러스에 감염되어 죽을 것이라고 100퍼센트 확신했다.
  → 모 아니면 도 ANTs가 가장 흔한 뇌 유형: 즉흥형과 집요형

- **자기 비하 ANTs:** 이는 끊임없이 자기 자신을 남들과 비교하면서 자기가 남들보다 못하다고 여기는 생각이다. 자기 비하 ANTs는 자신이 한 번도 기대에 부합한 적이 없다는 말을 반복해 자존감에 상처를 입히고,

이로 인해 자신이 친구와 지인들보다 못하다고 느끼게 된다. 자기 비하 ANTs가 심한 사람들은 자기가 하는 일을 결코 잘할 수 없을 것이고, 있는 그대로의 자신이 절대 충분하지 못할 것이라고 확신한다. 친구들 역시 같은 문제와 불안에 시달린다는 사실을 깨닫지 못한 채 자신에게 비현실적인 기대와 압박을 가한다.

→ 자기 비하 ANTs가 가장 흔한 뇌 유형: 예민형과 신중형

- **다 나빠 ANTs:** 이 생각은 모든 상황에서 나쁜 점을 찾는 길을 간다. 절대 다른 일자리를 찾지 못할 것이라거나 평생 부모님 집 지하실에서 벗어나지 못할 것이라고 말하며 눈에 불을 켜고 실수와 문제점만 찾는다. 이런 생각을 하다 보면 사람들은 자기 행동이나 행위를 통제할 수 없다고 느끼게 된다. 예를 들어 머릿속이 다 나빠 ANTs로 가득 찬 사람들은 팬데믹이 자기 꿈과 야망을 불태웠다고 믿는다. 그들은 생각지도 못했던 유산을 받게 됐을 때도 상속세를 내야 한다고 불평하는 사람들이다.

→ 다 나빠 ANTs가 가장 흔한 뇌 유형: 예민형

- **죄책감 ANTs:** 이 생각은 '해야 한다'라는 단어로 뒤덮여 있다. 이 ANTs에 시달리는 사람들은 기대에 부응하지 못했거나 중요한 순간에 성공하지 못했거나 어린 시절 방탕했던 일에 대해 지나치게 죄책감을 느낀다. 자기 실수와 잘못된 결정, 실언들을 번번이 떠올리며 과거에 대해 죄책감을 느낀다. 부모와 권위 있는 인물에게 들은 수많은 결점을 줄줄이 다시 떠올린다.

→ 죄책감 ANTs가 가장 흔한 뇌 유형: 예민형과 신중형

- **꼬리표 붙이기 ANTs:** 자기 자신을 가리켜 패배자라고 하거나 자녀에게 버릇없는 녀석이라고 하면 머릿속에 꼬리표 붙이기 ANT가 생긴다. 자기 자신이나 남에게 부정적인 꼬리표를 붙이면 그런 대상을 하나의 집단으로 뭉뚱그려서 실재하는 사람으로 볼 수 없다는 문제가 발생한다. 게다가 꼬리표는 자기 충족적 예언이 될 수 있다.

  → 꼬리표 붙이기 ANTs가 가장 흔한 뇌 유형: 모든 유형

- **점치기 ANTs:** 이는 ANTs 중에서도 최악에 속하는 '적색경보' ANT이다. 이 ANTs는 어떤 상황에서든 최악을 예상하고 그 상황을 한층 더 나쁘게 만든다. 이런 ANTs가 서로 이어지고 쌓이면서 비관론자들은 최악으로 치닫는다. 점치기 ANT는 예기치 못한 일이 일어났을 때 주로 끔찍한 예측을 한다. 가슴에 점이 생기면 흑색종 피부암이고 자동차 엔진에서 이상한 소리가 들리면 통째로 교체해야 한다고 생각한다.

  → 점치기 ANTs가 가장 흔한 뇌 유형: 예민형과 신중형

- **독심술 ANTs:** 이 '적색경보' ANTs를 하는 사람들은 다른 사람의 마음을 들여다볼 수 있으며 그 사람이 자기를 어떻게 생각하는지, 얼마나 멍청하다고 생각하는지 정확하게 안다고 확신한다. 하지만 당신이 다른 사람의 마음을 읽을 수 없듯이 다른 사람들도 당신의 마음을 읽을 수 없다.

  → 독심술 ANTs가 가장 흔한 뇌 유형: 모든 유형

- **조건부 행복 ANTs:** 이 ANTs는 과거와 논쟁하고 미래를 갈망한다. 주로 자기가 바라던 대로 살지 못한 이유에 대한 변명으로 '……했더라면'

을 반복하며 후회에 젖어 있다. 돈이 더 많기만 했더라면…… 더 마르기
만 했더라면…… 그 인간과 결혼만 하지 않았더라면……. 과거에 산다
는 것은 그렇게 쳇바퀴를 돌리는 일이다. 이미 엎질러진 물은 돌이킬 수
없기 때문이다. 뭔가 '새로운' 일이 생기면, 예를 들어 '승진을 하거나, 더
큰 집으로 이사하거나, 결혼하면' 더 행복해질 것이라고 생각한다면 지
금 행복해지는 방법을 찾는 데 방해가 될 뿐이다.

→ 조건부 행복 ANTs가 가장 흔한 뇌 유형: 모든 유형

• **남 탓하기 ANTs:** 피해 의식에 사로잡히면 난관이나 좌절을 주변 사람
들이나 상황 탓으로 돌린다. 어떤 사람들은 다른 사람들이 자기에게 미
안해하거나 피해자라는 처지에 쏟아지는 관심을 즐기기 때문에 이런
ANTs에 집착한다. 모든 ANTs 중에서 이것이 최악이다. 남 탓은 자기 인
생에서 책임을 거의 혹은 전혀 지지 않는 결과를 낳기 때문이다. 자기가
다른 사람들이 행한 부정적인 행위의 희생자라고 생각하므로 자기 행
동을 바꿀 힘이 없다고 느낀다.

→ 남 탓하기 ANTs가 가장 흔한 뇌 유형: 모든 유형

사람들은 대부분 긍정적인 생각과 부정적인 생각이 각각 뇌에서
다른 화학물질을 분비하게 한다는 사실을 모른다. 행복한 생각이나
기발한 아이디어를 떠올리거나 사랑스러운 감정을 느낄 때 뇌는 도
파민과 세로토닌, 몸을 진정시키는 엔도르핀 같은 행복의 화학물질
을 분비한다. 부정적인 생각을 할 때 뇌는 화학물질을 분비하거나 줄
여서 분노나 슬픔, 스트레스에 빠지게 한다. 스트레스 호르몬인 코르

티솔(위험의 분자)과 아드레날린을 분비하고 기분이 좋아지는 신경전달물질인 도파민과 세로토닌이 줄어들면 체내 화학 상태와 뇌의 초점을 바꾼다. 이러면 사람은 불행해진다.

부정성이 다리를 붙잡고 늘어지면 행복의 사다리를 오르기가 어렵다. 물론 인생에는 문제와 가슴앓이, 실망이 가득하다. 사적으로나 업무 영역에서나 나쁜 일은 일어나게 마련이다. 관계가 끝나고 친구와 가족이 죽는다. 아버지가 돌아가셨을 때 내가 그랬듯이 상실을 애도하는 것이 중요하며, 자기 자신에게 충분한 시간과 공간을 줄 때 슬픔에 더 잘 대처할 수 있다. 전과 같은 행복 수준으로 돌아가려면 몇 주에서 몇 달이 걸릴 수 있다.

우리가 통제할 수 있는 것은 우리에게 일어난 부정적인 일에 대처하는 방식이다. 좀 더 긍정적인 관점을 가질 수 있도록 떠오르는 부정적인 생각에 반박하자.

떠오르는 생각을 낱낱이 믿지 말자

생각은 힘이 세고 우리 몸에서 물리, 감정, 화학 반응을 유발하지만 진실을 밝히자면 머릿속에 떠오르는 생각을 낱낱이 믿을 필요는 없다. 부정적인 생각이라면 더더욱 그렇다.

오랫동안 나는 모든 아이들에게 이 개념을 가르쳐야 한다고 줄곧 말했고, 인기를 얻었던 내 책 『캡틴 스나우트와 슈퍼 파워 질문Captain Snout and the Super Power Questions』에서 이 개념을 밝혔다. 캡틴 스나우트는 어린이들에게 좀 더 긍정적인 관점으로 더 행복하고 건강하게 살라고 격려한다. 부정성에서 비롯되는 스트레스 없이 긍정적으로 살아가는 법을 다룬 이 유쾌하고 용기를 북돋아주는 책에서 캡틴 스나우트는 'ANTs가 행복을 훔치도록 내버려두지 마세요!'라고 크고 분명하게 말한다. 캡틴 스나우트는 자기가 제시하는 슈퍼 파워 질문으로 힘든 일을 극복하고 영웅이 될 수 있다고도 말한다! 캡틴 스나우트는 어린이들에게 다음 방법을 가르친다.

- 생각에 의문을 제기함으로써 부정적인 생각 제거하기
- 긍정적인 관점을 받아들이고 전반적인 웰빙 수준을 높이기
- 자동적인 부정적 생각 극복하기

특히 나이가 들수록 ANTs에 맞서야 하는 이유가 있다. 부정적인 생각에 젖어들면 기억이 쇠퇴한다. 이는 '반복되는 부정적 생각'과 인지력 감퇴 사이의 연관을 보여주는 2020년 유니버시티 칼리지 런던의 연구에서 내가 도출한 결론이다. 연구자들은 부정적인 사고 패턴을 계속 반복해서 나타내는 사람들이 기억력과 사고 능력을 비롯한 인지 능력에서 좀 더 뚜렷하고 측정 가능한 저하를 경험한다는 사실을 밝혔다. 이 연구의 공동 저자인 가엘 셰트라Gael Chételat는 "우리 생각은 신체 건강에 생물적 영향을 미칠 수 있으며 긍정적인 영향일 수도 있고 부정적인 영향일 수도 있습니다"라고 말했다. 이는 내가 오랫동안 주장했던 내용과 일치한다. "정신 건강을 돌보는 것은 단기적인 건강과 웰빙에 중요할 뿐 아니라 궁극적으로는 치매에 걸릴 위험에도 영향을 미칠 수 있습니다."

ANTs와 부정적인 생각에 대처할 때 최선의 방어는 적절한 공격이다. 따라서 긍정성 편향을 키우면 부정적인 것에 초점을 맞추려는 마

음의 경향을 상쇄할 수 있다.

슬프거나 화가 나거나 불안하거나 걷잡을 수 없다고 느낄 때면 생각하는 내용을 적고 그 내용이 사실인지 스스로에게 물어보자. ANTs를 없애려면 부정적인 생각을 적고 그 ANT의 유형을 파악한 다음 내 친구이자 작가인 바이런 케이티Byron Katie에게 배운 다섯 가지 질문을 스스로에게 던지며 이를 퇴치하자.

1. 그 생각은 진실인가?

2. 100퍼센트 확실하게 절대적으로 진실인가?

3. 그 생각을 믿을 때 기분이 어떠한가?

4. 그 생각을 하지 않는다면 기분이 어떠하겠는가?

5. 생각을 정반대로 돌려 정반대 생각이 사실인지 물어보자. 그 생각이 진실이라는 증거가 있는가?

그다음에 이 새로운 생각을 곰곰이 생각해보자. 예를 들어보겠다.

ANT: 아무도 나를 좋아하지 않아.

ANT 유형: 모 아니면 도

1. **그 생각은 진실인가?** 그렇다.

2. **백 퍼센트 확실하게 절대적으로 진실인가?** 어쩌면 엄마는 날 좋아할 수도 있겠지.

3. **그 생각을 믿을 때 기분이 어떠한가?** 친구도 사랑하는 사람도 없이 남은 인생을 보내게 될까 봐 슬프고 두려워.

4. **그 생각을 하지 않는다면 기분이 어떠하겠는가?** 더 행복하고 사람들을 만나고 관계를 맺는 데 좀 더 마음을 열 수 있을 것 같아. 나 자신에 대해 좀 더 자신감을 갖고 긍정적으로 느끼겠지.

5. **생각을 정반대로 돌려 정반대 생각이 사실인지 물어보자.** 어떤 사람들은 나를 좋아해. 이 말이 진실이라는 증거가 있을까? 동료들이 점심을 같이 먹자고 얘기해. 나와 같이 있고 싶지 않다면 그러지 않을 거야. 내가 반려견 산책을 시킬 때면 이웃이 가던 길을 멈추고 말을 걸어. 인사도 하지 않고 그냥 지나칠 수도 있는데 대화를 시작하지. 교회 사람들이 내게 화상 채팅으로 성경 공부를 같이 하자고 요청했어.

이 새로운 생각을 곰곰이 생각해보자: 어떤 사람들은 나를 좋아해.

한 환자와 대화를 하던 중에 그가 "지금 우리는 ANTs를 없애고 마음을 재훈련하는 이야기를 하고 있잖아요. 가끔 저는 '잠깐만, 그 작은 목소리가 내가 그 목소리에 귀를 기울여야 한다고 말하는 본능이 아니라고 어떻게 장담할 수 있지?'라고 스스로에게 묻곤 해요. 선생님도 '직감을 따르라'라고 말하는 주장을 들어보셨죠?"라고 말했다.

나는 대답했다. "언제 마음에 귀를 기울여야 할지를 생각하기에 좋은 질문이네요. 떠오르는 생각이 자신에게 도움이 되는지, 해가 되는지 스스로에게 물어보세요. 그런 생각이 어머니, 배우자, 친구, 직장인으로서 환자분의 목표에 도움이 되나요? 아니면 해를 끼치고 있나요? 환자분의 생각이 기쁨과 평화, 안전을 가져다주나요, 아니면 슬픔과 후회, 좌절을 가져다주나요? 자신에게 도움이 되는 생각에 따르고 맥 빠지게 하는 생각에는 의문을 품으세요."

8. 인생에서 재미와 웃음을 찾자. 당신의 삶에 긍정성을 조금 주입하고 싶은가? 더 많이 웃자. 웃음을 터뜨릴 때마다 우리 뇌는 행복의 화학물질인 도파민과 옥시토신, 엔도르핀을 분비하는 동시에 스트레스 호르몬인 코르티솔을 낮춘다. 진심 어린 웃음은 약물과 같아서 더 행복하다고 느끼도록 뇌 화학 작용을 바꾸고, 그 작용은 거의 순식간에 일어난다.

하지만 요즘은 웃음이 부족하다. 특히 나이가 들수록 웃는 일이 줄어든다. 『유머의 마법Humor, Seriously』을 쓴 저자 제니퍼 에이커Jennifer Aaker와 나오미 백도나스Naomi Bagdonas는 "유머 감각의 집단 상실은 전 세계 사람들과 조직을 괴롭히는 심각한 문제"라고 주장한다. 그들은 166개국의 140만 명을 대상으로 실시한 갤럽 여론조사에서 매일 우리가 웃거나 미소 짓는 빈도가 23세 무렵부터 곤두박질치기 시작한다는 사실이 드러났다고 지적한다. 이는 성인들이 하루 평균 4.2회 웃는다는 조사와도 일치한다. 어린이들이 피식거리거나 낄낄거리거나 폭소를 터뜨리는 횟수에 비하면 극히 일부에 불과하다. 어린이들은 하루 평균 300회 웃는다.

그렇다면 웃음이란 무엇이며, 어떻게 일어날까? 웃음은 킬킬거림이나 터져 나오는 음성으로 즐거움, 기쁨 혹은 경멸 같은 감정을 보여준다.

이 정의에서 빠진 부분은 웃음이 시작되는 곳이다. 그곳은 바로 뇌다. 우리는 좌뇌가 농담을 포함한 언어 해석을 담당한다는 사실을 알고 있다. 우뇌는 농담이나 관찰, 상황을 재미있게 만드는 요소를 파악하는 역할을 한다. 정서적 반응은 뇌의 앞이마겉질이 담당하지만 웃기는 영화나 텔레비전 시트콤을 볼 때 움직임과 감정을 통합하는 뇌 영역인 바닥핵이 활성화된다는 사실도 중요하다. 이런 영역들이 웃음이라는 신체 행동을 만들어낸다.

웃음의 최고 장점은 바로 건강에 아주 좋다는 점이다. 웃음의 효과를 다룬 로마린다대학교의 연구에서 유쾌하게 웃으면 우리 몸에서 진통제 역할을 하는 엔도르핀이 분비되고 혈압이 낮아진다는 결과가 나왔다. 옛 속담에도 있듯이 웃음은 최고의 명약이고 마크 트웨인이 했다고 전하는 유명한 말처럼 "인류에게 유머는 가장 큰 축복"이다.

그렇다면 어떻게 해야 더 많이 웃을 수 있을까? 웃음에는 전염성이 있으므로 친구와 함께 코미디 영화를 보러 갈 수 있거나 익살스러운 연극을 관람할 수 있다면 그렇게 하자. 모두가 함께 웃으면 유대감이 형성되어 진실한 감정을 좀 더 스스럼없이 드러낼 수 있으며, 이 역시 삶에 긍정적인 영향을 미친다.

9. 스스로에게 '오늘은 어떤 일이 잘 풀렸지?'라고 물어보며 하루를 마무리하자. 이 긍정 편향 훈련을 내 삶에서 어떻게 활용해왔는지

는 앞에서 이미 아버지가 돌아가신 날을 이야기하면서 설명했다. 꼭 잠자리에 들기 전까지 기다렸다가 어떤 일이 잘 풀렸는지 자문할 필요는 없다. 저녁 식사 시간에 가족이 모여서 하기에 아주 좋은 연습이고, 우리 집에서 하는 습관이기도 하다.

몇 년 전에 내 조카 두 명이 우리 집에서 살게 됐다. 조카들의 부모가 중독자가 됐고, 타나와 나는 조카들에게 좀 더 건전한 가정환경을 마련해주고 싶었다. 이제 조카들은 17세와 12세가 됐다. 아침 식사를 할 때 우리는 조카들에게 "자, 오늘은 어째서 멋진 날이 될 것 같아?"라고 묻는다. 저녁 식사를 할 때는 어떤 일이 잘 풀렸는지 이야기한다. 다른 가족들에게도 이렇게 하라고 권한다. 매일 일정한 시간을 정해 그날을 긍정적인 방향으로 향하게 하고 어떤 일이 잘 풀렸는지 되새기면서 하루를 마무리하자.

나는 언제나 매일 잘 풀린 일을 찾을 수 있었고, 당신 역시 힘든 시기에도 찾을 수 있다. 깨어 있는 동안에 일어난 좋은 일을 찾으면 마치 ESPN이 '오늘의 플레이'를 찾듯이 당신의 뇌가 좋은 일을 찾도록 훈련할 수 있다. 그런 좋은 일이 굉장한지, 괜찮은지, 고만고만한지, 평소와 같은지는 중요하지 않다. 자기가 생각하기 나름이다. 자신에게 일어난 좋은 일을 생각하다 보면 꿈을 좀 더 긍정적으로 설정하게 되고, 이는 숙면하고 기분이 더 좋아지고, 활력이 생기고, 미소를 짓는 데 도움이 된다. 더 행복하게 잠들면 더 행복하게 깨어나고 그날 하루를 긍정적으로 맞이할 태세를 갖춘다.

언제나 도움이 되는 TLC

세상이 무너지고 있는 와중에 어떻게 행복할 수 있을까? 어째서 어떤 사람들은 정말 끔찍한 상황에서도 살아남고 어떤 사람들은 괴로워할까? 내 진료실로 찾아오거나 화상 채팅을 하면서 얼마나 절망적인 기분인지 얘기한 환자들은 수도 없이 많았다. 연구자들은 스트레스가 심한 상황에서 고비를 견디지 못하는 사람들은 대개 다음 세 가지를 믿는다고 한다.

- 그 상황이 '영원'하다.
- 그 상황이 '광범위'하다.
- 그들이 그 상황을 '통제할 수 없다'.

긍정 심리 개입법이나 안식 기법 외에도 스트레스를 받거나 불안할 때마다 미래에 대해 좀 더 희망찬 기분을 느끼도록 생각을 바꿀 수 있는 기법이 있다. 바로 TLC라는 기법이다.

- 그 상황은 '일시적temporary'이다.
- 그 상황은 '지역에 국한local'된다.
- 당신은 그 상황을 다소 '통제control'할 수 있다.

나는 코로나19 팬데믹 상황을 좀 더 긍정적으로 보고자 다음과 같이 TLC 기법을 활용했다.

일시적: 코로나바이러스 팬데믹이 영원히 지속되지는 않을 것이다. 스페인 독감, 흑사병, 콜레라처럼 과거에 일어났던 모든 팬데믹을 생각해보자. 결국에는 모두 해결됐다. 이 역시 지나갈 것이다. 우리 경제도 침체기에 빠질 때마다 다시 회복됐다.

지역에 국한: 전 세계 곳곳에서 코로나19 사례가 나오기는 했지만 그 질병이 전 세계 모든 국가의 모든 도시의 모든 동네의 모든 거리를 강타한 것은 아니다. 너무 많은 사망자가 나오기는 했지만 코로나바이러스에 감염된 사람들 중 대다수는 살아남았다. 내 아버지는 코로나바이러스에 걸린 뒤 얼마 지나지 않아 돌아가셨지만 어머니와 다른 가족 몇몇은 회복했고, 내 친구들과 동료 대다수는 아예 걸리지 않았다.

통제: 코로나바이러스 확산을 '통제'하기 위해 무엇을 할 수 있을까? 백신을 맞고 위생 관리를 철저히 하고 마스크를 쓰며 비타민 D와 C, 아연을 복용해 면역 체계를 강화한다.

나는 TLC 기법의 통제 측면을 실천하고자 2020년과 2021년 동안에 미국 신학자 라인홀드 니부어Reinhold Niebuhr가 쓴 평온을 비는 기도를 수천 번에 이를 만큼 자주 드렸다. 이 기도는 정신 건강의 정수라고 할 만하다.

제가 바꿀 수 없는 것을 받아들이는 평온과
제가 바꿀 수 있는 것을 바꿀 용기와
이 둘을 구별할 수 있는 지혜를 허락하소서.

이는 행복한 사람이 삶을 살아가는 방식이다. 일시적이고, 지역에 국한되고, 자기가 통제할 수 있는 것이 무엇인지 파악하는 TLC 기법을 실천한다면 인생에서 어떤 중대한 문제라도 극복할 수 있는 회복 탄력성을 강화할 수 있을 것이다.

행복해져야 할 이유를
다시 설정하자

'왜' 살아야 하는지 아는 사람은 '어떤' 상황에서도 견딜 수 있다.
_프리드리히 니체Friedrich Nietzsche, 독일 시인·철학자

행복이란 어떤 장애물이 앞을 가로막고 있더라도 자신의 가치에 따라 의미와 목적을 가지고 인생 목표를 향해 나아갈 때 찾아온다. 행복한 인생은 과거를 후회하는 데 초점을 맞추거나 두려운 마음으로 미래를 보지 않는다. 그런 점에서 나는 인기 팝 가수 아리아나 그란데가 부른 「고마워, 다음 사람Thank U, Next」을 좋아한다.

이 노래의 가사는 과거에서 배우고 과거에 고마워한다. '한 명은 내게 사랑을 가르쳐줬고, 한 명은 내게 인내심을 가르쳐줬고, 또 한 명은 내게 아픔을 가르쳐줬지…… 고마워, 다음 사람.'

동시에 명확한 목적으로 미래에 초점을 맞추는데, 이 경우는 결혼

이었다. "언젠가는 결혼식을 올릴 거야."

홀륭한 기관이라면 으레 핵심 가치, 조직 강령, 명확하게 규정된 분기별, 연도별, 3개년 혹은 5개년 목표가 있게 마련이듯이 우리도 그래야 한다. 하지만 임상 진료를 보면서 발견한 바로는 자신만의 핵심 가치를 알고 있는 사람은 극소수다. 가장 근본적인 의미와 목적을 좀처럼 깊이 생각하지 않고, 단기 목표와 장기 목표도 명확하게 정해놓지 않은 경우가 더 많다.

환자들이 삶의 네 영역(생물적, 심리적, 사회적, 영적)에서 자신만의 핵심 가치와 목적, 목표를 발견하도록 이끈 다음 이 네 영역에 맞는 결정을 내리는 것이 행복 퍼즐을 완성하는 마지막 조각이다. 로라 클레리(앞에서 언급했던 배우, 코미디언 겸 소셜 미디어 인플루언서)가 내 도움을 받아 삶 전체를 아우르는 목적을 아주 명확하게 딱 집어냈을 때 이런 일이 일어났다. 그 목적은 바로 '매일 다른 사람들에게 행복을 조금씩 전달하는 것'이었다.

지금부터 내가 로라와 함께 했던 연습들을 차근차근 설명하면서 무엇이 당신의 영혼을 채우고 인생을 이끌지 찾을 수 있도록 안내할 것이다. 내가 개발한 'OPM^{One Page Miracle}'이라는 연습법으로 자신의 핵심 가치를 파악하고 목적의식을 다듬으며 생물적, 심리적, 사회적, 영적 목표를 설정하는 법을 알려줄 것이다. OPM은 당신이 네 영역에서 무엇을 얻고 싶어 하는지 명확하게 밝힌다. 이는 인생에 명확성을 더하고 당신이 균형 잡힌 삶을 살아가면서 더 행복해지도록 도와줄 훌륭한 방법이다. OPM은 당신이 다음과 같은 일을 할 수 있도록 도와준다.

- 핵심 가치를 명확히 밝힌다.
- 뚜렷한 의미와 목적의식을 키운다.
- 삶의 네 영역에서 향후 3개월, 내년, 향후 3개년에서 5개년 및 더 장기적인 목표를 세운다.
- 매일 스스로에게 이 중요한 질문을 던질 수 있도록 일깨운다. '그것이 잘 들어맞는가? 오늘 내가 한 행동이 내 삶의 목표에 부합하는가?'

이번 장에서는 OPM 작성 방식을 알려주고자 한다.

정신의학과 영성?

20세기 이론 물리학자 알베르트 아인슈타인Albert Einstein은 "과학을 진지하게 추구하는 사람이라면 누구나 우주의 법칙에서 영혼이 나타난다고 확신하게 된다. 이는 인간의 영혼보다 훨씬 우월하며, 미력한 우리는 이 영혼 앞에서 겸허함을 느껴야 한다"라고 말했다.

영성에는 우리 자신보다 더 위대한 존재가 있다는 믿음이 따른다. 사람됨이란 즉각적인 감각 경험에 그치지 않으며, 계속 이어지는 가치가 있을 때 우리 삶은 본질적으로 어느 정도 신성하다는 믿음이다.

의대에 다니기 전에도 나는 신앙과 영성이 일체성을 기르는 데 중요하다고 믿었다. 신앙의 맥락에서 의학을 배우고 싶었던 나는 오클라호마주 털사에 있는 오랄로버츠대학교에 합격했을 때 무척이나 기뻤다. 당시 오랄로버츠대학교는 미국에서 몇 안 되는 기독교 재단 의과대학 중 하나였다. 우리는 질병에만 관심을 쏟기보다는 몸과 마음, 관계, 영혼을 같이 보는 전인적인 관점에서 환자를 대하라고 배웠다. 예를 들어 환자들과 함께 기도하는 법에 대한 가르침은 대단히 큰 힘을 발휘했다.

워싱턴 DC에 있는 월터 리드 육군 의료 센터에서 정신과 인턴과 레지던트 과정을 이수했을 때 나는 다른 레지던트와 병원 직원들에게 영성과 정신의학을 다루는 수업을 가르쳤다. 다른 의과대학에서는 보통 정신의학 교육 과정에서 영성을 찾아볼 수 없다. 정신분석학을 창시한 지그문트 프로이트Sigmund Freud는 무신론자였고 종교를 '보편적 강박 신경증'이자 '과학을 실로 심각하게 위협하며 믿을 가치가 없는 적'이라고 묘사했다.

하지만 듀크대학교 의료센터 소속 영성신학건강센터 소장인 정신과 전문의 해럴드 코닉Harold Koenig에 따르면 미국인 중 89퍼센트가 신을 믿고 90퍼센트가 꼬박꼬박 기도를 드리며 82퍼센트가 영적 성장이 필요하다고 본다고 한다. 정신과 전문의는 그런 믿음을 이해하고 그 맥락 안에서 진료해야 하며 결코 이를 축소하거나 무시하지 말아야 한다. 정신과 의사라면 한 사람이 느끼는 가장 깊은 의미와 목적의식을 뒷받침하는 법을 찾아야 한다.

과학은 인간의 정신 건강과 웰빙에서 영성이 차지하는 중요성을 따라잡기 시작했다. 예를 들어 정기적으로 종교 의식에 참석하고 매일 기도를 드리는 행위는 스트레스와 우울증, 중독, 고혈압, 심장 질환에 걸릴 위험을 줄이고 용서와 자제력, 장수, 행복, 삶의 만족도를 높이는 등 여러 건강상 이득과 연관이 있다는 연구가 있다.

삶에서 믿음이 없다면 우리는 다리 하나가 없어진 네발 의자와 같을 것이다.

One Page Miracle

핵심 가치

생물적:
심리적:
사회적:
영적:

목적

생물적 목표 **뇌와 몸**	심리적 목표 **마음**	사회적 목표 **관계, 일, 돈**	영적 목표 **의미와 목적**

신

3대 뇌와 건강 전략
뇌 상태 확인: 정기적인 검사
해로운 요소를 피하자: 브라이
트 마인드 위험 요인
좋은 습관을 실천하자: 브라이
트 마인드 전략

브라이트 마인드
혈류: 운동하자(하루에 1만 보씩
약속에 늦은 사람처럼 걷자).
은퇴와 노화: 새로운 것을 배
우자.
염증: 가공식품을 치우고 치실
을 사용하고 매일 오메가-3와
프로바이오틱스를 섭취하자.
유전적 특징: 취약점을 확인하
고 예방하자.
두부 외상: 머리를 보호하자.
독소: 독소를 피하고 해독을
담당하는 네 기관을 돌보자.
정신 건강 문제: 심리적 목표
를 참고하자.
면역과 감염: 장과 비타민 D
수치를 최적화하자.
신경호르몬 문제: 정기적으로
검사하고 최적화하자.
비만 당뇨: 적정 체중을 유지하
고 혈당을 관리하자.
수면: 하루에 일곱 시간에서
여덟 시간 숙면하자.

ANTs를 없애는 5대 질문
부정적인 믿음을 적어보자. 다
음과 같이 물어보자.
· 그 생각은 진실인가?
· 절대적으로 진실인가?
· 그 생각을 믿을 때 기분이
어떠한가?
· 그 생각을 하지 않는다면 기
분이 어떠하겠는가?
· 그와 정반대 생각이 진실이
거나 원래 생각보다 진실에
더 가까운가?

관계
배우자

가족

친구

릴레이팅
책임
공감
경청
자기주장
시간
질문
마음에 드는 점에 주목
자비 · 용서

직장 · 학교

돈

지구

과거 세대와 연계

미래 세대와 연계

핵심 가치를 명확히 밝히자

핵심 가치란 무엇이며 핵심 가치가 행복에 중요한 이유는 무엇일까? 핵심 가치란 살아가는 데 가장 중요하다고 생각하는 특성이나 특질이다. 핵심 가치는 힘겨운 상황에 직면했을 때 결정을 내릴 수 있도록 도와준다. 예를 들어 당신이 마라톤을 하려고 훈련하는 중이라고 하자. 기나긴 달리기 훈련이 있는 날 아침에 아이가 배가 아프다고 한다. 당신이라면 아이를 돌보기 위해 달리기를 포기하겠는가? 절친한 친구의 결혼식 전날 만찬에 참석해야 하는 날 직장 상사가 '당장' 해야 하는 급한 프로젝트를 맡긴다면 어떻게 하겠는가? 이런 경우 우리가 내리는 결정은 핵심 가치를 바탕으로 이뤄진다. 어떤 핵심 가치가 가장 중요한지 안다면 인생 목표에 부합하는 결정을 내릴 수 있다.

이는 모든 뇌 유형에게 중요한 연습이지만 특히 로라 클레리처럼 즉흥적인 뇌 유형에 속하는 사람들에게 꼭 필요하다. 즉흥형인 사람들은 핵심 가치를 고려하지 않고 충동적인 결정을 내리는 경향이 있기 때문이다. 핵심 가치에 계속해서 초점을 맞춘다면 좀 더 바람직한 결정을 내리는 데 도움이 될 것이다. 나아가 바람직한 결정은 행복에 꼭 필요하다.

지금부터 3단계만으로 자신의 핵심 가치를 명확히 밝히는 법을 소개한다.

1단계: 다음 네 영역 각각에서 당신에게 중요한 특성이나 특질을 한두 가지 고르자. 원한다면 여기에 없는 특성을 더해도 좋다.

생물적	심리적	사회적	영적
신체 활동 능력	진정성	보살핌	수용
아름다움	자신감	연결	감사 인사
뇌·몸 사랑하기	용기	의지 가능성	의식(경외감)
뇌 건강	창의력	공감	동정심
에너지	유연성	격려	너그러움
집중력	솔직함	가족	고마움
신체 단련	재미	우정	성장
수명	행복/기쁨	자립	겸손
맑은 정신	근면	친절	영감
신체 건강	개성	타인에 대한 사랑	신에 대한 사랑·관계
안전	열린 마음	충성	도덕성
힘	긍정성	결과 지향·봉사	인내심
활력	회복탄력성	열정	깊은 신앙심
	책임감	의의	목적의식
	기반	성공	종교 단체
	안심	전통	복종
	자제력		초월성
	자기애		경이로움

예를 들어 에이멘 클리닉에서는 다음과 같은 핵심 가치에 따라 모든 결정을 내린다.

- **뇌 건강**: 뇌는 모든 건강과 성공의 중심이 된다. 뇌가 제대로 작동하면 우리도 제대로 작동하고, 어떤 이유에서든 뇌에 문제가 생기면 우리 인생에서도 문제가 생길 가능성이 높다.
- **진정성**: 우리는 우리 삶의 사명대로 살아가지만 진정성이 없다면 남들은 우리가 하려는 일을 믿어주지 않을 것이다.
- **과학 기반**: 우리는 환자들이 더 바람직한 삶을 살 수 있도록 도와줄 이용 가능한 증거에 따라 행동한다.

- **결과 지향:** 우리는 삶을 바꾸고자 이 자리에 있다. 이것이 우리가 매일 일하는 이유이며 우리 목적의 핵심이다.
- **책임감:** 오늘 조직을 개선하기 위해 내가 할 수 있는 일은 무엇일까?
- **동정심:** 우리는 우리가 봉사하고 가르치는 사람들을 위해 여기에 있다.
- **성장:** 우리는 언제나 더 나아지고자 노력한다.

나 개인이 네 영역에서 중요하게 여기는 가치는 다음과 같다.

- **생물적:** 뇌와 몸 사랑하기, 활력
- **심리적:** 진정성(내 삶의 사명대로 살아가기), 행복
- **사회적:** 의의, 자립
- **영적:** 신에 대한 사랑과 관계, 동정심

2단계: 당신이 가장 존경하는 영웅들(과거 및 현재)을 여섯 명에서 여덟 명 떠올려보고 그들의 인생이 대표한다고 생각하는 가치를 적어보자. 당신의 영웅은 개인적으로 아는 사람일 수도 있고 공인들이나 단체(소방서, 스포츠 팀, 학교 등)일 수도 있다. 당신에게 중요한 영향을 미친 존재라면 누구든 좋다.

내가 작성한 예시를 소개한다.

에이멘 박사의 영웅들

영웅	그들이 대표하는 가치
할아버지	친절
아버지	근면, 성실, 솔직
어머니	유머, 관계
아내	책임감(대응하는 능력)
에이브러햄 링컨	회복력, 용기
미 육군	유연성(일이 계획대로 흘러가지 않으므로)
의료 교육	과학 기반

3단계: 당신의 가치를 검토하자. 한동안 자신을 관찰하면서 스스로 내리는 결정과 결정 이유에 주의를 기울이자. 그 결정들은 어떤 가치를 반영하며 당신의 인생에 어떤 영향을 미치는가? 그 가치들을 적어서 자주 볼 수 있는 곳에 붙여놓자. 습관처럼 때때로 자신의 가치들을 검토하면서 여전히 당신이 그런 가치에 공감하는지, 아니면 바꿔야 할지 살펴보자. 적힌 가치들이 당신이 원하는 가치를 반영하고 있는가? 집요한 뇌 유형에 속한 사람들에게는 이 단계가 어려울 수도 있다. 집요형은 일단 가치들을 선택하면 그런 가치들이 더는 자신에게 도움이 되지 않더라도 여기에서 벗어나려고 하지 않는 사람들이다. 당신 이야기 같다면 믿을 수 있는 친구나 가족에게 당신이 중요하다고 생각하는 가치들을 이야기하고 그런 가치들이 당신의 삶에 부합하는지 객관적인 관점에서 판단해달라고 부탁하자.

4단계: OPM 양식 좌상단 칸에 당신이 가장 중요하게 여기는 핵심 가치 여섯 가지에서 여덟 가지를 기록하자.

6가지 질문으로 삶의 목적을 파악하자

행복하려면 일단 자신의 삶이 중요하다고 믿어야 한다. 삶의 목적을 파악하면 좀 더 의미 있고 더욱 행복하며 연결되어 있다고 느끼게 된다. 「일반 정신의학 아카이브_Archives of General Psychiatry」에 실린 한 연구에서 900명이 넘는 사람들을 최대 7년까지 추적 조사하면서 목적의식이 어떤 영향을 미치는지 살펴봤다. 이 연구에서는 목적의식을 '삶의 경험에서 의미를 도출하고 행동을 이끄는 의도성과 목표 지향성을 품는 심리적 경향'이라고 규정했다. 연구자들은 연구를 시작했을 당시 목적의식이 더 강했던 사람들에게서 다음과 같은 특성을 발견했다.

- 더 높은 행복 수준
- 비교적 적은 우울 증세
- 더 높은 만족도
- 더 양호한 정신 건강
- 인격 성장, 자기 수용
- 양질의 수면
- 장수

이 밖에도 목적의식과 삶의 만족도 및 사망률 감소를 연관 짓는 연구는 많다. 27년간에 걸쳐 실시한 연구에서는 목적의식과 의미를 지니고 살아가는 것이 행복과 장수의 비결이라고 결론지었다. 2015년 「랜

싯『Lancet』에 실린 논문에서는 '행복에 이바지하는 웰빙eudemonic well-be-ing(목적의식 및 삶의 의미를 지닌 것과 관련된 유형의 웰빙)'을 측정한 결과 장수와 연관이 있었다. '삶의 목적'에서 높은 점수를 얻으면 부정적인 소셜 미디어 문제(주변인들만큼 팔로워 수가 많지 않다거나 원하는 만큼 '좋아요'를 얻지 못하거나 올린 글에 부정적 댓글이 달리는 것 등)가 자존감에 영향을 미칠 가능성도 줄어든다. 이렇게 많은 연구들이 목적의식을 행복한 인생의 기본 요소로 지목한다.

환자들에게 목적의식을 이야기할 때마다 나는 저명한 정신의학자이자 홀로코스트 생존자이며 『죽음의 수용소에서Man's Search for Meaning』라는 명저를 쓴 저자 빅터 프랭클Viktor Frankl 얘기를 꺼낸다. 프랭클은 "삶을 견딜 수 없게 만드는 것은 상황이 아니라 의미와 목적의 상실이다"라고 말하면서 목적의 세 가지 요소를 설명했다.

- 목적이 있는 일 혹은 생산. 이는 자기 자신에게 '내가 여기 있어서 이 세상이 더 나은 곳이 되는 이유는 무엇일까?'라거나 '나는 무엇에 기여하는가?' 같은 질문을 던지는 것을 포함한다.
- 다른 사람들을 사랑하기.
- 어렵더라도 용기 내기. 어떤 난관이라도 견디고 다른 사람들이 난관을 견디도록 돕기.

삶에서 진정한 목적을 찾으려면 어디를 봐야 하는지만 알면 된다. 무엇이 당신의 삶에 의미를 주는지에 모든 관심을 집중할 수 있도록 다음 질문에 대한 답변을 적어보자.

1. **내면을 들여다보자:** 당신은 어떤 일을 즐기는가? 예를 들어 글쓰기, 요리, 설계, 육아, 창작, 말하기, 가르치기 등등을 적어보자. 당신은 남들에게 무엇을 가르칠 자격이 있다고 느끼는가?

2. **주변을 바라보자:** 당신은 누구를 위해서 일하는가? 당신이 하는 일은 어떻게 당신과 다른 사람을 이어주는가?

3. **뒤를 돌아보자:** 당신이 과거에 겪은 아픔을 남을 돕는 데 쓸 수 있는가? 아픔을 목적으로 바꿔보자.

4. **자기 자신 너머를 보자:** 다른 사람들은 당신에게 무엇을 원하거나 바라는가?

5. **변화를 찾아보자:** 당신이 행한 일의 결과로 다른 사람들은 어떻게 바뀌는가?

6. **끝을 생각해보자:** 유명한 책인 『죽음과 죽어감 On Death and Dying』의 저자이자 정신과 의사인 엘리자베스 퀴블러 로스 Elisabeth Kubler-Ross는 "사람이 공허하고 목적 없는 삶을 살아가는 이유 중 하나는 죽음을 부정하는 데 있다. 영원히 살 것처럼 산다면 해야 할 일을 미루기가 너무 쉬워지기 때문이다"라고 말했다. 자기 자신에게 '이 걱정이나 문제, 순간이 영원한 가치를 지니고 있는가? 죽은 다음에 나는 어떻게 기억되고 싶을까?'라고 물어보자.

질문 여섯 개 중에 두 가지만 자기 자신에 관한 내용이고 네 가지는 다른 사람에 관한 내용이라는 점에 주목하자. 옛 중국 속담에 이런 말이 있다.

'한 시간 동안 행복하려면 낮잠을 자라. 하루 동안 행복하려면 낚시

를 가라. 1년 동안 행복하려면 유산을 상속받아라. 평생 행복하려면 다른 사람을 도와라.'

다른 사람을 도울 때 행복은 찾아오게 마련이다.

질문 6가지로 알아보는 에이멘 박사의 목적의식

1. **어떤 일을 즐기는가?** 나는 환자들을 진료하고, 뇌를 들여다보고, 글을 쓰고, 가르치고, 영감을 주고, 뇌 건강 혁신 일으키기를 좋아한다!

2. **누구를 위해서 일하는가?** 나는 나 자신, 우리 가족, 우리 클리닉에 찾아오고, 우리 책을 읽고, 우리 프로그램을 시청하고, 우리 제품을 구매하고, 우리 공동체에 속한 사람들을 위해 일한다.

3. **과거에 겪은 아픔을 남을 돕는 데 쓸 수 있는가?** 내가 사랑했던 사람이 자살을 시도했고, 그로 이해 나는 정신 건강, 뇌 건강 문제를 앓고 있는 사람들을 치료하는 여정에 나서게 됐다.

4. **다른 사람들은 나에게 무엇을 원하거나 바라는가?** 우리가 돕는 사람들은 괴로움을 덜고, 기분이 좋아지며, 더 예리해지고, 삶을 좀 더 잘 통제할 수 있기를 바란다.

5. **내가 행한 일의 결과로 다른 사람들은 어떻게 바뀌는가?** 사람들은 더 건강해진 뇌로 더 바람직한 삶을 살고 있다. 괴로움을 덜고 더 행복하고 건강해지며 자기가 배운 내용을 다른 사람들에게 전한다.

6. **끝을 생각해보자.** 나는 남편이자 좋은 친구, 아버지, 할아버지, 선생님, 뇌 영상법과 뇌를 치료하는 자연스러운 방법으로 정신의학을 바꾸는 데 기여한 사람으로 기억되고 싶다. 또한 수많은 사람이 더 행복하다고 느끼고 더 밝은 마음을 갖고 더 바람직한 삶을 살아가도록 도운 뇌 건강

혁명을 이끈 사람으로 기억되고 싶다.

로라 클레리는 이 질문들에 다음과 같이 답했다.

1. **어떤 일을 즐기는가?** 많은 사람들과 이어지는 콘텐츠(코미디) 제작, 알코올의존증에서 벗어나는 법.
2. **누구를 위해서 일하는가?** 내가 기쁨을 느끼고 시청자들과 가까워지기 위해 일한다.
3. **과거에 겪은 아픔을 남을 돕는 데 쓸 수 있는가?** 알코올의존증 가정에서 자란 경험으로 공감 능력과 다른 사람을 돕고 싶은 열망이 생겼다.
4. **다른 사람들은 나에게 무엇을 원하거나 바라는가?** 기분이 좋아지고 외로움을 덜어내며 더욱 이어지고 자기 자신에게 만족하고 싶어 한다.
5. **내가 행한 일의 결과로 다른 사람들은 어떻게 바뀌는가?** 나는 사람들에게 기분과 삶을 개선할 수 있도록 '하루치 용량의 행복'을 전한다.
6. **끝을 생각해보자.** 나는 좋은 엄마이자 아내, 유머와 행복을 전하는 선생님으로 기억되고 싶다.

누군가가 "어떤 일을 하세요?"라고 물으면 5번 질문에 대한 대답을 들려주자. 예를 들어 사람들이 내게 어떤 일을 하는지 물으면 나는 "나는 사람들이 더 건강한 뇌로 더 바람직하게 살아가면서 괴로움을 덜고 더 행복하고 건강해지며 배운 내용을 다른 사람들에게 전하도록 돕는 일을 합니다"라고 대답한다. 그리고 요즘에 사람들이 로라에게 어떤 일을 하는지 물으면 그는 기다렸다는 듯이 "나는 사람들에게 하루치 용량의 행복을 전합니다"라고 말한다.

어떤 일을 하는지 묻는 이 간단한 질문에 답하면서 당신이 알고 만나는 여러 사람들과 삶의 목적을 나누게 된다. 이 과정에서 도파민이 증가하고 따라서 당신은 점점 더 행복해진다.

OPM 양식 목적 칸에 5번 질문에 대한 대답을 기록해보자.

의미와 목적, 목표에 집중하는 비결

나는 환자들이 인생의 가치와 목적을 파악하도록 도와준 다음에 이를 염두에 두고 남은 OPM 연습을 이어가면서 네 영역에서 목표를 짚어나가라고 말한다. 내가 이 연습을 가리켜 '한 장의 기적One Page Miracle'이라고 부르는 이유는 많은 사람이 이를 통해 빠르게 초점을 맞추고 삶을 바꿔가는 모습을 봤기 때문이다. 30년 동안 환자들을 진료하면서 나는 뇌에게 원하는 것을 이야기하면 뇌가 그 일이 일어나도록 돕는다는 사실을 발견했다. OPM은 당신의 생각과 말, 행동을 이끌어줄 것이다. 일단 OPM을 작성해두면 당신의 말과 행위, 행동들이 목표를 달성하는 데 도움이 되는지, 아니면 삶에서 당신이 바라는 바를 성취하는 데 방해가 되는지 금방 판단할 수 있다. OPM은 모든 뇌 유형에게 대단히 효과적인 도구다. 또한 핵심 가치 연습과 마찬가지로 OPM 역시 즉흥적인 뇌 유형에 속한 사람들이 목표에 집중할 수 있도록 돕는 데 특히 유익하다.

OPM을 작성하면 삶의 중요한 영역 각각에서 자신이 무엇을 원하는지 명확하게 파악하고 자신의 가치와 목적에 충실할 기회를 얻게 된다. 이 연습으로 균형 잡히고 의미 있으며 더욱 행복한 삶이 어떤 모습일지 스스로 그려볼 수 있다. OPM을 써나가면서 삶의 네 영역에서 자신이 진정으로 원하는 바가 무엇이며, 이런 영역들이 당신의 가치와 의미, 목적을 어떻게 반영하는지 자문해보자. 다음에 제시한 질문과 팁, 작성 예시를 참고하자.

영역별 OPM

생물적

나는 내 몸과 뇌를 위해 무엇을 해야 할까? 브라이트 마인드 위험 요인과 전략을 항상 명심하여 건강을 유지해야 한다.

생물적 목표를 OPM 양식의 해당 칸에 적어보자.

심리적

나는 내 마음을 위해 무엇을 해야 할까? ANTs를 없애야 한다. 부정적 생각이 떠오르면 '그 생각은 진실인가?'라고 물어보자.

심리적 목표를 OPM 양식의 해당 칸에 적어보자.

사회적

나는 내 관계(배우자, 연인, 자녀, 가족, 친구, 동료)와 직장, 학교, 돈을 위해 무엇을 해야 할까? 릴레이팅 단계를 기억하자. 일할 때 무엇을 해야 할까? 경제력을 얻기 위해 무엇을 해야 할까?

사회적 목표를 OPM 양식의 해당 칸에 적어보자.

영적

영성은 신과 이어져 있다는 감각이나 자기 자신을 뛰어넘는 더 깊은 의미와 목적의식, 초월성으로 정의할 수 있다. 어떤 사람들은 영성을 종교에서 찾고, 어떤 사람들은 사색이나 명상에서 찾는다. 또한 영성은 자기 자신이 이 세상에 있는 이유, 생명을 갖게 된 이유, 신을 알고 신과 이어져 있다는 의식, 지구와의 관계, 과거 세대(내 경우 할아버지) 및 미래 세대(내 경우 손주들)와의 관계를 자기 안에서 발견하는 것이라고도 정의할 수 있다. 영성과 관련해 나는 무엇을 해야 할까? 신과의 관계, 지구의 건강, 과거 세대와의 관계, 미래 세대와의 관계를 위해 나는 무엇을 해야 할까?

영적 목표를 OPM 양식의 해당 칸에 적어보자.

One Page Miracle

핵심 가치

생물적: 뇌·몸 사랑하기, 활력
심리적: 진정성, 행복
사회적: 의의, 자립
영적: 신에 대한 사랑과 관계, 동정심

목적

사람들이 더 건강한 뇌로 더 바람직하게 살아가면서 괴로움을 덜고 더 행복하고 건강해지며 배운 내용을 다른 사람들에게 전하도록 돕는 것

생물적 목표 뇌와 몸	심리적 목표 마음	사회적 목표 관계, 일, 돈	영적 목표 의미와 목적
예시: 나는 최대한 오랫동안 예리한 정신과 강한 신체를 유지하고 싶다. 이는 행복과 성공, 자립의 토대다. **3대 뇌와 건강 전략** 뇌 상태 확인: 정기적으로 검사하자 해로운 요소를 피하자: 브라이트 마인드 위험 요인 좋은 습관을 실천하자: 브라이트 마인드 전략 **브라이트 마인드** **혈류:** 운동하자(하루에 1만 보씩 약속에 늦은 사람처럼 걷자). **은퇴와 노화:** 새로운 것을 배우자. **염증:** 가공식품을 치우고 치실을 사용하고 매일 오메가-3와 프로바이오틱스를 섭취하자. **유전적 특징:** 취약점을 확인하고 예방하자. **두부 외상:** 머리를 보호하자. **독소:** 독소를 피하고 해독을 담당하는 네 기관을 돌보자. **정신 건강 문제:** 심리적 목표를 참고하자. **면역과 감염:** 장과 비타민 D 수치를 최적화하자. **신경호르몬 문제:** 정기적으로 검사하고 최적화하자. **비만 당뇨:** 적정 체중과 혈당 관리 **수면:** 하루에 일곱 시간에서 여덟 시간 숙면	예시: 나는 행복하고, 진실하고, 내 마음을 긍정적으로 다스리고 싶은 동시에 내가 정상 궤도를 유지하기에 딱 적당한 수준의 불안감을 느끼고 싶다. **5대 질문으로 ANTs를 없애자** 부정적인 믿음을 적어보자. 다음과 같이 물어보자. · 그 생각은 진실인가? · 절대적으로 진실인가? · 그 생각을 믿을 때 기분이 어떠한가? · 그 생각을 하지 않는다면 기분이 어떠하겠는가? · 그와 정반대 생각이 진실이거나 원래 생각보다 진실에 더 가까운가?	**관계** **배우자** 예시: 나는 행복하고, 진실하고, 내 마음을 긍정적으로 다스리고 싶은 동시에 내가 정상 궤도를 유지하기에 딱 적당한 수준의 불안감을 느끼고 싶다. **가족** _____ **친구** _____ **릴레이팅** 책임 공감 경청 자기주장 시간 질문 마음에 드는 점에 주목 자비·용서 **직장·학교** _____ _____ _____ _____ **돈** _____ _____ _____	**신** 예시: 매일 기도하며 신이 내 인생에 바라는 뜻에 귀를 기울인다. **지구** 예시: 지구가 건강하도록 내 역할을 다한다. **과거 세대와 연계** 예시: 할아버지를 계속 기억하면서 조상을 기린다. 할아버지가 나를 자랑스러워하시도록 살아가자. **미래 세대와 연계** 예시: 손주를 돌보기.

OPM 과정이 어떻게 이루어지는지 궁금한가? 앞서 소개한 부부, 로라와 스티븐이 계획한 OPM을 소개한다.

관계

- 배우자: 사랑과 열정, 즐거움, 배려, 흥분, 신뢰, 재미, 창의력, 이해심이 넘치는 결혼 생활이 평생 계속되기를 바란다.
- 부모: 자주 만나고 싶다. 아빠에게 좀 더 자주 전화해야겠다(로라).
- 자녀: 친밀하고 사랑이 넘치는 관계를 맺고 싶고, 내가 아이들을 있는 그대로 사랑하고 받아들일 것임을 늘 알아줬으면 좋겠다. 나는 아무런 조건 없이 아이들을 사랑하고 싶다. 또한 아이들이 그런 사랑을 알고 느끼며, 늘 안전하다고 느끼고 즐겁게 지냈으면 좋겠다. 아이들이 어떤 노력을 기울이든 지원할 것이다.
- 가족과 친구: 자주 만나고 싶다. 한 달에 한 번씩 만나려고 노력할 것이다.

일

계속해서 사업을 키우고 브랜드를 키워나간다. 계속 책을 쓴다. 계속 많은 사람들에게 웃음을 전한다. 새로운 영역으로 진출한다. 영화계로 진출한다. 텔레비전으로 진출한다.

영적 관계

매일 기도하고 명상한다(스티븐은 기도하고 로라는 매일 기도와 명상을 한다).

이제 당신 차례다. 충분한 시간을 투자해서 OPM을 작성하자. 심사숙고해서 대답을 작성하자. 언제나 자기 자신에게 '이것이 영원한 가치를 지니는가?'라고 질문하자. OPM은 명확하게 규정한 핵심 가치, 목적의식, 네 영역의 목표를 바탕으로 하루하루를 살아갈 수 있도록 일깨워주는 효과적인 리마인더 역할을 할 것이다. 이를 염두에 두고 살아가고 사랑하고 행동한다면 당신이 더욱 행복해지는 데 도움이 되는 결정을 계속해서 내리게 될 것이다.

향후 3개월, 내년, 향후 3개년에서 5개년, 남은 평생에 이르기까지 기간별로 OPM을 만들어보는 것도 도움이 된다. 예를 들어 나는 내 자녀 네 명과 손주 다섯 명을 모두 사랑하지만 그중 누구와도 함께 살고 싶지는 않다. 나는 누구에게도 짐이 되고 싶지 않고 노인요양시설에 가고 싶지도 않다. 살아 있는 한 내 몸은 스스로 건사하고 싶다. 그러니 인생의 각 단계에서 생물적, 심리적, 사회적, 영적 건강에 대해 진지하게 고려해야 한다.

나에게 평생에 걸쳐 자립을 유지하는 것은 행복의 일부이다. 당신은 어떠한가?

"이 프로그램을 시작하기 전 저는 심각하게 우울했고,

약물 치료를 받아도 효과가 없었습니다. 삶의 목적을 잃고 헤매고 있었죠.

지금은 새로운 희망을 바라보며,

곁에 있는 사람과 함께 더 좋아질 미래를 이야기합니다.

누군가에게 시간을 내어주거나 함께 시간을 보냈을 때

뿌듯한 기분이 든다는 것이 놀라워요.

사소한 일이어도 남을 도울 때 기쁨이 배가 되어 돌아온다는 것도요.

행복을 나누세요!"

_A. M.

인간은 연결되어야 행복해질 수 있다

RELATING

건강한 관계를 만드는 8가지 지침

예의 바른 행동은 지혜롭다. 따라서 무례한 행동은 어리석다.
불필요하게 제멋대로 무례를 저질러 적을 만드는 행위는
자기 집에 불을 지르는 것만큼이나 미친 짓이다.

_아르투르 쇼펜하우어Arthur Schopenhauer, 독일 철학자

2021년, 나는 앞에서 소개했던 코미디언 겸 소셜 미디어 인플루언서 로라 클레리와 로라의 남편이자 작곡가이며 로라의 소셜 미디어 협력자이기도 한 스티븐 힐턴에게 전화를 받았다. 두 사람은 말다툼을 하고 결혼 상담을 원했다. 당시에는 몰랐지만 부부는 우리가 나눈 대화를 거의 전부 인스타그램과 페이스북에 올렸고, 그 글은 수백만 건의 조회 수와 수천 건에 달하는 댓글 수를 기록했다. 그들이 그렇게 해줘서 기쁘다. 팬데믹으로 수백만 명에 이르는 미국인들이 봉쇄 생활을 하게 되면서 관계 문제에 시달리는 사람들의 숫자가 급격하게 증가했다. 나는 미국 전역에 관계 치료가 필요한 수많은 부부가 있을

것이라고 확신하며, 로라와 스티븐 부부의 상담을 통해 그들도 듣고 배울 기회를 갖게 되어 기쁘다.

그렇다면 이 부부가 그토록 심각하게 다투게 된 계기는 무엇이었을까?

어느 날 밤 당시 임신 7개월이었던 로라가 이미 하루 일과를 마치고 누워 있던 침실에 스티븐이 뛰어 들어와 일 관련 사항에 대해 흥분해서 물었다.

딱히 싸울 일 같지는 않다. 그렇지 않은가? 하지만 때로는 타이밍이 정말 중요하다. 이 사례가 바로 그런 경우였다. 로라는 종달새(아침형 인간)이고 스티븐은 올빼미다. 로라는 일찍 쉬고 싶어서 잠자리에 들지만 그 시간대야말로 스티븐에게는 가장 기운과 창의력이 넘치고 일에 막 몰두할 무렵이다.

치료 시간 중에 로라는 말했다. "그 자체는 멋진 일이지. 하지만 당신은 밤 9시 30분에 침대 맡에 와서는 '우리 이거 어떻게 할까?'라고 묻잖아. 일 얘기로 불타올라. 나도 그만큼 신나면 좋겠다는 마음에 기분이 안 좋아. 그러다 보니 그렇게 바보 같은 말싸움을 벌이게 된 거야."

스티븐은 자기가 밤 시간에 열정에 타오르는 행태가 문제라는 사실에 깜짝 놀랐다. 그는 "당신이 방금 말하기 전까지 내가 그러는지도 몰랐어"라고 말했다.

기본적으로 이런 생체 리듬(자연스러운 수면-기상 주기)이 서로 맞지 않는 경우로 내가 치료하는 여러 부부가 문제를 겪는다. 내가 환자들에게 추천하고 로라와 스티븐에게 제안했던 방법은 일을 비롯한 중요한 화제에 대해 이야기하는 시간을 정하는 것이다. 두 사람 모두가 그런 대화를 나눌 만큼 생산적이고 창의적이라고 느끼는 시간대를 선택해야 한다.

로라는 "정말 좋은 생각이에요. 밤에 그런 대화를 나누면 스트레스를 받아서 잠이 잘 오지 않거든요"라고 말했다.

상대방의 생체 리듬을 존중하면 스티븐은 늦은 밤에 좋은 생각이 떠올랐을 때 아내가 관심 없는 듯한 태도를 보여서 좌절하는 경험을 하지 않아도 되고, 로라는 수면의 질을 높일 수 있다. 이로써 두 사람은 개인으로나 부부로서나 더 행복해질 것이다.

두 사람의 대화에서 알 수 있듯이 관계는 우리 안에서 최선을 이끌어낼 수도 있고 비참한 기분이 들게 할 수도 있다. 긍정적인 관계는 우리가 사랑받고 안전하며 만족스럽다고 느끼게 하는 반면 문제 있는 관계는 불안과 스트레스, 불행을 유발한다. 사회적 관계는 우리가 전반적으로 느끼는 만족감과 웰빙에 얼마나 중요한 역할을 할까? 수많은 연구에서 행복한 삶을 예측하는 가장 중요한 변수로 건강한 관계를 꼽는다. 뇌 영상법 연구에서는 관계 강화가 우울증을 앓고 있는 사람들의 뇌 기능을 실제로 향상시킬 수 있다는 결과가 나왔다. 관계를 개선함으로써 뇌를 최적화하고 행복도를 높일 수 있다.

나는 당신이 인생에서 중요한 사람들과 좀 더 행복한 관계를 맺을 수 있도록 뇌를 토대로 한 청사진을 제공하고자 한다. 임상으로 증명된 이 전략들은 대인 관계 심리치료interpersonal psychotherapy에 뿌리를 두고 있다. 대인 관계 심리치료는 우울증과 불안, 스트레스를 줄이는 동시에 결혼 만족도를 높인다고 증명된 분야다. 2016년 「미국 정신의학 저널」에 실린 메타 분석에서 1만 1,434명이 참여한 대인관계 심리치료를 대상으로 한 연구 90건을 검토한 결과 대인 관계 심리치료가 우울증 신규 발병과 우울 장애 재발을 예방하고 불안장애와 섭식 장애를 완화하는 데 효과를 나타냈다. 또한 행복을 앗아가는 다른 정신 건강 문제를 해결한 가망성도 있었다.

환자들이 이런 기초적인 관계 습관을 쉽게 기억할 수 있도록 나는 앞서 균형 잡힌 뇌 유형을 다룬 4장에서 잠깐 언급했듯이 '릴레이팅RELATING'이라는 머리글자를 사용한다.

responsibility: 책임감

empathy: 공감

listening: 경청(및 뛰어난 의사소통 기술)

assertiveness: (적절한) 자기주장

time: 시간

inquiry: 질문(및 부정적인 생각 수정)

noticing what you like more than what you don't: 단점보다 장점에 주목

grace and forgiveness: 자비와 용서

이 전략들에 대해서는 나의 전작 『더 빨리 더 오래 기분이 좋아지는 법*Feel Better Fast and Make It Last*』에서 다뤘지만 여기에서는 당신의 뇌 유형과 다른 사람들의 뇌 유형이 어떻게 작동하는지를 염두에 두고 구체적으로 설명하고자 한다. 부부 치료를 받은 수많은 부부의 뇌를 스캔한 결과, 관계가 잘 유지되거나 깨어지는 원인으로 뇌 유형이 가장

간과되는 이유 중 하나라는 사실을 분명하게 알 수 있었다. 예를 들어 균형 잡인 뇌 유형에 속하는 사람들은 대체로 이런 전략들을 수행할 수 있는 자질을 갖추고 있다. 다른 뇌 유형들은 몇몇 전술을 수행하는 데 좀 더 어려움을 겪을 수 있다. 자기 자신과 사랑하는 사람의 뇌 유형을 알면 더 행복한 관계로 나아가는 데 도움이 될 수 있다. 또한 이는 부부가 부부 치료에서 성공을 거두고 릴레이팅 전략을 실행하는 데도 꼭 필요하다.

R: 책임감

'왜 행복해야 하는가?'라는 동영상을 만든 데니스 프래거는 행복이 우리 관계와 사랑하는 사람들의 삶을 발전시키므로 행복해지는 것이 우리 의무라고 주장한다.

어떤 순간에 아무리 불행하다고 느끼더라도 우리는 어떻게 행동할지 결정할 수 있고, 결정해야만 합니다. 슬프거나 행복하다는 느낌을 자유자재로 통제할 수는 없더라도 다른 사람들에게 행복한 표정을 보일지 말지는 자유롭게 통제할 수 있습니다……
당장 기분이 어떻든 간에 우리는 모두 자신을 어떻게 표현할지 통제할 수 있는 능력을 갖추고 있습니다. 제가 증명할 수 있습니다. 어떤 사람이 자기 배우자에게 못되게 행동하고 있는 와중에 누군가가 찾아왔다고 합시다. 그런 사람이 찾아온 낯선 사람에게 얼마나 상냥하게 대하는지 알아차린 적이 있나요? 배우자에게 그렇게 화풀이를 하던 사람이 어떻게 순식간에 집을 방문한 낯선 이에게는 그토록 친절하게 행동할 수 있을까요? 이는 우리가 분명히 기분을 통제할 수 있다는 증거입니다.

내가 로라와 스티븐에게 말했듯이 살면서 다른 사람들을 위해 스스로 행복해지는 것이 도덕적 의무임을 받아들이면 관계를 강화하기 위해 관계에 애쓰겠다는 동기가 커진다. 관계에 책임을 진다는 말은 모든 잘못에 대한 책임을 떠맡거나 모든 것이 멋지다는 듯이 가식적으로 행동해야 한다는 뜻이 아니다. 이는 관계에서 일어나는 모든 일에 대응하는 능력과 이미 발생한 문제를 긍정적으로 해결할 방책을 주도적으로 찾는 것을 뜻한다. 다음이 바로 책임지는 모습이다.

- 우리가 부정적인 패턴에 빠지지 않도록 지금 겪고 있는 이 문제에 대한 해결책을 찾도록 돕고 싶다.
- 의견 차이가 마음을 상하게 하는 싸움으로 번지지 않도록 좀 더 바람직한 방법을 배울 수 있다.
- 나는 이 문제들에 바람직한 방식으로 대처해서 문제가 커지지 않도록 막을 책임이 있다.
- 내 기분과 태도는 내 배우자가 아니라 나 자신의 책임이다.

관계에 책임을 지는 태도는 책임 전가를 피하는 데 도움이 된다. 내가 상담하는 수많은 부부에서 이런 경향을 자주 보게 된다. 마치 자신이 무력한 희생자인 듯 행동하면서 삶에서 사랑에 영향을 미칠 수 있는 자신의 힘을 전부 포기한다. 예를 들어 한 배우자가 자기 자신의 행복을 상대 배우자가 통제하도록 하면 고통과 불안, 우울, 원망, 무력감, 절망을 부채질하게 된다. 부부 치료 전문가 존 가트맨^{John} ^{Gottman} 박사에 따르면 책망은 관계에 대단히 해로우며, 경멸, 비판, 방어, 회피와 더불어 이혼을 예측하는 가장 해로운 특성이다.

이 개념을 실천하기 위해 종이를 한 장 꺼내 다음 세 가지 질문에 답하면서 가장 친밀한 관계에서 더 많은 책임을 질 수 있도록 나아가기 시작하자.

1. 관계를 개선하기 위해 오늘 내가 할 수 있는 가장 작은 일은 무엇일까?
2. 내가 마지막으로 배우자나 가족, 친구를 탓한 때는 언제이며, 나는 그 문제에 어떤 원인을 제공했는가? 내가 그 상황에 어떻게 다르게 대처할 수 있었을까?
3. 다른 사람에게 좀 더 긍정적인 영향을 미칠 수 있도록 내 기분을 좋게 하기 위해 오늘 내가 할 수 있는 일은 무엇일까?

E: 공감

로라와 스티븐에게 서로 다른 생체 리듬을 존중하라고 말했던 조언은 공감, 즉 다른 사람들이 느끼는 감정을 느낄 수 있는 인간의 능력을 키우는 사례였다. 스티븐이 밤에 로라의 머릿속에 들어가 피곤해서 쉬고 싶은 로라의 기분을 이해할 수 있다면 그 시간대에 로라가 흥미로운 아이디어를 내놓을 것이라는 기대는 하지 않을 것이다.

이 개념은 1990년대 후반에 이탈리아의 신경과학자 세 명이 발견한 뇌의 거울 뉴런mirror neuron에 기반을 두고 있다. 거울 뉴런은 우리가 다른 사람들의 마음을 '읽도록' 돕고 특정한 행동을 따라 하도록 이끈다. 하품하는 사람을 볼 때 따라서 하품하고 누군가가 키득거리기 시작할 때 따라 웃는 경우가 이에 해당한다.

공감은 행복한 관계를 좌우하는 비결 중 하나다. 예민한 뇌 유형에 속하는 사람들은 특히 공감 능력이 뛰어나 다른 사람의 입장에서 생각한다. 자신과 다른 뇌 유형에 속한 사람과 관계를 맺을 때 공감은 더욱더 중요하다. 예를 들어 충동적으로 모험에 나서기를 좋아하는 즉흥형인 사람이 판에 박힌 일상을 좋아하는 집요형인 사람과 관계를 맺고 있다고 하자. 즉흥형이 주말이 닥친 상황에서 여행을 가자고 하면 사랑하는 상대인 집요형은 괴로울 수 있다. 또한 즉흥형이 즉석에서 뭔가를 하고 싶은 기색을 보일 때마다 집요형이 딱 잘라서 거절하면 즉흥형은 분통이 터질 수 있다. 공감 능력을 기르면 이런 차이를 헤쳐 나가는 데 도움이 될 수 있다.

어떻게 하면 거울 뉴런을 자극해서 사랑하는 사람에게 좀 더 공감할 수 있을까?

- **사랑하는 사람의 뇌 유형을 파악하자.** 사랑하는 사람에게 뇌 유형 검사를 해보도록 권한다면 그 사람의 뇌가 어떻게 작동하는지 좀 더 잘 이해할 수 있을 것이다.
- **사랑하는 사람이 어떨 때 행복한지 적어보자.** 그 사람은 즉흥성이나

친구들과 어울리기, 정해진 일상, 집에서 하는 낭만적인 저녁 식사를 좋아하는가? 작성한 목록을 자주 보면서 무엇이 그 사람을 행복하게 하는지 떠올리자.

- **사랑하는 사람이 어떨 때 불행한지 적어보자.** 그 사람은 어떨 때 짜증을 내거나 긴장하거나 슬퍼하거나 스트레스를 받는가? 그런 불행한 감정을 유발하는 요소를 알아차린다면 이를 자극할 위험이 줄어들 것이다.
- **상대방의 관점에서 보려고 노력하자.** 어떤 말이나 행동을 하기 전에 상대방의 시선에서 바라보자. 언쟁을 하고 있다면 상대방의 입장을 들어보고 반응하기 전에 잠시 그런 입장이 어디에서 비롯됐는지 제대로 이해하려고 노력하자.
- **상대방을 따라 하자.** 상대방의 몸짓을 관찰하고 자세를 비슷하게 따라 해보자. 그 사람은 몸을 앞으로 굽히고 있는가, 당신의 눈을 바라보는가, 당신의 품을 파고드는가? 상대방의 행동을 따라 하면 유대감이 형성된다.

I: 경청 및 뛰어난 의사소통 기술

뛰어난 의사소통은 행복한 관계를 맺는 데 반드시 필요하다. 반대로 의사소통이 원활하지 않으면 두 사람이 서로 사랑한다고 하더라도 관계가 망가질 수 있다. 정신과 의사로 일하면서 나는 다음과 같은 정말 나쁜 듣기 습관을 목격했다.

- 상대방이 이야기할 때 자기가 다음에 하고 싶은 말에 집중하기
- 말 끊기
- 피드백 부족(언어 및 비언어)
- 딴청 피우기
- 시선 피하기
- 딴생각하기
- 말하는 사람을 재촉하기
- 화자의 생각을 마무리하기

상담 대상인 부부에게서 이런 특성을 발견할 때마다 나는 적극적 경청active listening을 해보도록 권장한다. 적극적 경청이란 결혼 상담사들이 의사소통 능력을 키우고자 배우는 기법이다. 적극적 경청은 부부가 신뢰를 쌓고 관계를 강화하며, 상대방이 자기 행동과 말에 주의를 기울인다고 느끼며 서로 진정으로 이해하도록 돕는다.

적극적 경청을 실천하는 전략 일곱 가지를 소개한다.

1. **경청하고 있음이 나타나도록 피드백을 하자.** 미소를 짓거나 조용히 고개를 끄덕이거나 앞으로 숙이거나 "그러네요", "이해해요", "응", "흠" 같은 말로 맞장구를 치자.
2. **침묵이 흐르는 시간을 허용하자.** 상대방이 말을 멈출 때마다 그 공백을 일일이 말로 메우려고 하기보다는 인내심을 갖고 상대방이 천천히 말을 이어가도록 배려하자.
3. **들은 말을 반복해서 말하자.** 예를 들어서 "내가 제대로 이해했는지 확

인하고 싶은데, ……라고 말한 거죠?"라거나 "그러니까 ……라는 말씀이죠?"라고 말하자.

4. **중립적인 태도로 판단을 미루자.** 상대방이 말을 다 마칠 때까지 기다렸다가 의견을 제시하자.

5. **명확한 설명을 요청하자.** 예를 들어 "확실하게 해두고 싶어서 물어보는 건데, 이런 뜻으로 하신 말씀인가요?"라고 물어보자.

6. **개방형 질문을 하자.** 화자가 자기 생각을 상세하게 말할 수 있도록 유도하자.

7. **대화를 다시 정리하자.** 대화를 마친 후에는 논의한 내용을 요약해서 거듭 살피자.

뇌 유형에 따라 이런 적극적 경청 전략 중 몇몇이 더 어렵게 느껴질 수 있다는 점을 기억하자. 즉흥적인 뇌 유형에 속하는 사람들은 주의가 산만해지기 쉬우므로 대화를 하다가도 딴생각을 하기 쉽다. 집요한 뇌 유형은 상대방이 생각을 전부 말할 때까지 기다리지 못하고 옳고 그름을 가리려고 하거나 반박하기 쉽다. 신중한 사람들은 상대방의 기분을 맞춰주려고 하거나 완벽주의자이거나 비판에 너무 예민해서 명확하게 설명해달라는 요청을 꺼리기 쉽다. 제대로 이해하지 못한다는 인상을 주고 싶지 않기 때문이다. 예민한 뇌 유형에 속하는 사람들은 깊이 생각에 빠져들기 쉬워서 서로 마음이 통하는 데 도움이 되는 언어 및 비언어 피드백을 놓치곤 한다. 어떤 뇌 유형에 속하든 간에 경청 부문에서 자신에게 부족한 부분을 개선할 수 있도록 노력하자. 그러면 관계에 훨씬 더 도움이 될 것이다.

A: 적절한 자기주장

자기주장이란 자신의 생각과 감정을 확고하면서도 합리적으로 표현함으로써 다른 사람들이 당신에게 감정적으로 막 대하지 못하도록 하고, 당신의 욕구에 반하는 동의를 하지 않는 것을 말한다.

지금부터 건강한 방식으로 자기주장을 펼칠 수 있도록 도와줄 간단한 규칙 다섯 가지와 각각의 방법으로 가장 크게 혜택을 얻을 수 있는 뇌 유형을 소개하고자 한다.

1. **불편하다는 이유만으로 다른 사람들의 분노에 굴복하지 말자.** 이는 신중한 뇌 유형에 속한 사람들에게 가장 중요한 규칙이다. 불안이나 초초함을 겪는 사람들은 그저 갈등을 피하겠다는 마음에 상대방에게 동의할 가능성이 높다. 이 전략은 자주 역효과를 낳는다. 당신을 괴롭히면 자기 뜻을 관철할 수 있다는 사실을 상대방에게 가르치는 셈이기 때문이다. 상대방이 화를 내서 불편하다고 느낄 때는 그 요청이나 요구에 응하기 전에 휴식 시간을 갖도록 하자. 상대방이 진정하고 나의 불안이 가라앉을 때까지 기다렸다가 자기주장을 펼치는 것이 바람직하다.

2. **자기 뜻을 말하고 당신이 옳다고 믿는 바를 고수하자.** 집요한 뇌 유형에 속하는 사람들은 이 분야에서 재능을 타고났다. 그들은 치열하게 의견을 내세우고 의지가 강하다. 다른 사람들의 기분을 상하게 하거나 자기 생각이 좋은 평가를 받지 못할까 봐 두려워서 소신을 밝히기를 주저하는 뇌 유형들은 소신을 밝히고 자기 의견을 내놓는 연습을 하자. 당신이 생각하는 바를 말했을 때 다른 사람들이 더욱 긍정적으로 반응하는

모습에 깜짝 놀라게 될 수도 있다.

3. **자제력을 유지하자.** 화를 내거나 심술을 부리거나 무례하게 구는 행동은 자기주장을 펼치는 것이 아니다. 즉흥적인 뇌 유형에 속하면서 충동 조절을 잘 못하는 사람들은 자기주장을 펼치려고 하다가 무심코 화를 내면서 말을 내뱉을 수 있다. 당신이 이런 경우라면 좀 더 신중하게 자기주장을 펼치는 법을 연습하도록 하자. 누군가에게 말을 퍼붓고 싶다고 느끼면 일단 머릿속으로 커다란 멈춤 표지판을 떠올리자. 그런 다음에 숨을 들이마시면서 3 혹은 4까지 세고 숨을 내뱉으면서 6 혹은 8까지 세면서 심호흡을 두어 번 하자.

4. **가능하다면 단호하면서도 친절하자.** 단호함은 자기주장에서 빠질 수 없는 특성이지만 친절함도 작용한다. 예민한 뇌 유형에 속한 사람들은 이 방정식에서 친절함에는 뛰어나지만 단호함에 어려움을 겪기 쉽다. 신중형 역시 갈등을 피하려고 하므로 좀처럼 단호하게 행동하지 못할 수 있다. 단호한 입장을 취하면 상대방은 당신을 존중하는 법을 배우게 되고 당신이 자기 자신을 존중하도록 돕는다.

5. **필요할 때만 자기주장을 내세우자.** 일상생활에서 주고받는 상호작용 대부분에는 자기주장이 필요하지 않다. 집요한 사람들은 중요하지 않은 일에도 일상적으로 자기주장을 내세우는 경향을 나타낼 수 있고, 이는 남을 통제하려고 하거나 적대적인 성향으로 비칠 수 있다. 집요한 뇌 유형에 속한 사람이라면 그다지 중요하지 않은 사소한 일들을 놓아버리는 연습을 하자. 이와 정반대 스펙트럼에 있는 사람들이 신중형이다. 이들은 남들에게 미움을 받을지 모른다는 두려움이나 대립하기 싫은 마음 때문에 자기주장을 펼치지 못한다. 누군가가 당신을 이용하려고

할 때나, 직장에서 마땅히 해야 할 승진을 요구할 때나 가족과 경계를 설정해야 할 때처럼 필요할 때는 자기주장을 내세우자.

T: 시간

로라, 스티븐과 상담하는 동안 두 사람이 말다툼으로 이어진 상황을 이야기했다. 로라는 소셜 미디어 포스팅을 며칠 쉬고 싶다고 말했고 스티븐은 "성공한 사람들은 쉬지 않는다"라고 말하며 반박했다.

상담 중에 로라는 "저는 그냥 며칠 소셜 미디어도 일도 쉬면서 가족과 시간을 보내고 싶었어요. 그 일로 크게 말싸움을 벌이게 됐죠"라고 말했다. 로라의 요청에 보인 스티븐의 반응을 보면서 로라는 "크리스마스, 크리스마스이브, 신년 휴가를 바라는 제가 실패자처럼 느껴졌어요"라고 말했다.

두 사람이 이 대화를 분석하는 것을 듣고 있자니 무척이나 흥미진진했다.

스티븐: 나는 그렇게 말하지 않았어. 심지어 그런 내색도 하지 않았어. 그냥 당신이 그렇게 받아들인 거야.

로라: 분명히 그렇게 했어. 내가 포스팅을 하지 않겠다고 했더니 엄청 화를 냈잖아. 나는 포스팅을 하고 싶지 않았어. 그저 좀 쉬고 싶었다고.

이쯤에서 내가 끼어들어서 두 사람이 나아갈 방향을 잡아줬다. 먼

저 스티븐에게 '성공한 사람들은 쉬지 않는다'라는 생각은 도 아니면 모 ANTs에 속하는 해로운 생각이라고 알려줘야 했다. 성공한 사람들도 분명히 쉬는 시간을 가지고, 사실 꼭 쉬어야 한다. 나는 스티븐에게 행복한 관계와 행복한 가정생활을 꾸리려면 시간을 쏟아야 한다고 얘기했다.

모든 에너지를 일에만 바칠 수는 없다. 그렇게 하면 중요한 관계를 소홀히할 수밖에 없기 때문이다. 우리 아버지가 딱 그런 분이었다. 아버지는 사업에서 성공을 거두었고 쉴 새 없이 일했다. 그러다 보니 나와 보낼 시간이 없었다. 그래서 내가 어린이가 될 때까지 우리 사이는 그리 좋지 않았다. 아버지가 돌아가시기 몇 년 전에야 나와 시간을 보내기 시작했고, 우리는 절친한 친구가 됐다.

로라는 마침내 스티븐이 태도를 바꿔 며칠간 일을 쉬면서 가족 시간을 가져야 한다는 데 동의했다고 설명했다. 이는 딱 로라가 원했던 바였다. 로라는 "그 며칠 만에 저는 다시 생기를 되찾고 활기가 넘치고 너무 행복해졌어요"라고 말했다. 배우자가 행복하면 자신도 더 행복해진다.

건강한 관계를 만들어나가려면 특별한 시간에 투자해야 한다. 팬데믹 동안에 사람들은 집에서 더 많은 시간을 함께 보냈지만 그것이 전부 가족 간의 단란한 교류 시간은 아니었다. 부부가 같이 집에서 일하거나 자녀들의 온라인 학습을 돕거나 넷플릭스를 실컷 보기는 했겠지만 속 깊은 마음을 털어놓는 수준으로 친밀해지지는 않았다. 이를 위해서는 서로에게 집중할 수 있는 시간을 마련해야 한다. 사랑하는 사람과 보내는 특별한 시간을 최대한 활용할 수 있도록 도와줄 팁을 몇 가지 소개한다.

- **날짜를 정하자.** 일할 때 회의 일정을 정하듯이 사랑하는 사람과 보낼 시간도 달력에 기록하자. 이 시간을 내도록 기억하는 데도 도움이 될 뿐만 아니라 마음에서 느끼는 중요도를 높여준다.
- **밖으로 나가자.** 빨래, 인터넷, 수리해야 할 가구 등 주의를 빼앗는 요소가 너무 많은 집에서 벗어나면 서로에게 집중하는 데 도움이 될 수 있다.
- **현재에 집중하자.** 어제 일어난 일을 생각하거나 향후 일어날지 모르는 일을 걱정하기보다는 그 순간에 전념하자.
- **휴대전화를 끄자.** 서로에게 집중하는 데 도움이 되도록 휴대전화는 잠시 멀리 두자.
- **둘 다 좋아하는 일을 하자.** 하이킹을 좋아하는가? 볼링? 탁구는 어떤가? 함께 보내는 시간에 신체 활동을 하면 행복의 화학물질이 분비되도록 촉진해 함께하는 시간을 강화할 수 있다.
- **열렬히 사랑할 시간을 내자**(서로에게 헌신하는 관계의 경우). 성적 친밀감은 부부에게 대단히 중요하며 행복과 유대감을 촉진하는 여러 신경화

학물질을 분비한다. 바쁜 일정에 쫓기는 사람이라면 사랑을 나눌 시간을 미리 계획함으로써 관계를 돈독하게 유지할 수 있다.

l: 질문 및 부정적인 생각 수정

앞서 나는 자신의 생각에 의문을 제기하고 마음에 들끓으면서 행복을 훔치는 ANTs를 없애는 것이 얼마나 중요한지 설명했다. 진료를 보면서 다음과 같은 ANTs에 휩싸인 커플들을 많이 만난다.

- 모 아니면 도 ANTs: "그는 제 말을 절대로 듣지 않아요."
- 독심술 ANTs: "그녀는 분명 제게 화가 났어요. 헤어질 때 키스를 해주지 않았거든요."
- 점치기 ANTs: "그가 나를 떠날 거예요. 말다툼을 했거든요."

이런 사람들은 부정적 사고 패턴에 사로잡힌 나머지 자기도 모르게 관계를 망친다. 관계에 대해 괴로운 생각이 들 때마다 그 생각을 적고 과연 진실인지 스스로에게 물어보자. 사랑하는 사람이 한 말을 부정적으로 해석하게 될 때는 항상 그 진의가 무엇인지 설명해달라고 요청하는 것 역시 중요하다. 사실 상대방은 전혀 그런 뜻이 아니었을 것이다. 관계에 대해서 불행한 생각이 들거나 사랑하는 사람이 한 말에 상처받거나 화가 난다면 질문을 하도록 하자.

- 부정적인 생각을 적어보자.
- 그 생각이 진실인지 스스로에게 물어보자.
- 사랑하는 사람에게 어떤 의미로 그 말을 했는지 물어보자(잘못된 의사소통을 피할 수 있도록 적극적 경청을 활용하자).
- 당신이 처음에 상대방의 말을 어떻게 해석했는지 알리자.
- 앞으로 이런 오해를 피할 수 있는 해결책을 찾기 위해 함께 노력하자.

N: 단점보다 장점에 주목

끊임없이 티격태격하는 보기 민망한 커플과 함께 식사해본 적이 있는가? 저녁 식사 한 번 하는 동안에 사사건건 서로 신경을 건드린다. 상대방이 선택한 전채 요리를 트집 잡고, 이야기를 하면 눈을 부릅뜨고 뭔가 '잘못 기억'하면 핀잔을 준다. 보고 있기가 괴롭다. 이는 관계가 불행하다는 신호이기도 하다.

로라와 스티븐은 이런 부부는 아니지만 커플들이 대개 그렇듯 때때로 서로를 비난한다. 가끔은 대대적인 말다툼으로 번지기도 한다. 치료 시간에 두 사람은 입씨름을 불러온 한 사건을 얘기했다. 스티븐이 20개월 된 아들 앨피에게 먹일 저녁 식사로 파스타를 만들고 있었다. 평소에 앨피의 저녁 식사를 만드는 로라는 스티븐이 자기만큼 소스를 많이 넣지 않은 것을 보고 좀 더 추가했다.

로라가 소스를 추가한 것을 안 스티븐은 "내가 앨피 저녁을 만들어주고 싶었기에" 짜증이 났다고 설명했다. 돌이켜 생각해보면서 로라도 자기 행동에 남편이 화가 날 수 있었다고 느꼈다. 로라는 "내가 당신이 저녁 식사를 제대로 만들 수 없다고 생각한다고 느끼게 한 것 같아. 당신이 할 수 없다고 생각했던 건 아니야"라고 인정했다. 하지만 스티븐은 그런 식으로 해석했고 상처를 받았다. 결국 사랑하는 사람이 무엇을 잘못하고 있는지 지적하다 보면 두 사람 사이는 틀어지게 마련이다.

내가 로라와 스티븐에게 설명했듯 배우자나 가족, 가까운 사람에 대해 마음에 들지 않는 부분이 있더라도 '말할 필요는 없다!' 누구나 그 어떤 사람에게도 들려줄 수 없는 이상하고, 무분별하고, 어리석고, 야하고, 폭력적인 생각을 한다. 그런 말을 입 밖으로 내뱉는 것은 아무런 도움이 되지 않는다. 불친절하거나 트집을 잡는 생각이 떠오르면 '이 말이 적절한가?'라는 질문으로 걸러내자.

나는 환자들에게 일주일에 다섯 번은 말한다. "떠오르는 생각을 전부 말해야 한다는 규칙은 없습니다. 찬찬히 생각한 다음 그 말이 여러분이 바라는 관계의 목표에 적절한지 스스로에게 물어보세요. 그 말을 하면 관계에서 원하는 바를 얻을 수 있습니까? 만약 여러분이 친절하고, 배려하고, 애정이 넘치고, 힘이 되고, 열정적인 관계를 원한다면 사랑하는 사람의 잘못과 결점을 지적하는 것은 그런 관계를 달성하는 데 아무런 도움이 되지 않습니다."

무엇이 좀 더 애정이 넘치는 관계를 구축하는 데 도움이 될까? 연구자들은 수십 년 동안 그 질문에 대한 대답을 찾고 있다. 여러 연구에서 정적 강화positive reinforcement가 좀 더 행복한 결혼 생활로 이어지는 관문이라고 지적한다. 행복한 커플과 불행한 커플을 다룬 기초 연구를 살펴보자. 학자들은 불행한 부부들은 상대방이 사랑스러운 행동을 했을 때 보상하기보다는 배우자가 나쁜 행동을 했을 때 비난하거나 방해하거나 불평하거나 외면하는 등 책망할 가능성이 높다는 사실을 발견했다. 좋은 점은 무시하고 나쁜 점을 책망하는 이 패턴은 불화를 부채질해 불행한 결혼 생활을 부추긴다. 가까운 관계라면 모두 마찬가지다.

수많은 연구가 사랑스러운 행동에 주목하고 이에 보상하면 더욱 긍정적인 행동으로 이어진다는 사실을 밝혔다. 이를 가리켜 정적 강화라고 하며 수십 년에 걸친 과학적 연구가 정적 강화의 효과를 증명했다. 예를 들어 서로에게 긍정적인 말을 부정적인 말보다 다섯 배 더 많이 하는 부부는 '이혼할 가능성이 현저하게 낮았다'. 업무 관계에도 같은 개념이 적용된다. 긍정적인 의견을 부정적인 의견보다 다섯 배 더 많이 주고받는 직원들은 업무 성과가 좋을 가능성이 현저하게 높았다. 이 연구에서 실적이 가장 낮은 업무 팀은 부정성 점수도 높았다. 하지만 좋은 것도 너무 과할 수 있다는 데 주의하자. 긍정적인 의견과 부정적인 의견의 비율이 9 대 1을 넘어서면 오히려 역효과가 발생한다.

이 전략을 시작할 때 장미꽃다발이나 깜짝 선물, 낭만이 넘치는 휴가처럼 거창한 행동을 기대하지 말자. 소소한 사랑스러운 행동, "사랑해"라고 말하는 일상의 작은 일을 찾아보자.

- 배우자가 아이들에게 줄 저녁 식사를 만들 때
- 배우자가 식료품점에서 당신이 제일 좋아하는 음식을 사 왔을 때

- 배우자가 당신 자동차에 기름을 채워줄 때
- 배우자가 당신의 새로운 헤어스타일을 칭찬할 때
- 배우자가 당신 생일에 선물한 셔츠를 입을 때
- 당신이 조금이라도 더 잘 수 있도록 배우자가 아침 식사용 스무디를 만들 때
- 배우자가 당신을 위해 가족이 재미있게 즐길 저녁 행사를 당신 모르게 준비할 때

G: 자비와 용서

당신은 과거에 저지른 실수나 잘못으로 배우자나 가족에게 원한을 품거나 이를 계속 들먹이는가? 똑같은 말다툼을 계속 반복해서 하는가? 이는 관계를 망치고 불행을 키울 수 있는 문제가 있다는 중대한 징후다. 학자들은 용서하지 못할 때 스트레스가 증가하고 정신 건강 및 신체 웰빙에 부정적인 영향이 나타난다는 사실을 밝혔다. 이는 모두 행복을 앗아가는 증상이다.

반면에 자비와 용서를 베푸는 법을 배우면 관계가 번창하는 데 중요한 역할을 하며, 치유에도 큰 효과를 나타낼 수 있다. 실제로「행복 연구 저널*Journal of Happiness Studies*」에 실린 연구 결과에 따르면 용서가 그 순간과 더 심오한 차원에서 모두 더 큰 행복으로 이어질 수 있다고 한다. 용서가 우울증, 불안을 비롯한 여러 정신 건강 장애 감소 및 신체 건강 문제 감소, 사망률 감소와 연관이 있다고 밝힌 연구들도 있다.

나는 이 중요한 주제에 대해 환자들에게 이야기할 때마다 버지니아커먼웰스대학교 심리학과 교수 에버렛 워딩턴^{Everett Worthington}이 개발한 '리치^{REACH} 용서 방법'을 알려준다. 리치는 다음을 의미한다.

- recall the hurt(**상처 회상**): 피해자라고 느끼지 않고 원한을 품지 않으면서 상처에 대해 생각하고자 노력한다.
- empathize(**공감**): 자신에게 상처를 준 사람의 입장에 서서 그 사람의 관점에서 상황을 보고자 노력한다. 그 사람이 느꼈을 법한 감정에 공감할 수 있는가?
- altruistic gift(**이타적 선물**): 고통을 준 사람에게 용서를 선물한다. 이 단계를 실천하기가 힘들다면 자신이 저지른 잘못을 용서해준 사람을 떠올리면서 용서받았을 때 얼마나 기뻤는지 기억한다.
- commit to the forgiveness(**용서 언명**): 누군가를 용서하겠다는 생각에 그치지 말고 이를 적거나 다른 사람에게 이야기함으로써 좀 더 구체화한다.
- hold on to the forgiveness(**용서 지속**): 상처를 준 사람과 접하게 되면 불안이나 분노, 두려움처럼 본능적인 반응을 느낄 수 있으며 이런 감정을 용서했던 마음이 사라진 신호라고 생각할 수 있다. 그렇지 않다. 이런 반응은 단지 우리 몸이 경고하는 방식일 뿐이다.

다음 조언을 염두에 둔다면 리치 방법을 실천하는 데 도움이 될 것이다.

1. **자신의 뇌 유형이 용서하는 능력에 어떤 영향을 미치는지 알아두자.**
일부 뇌 유형은 용서하는 데 유독 어려움을 겪는다. 특히 집요한 뇌 유형에 속한 사람들은 과거의 원한을 계속 품고 있는 경향이 있다. 집요형이라면 자신에게 상처 준 사람을 용서하는 데 시간이 오래 걸릴 수 있다는 점을 인정하자. 자기 자신의 속도대로 나아갈 수 있도록 허용하자.

2. **자신에게 상처를 준 사람의 뇌 유형과 뇌 건강을 생각해보자.** 그 사람의 뇌 기능이 비정상이거나 정신 건강 문제를 앓고 있거나 과거에 일으킨 뇌진탕이 뇌에 부정적인 영향을 미쳤는가? 용서하려고 노력할 때 이 점을 고려하도록 하자.

3. **용서는 과정이다.** 용서하기가 늘 쉬운 것은 아니며 '단번에 해결'되는 일도 아니다. 누군가를 용서하고자 필요한 단계를 밟는다고 하더라도 때때로 원망스러운 감정이 다시 밀려올 수 있다(특히 집요한 뇌 유형의 경우). 이렇게 힘든 시간이 찾아오면 이를 분석하자. 무엇이 해묵은 감정을 되살렸는지 생각해보자. 잠을 설쳤는가? 술을 마셨는가? 점심 식사를 걸렀는가? 중요한 마감일을 앞두고 있는가? 인생의 모든 기복이 자비심을 유지하는 능력에 영향을 미칠 수 있다.

4. **용서했다고 해서 상처를 준 사람과 다시 관계를 맺어야 하는 것은 아니다.** 용서하는 행위는 자기 자신을 위한 것이다. 당신을 학대한 사람과 관계를 유지하거나 그를 다시 교제 범위에 초대해서 당신에게 좋을 일은 없다. 그 사람에게 용서는 하겠지만 더는 내 인생에 끼어들지 말라고 이야기하자.

5. **자비와 용서는 약한 행동이 아니라 강한 행동이다.** 자비와 용서는 용납할 수 없거나 상처 주는 행동을 한 사람을 묵과하고 그냥 보내준다는

뜻이 아니다. 신중형에게서 흔히 찾아볼 수 있는 이런 행동을 스스로가 하고 있다면 앞에서 설명한 'A: 적절한 자기주장' 부분을 다시 읽어보자.

마음속 용들이 관계를 망치고 있는가?

내가 쓴 책 『뇌는 항상 듣고 있다』에서는 독자들에게 '과거에서 온 용'이라는 개념을 소개했다. 과거에서 온 용이란 감정의 뇌에 불을 뿜으며 행복을 훔치는 내면의 야수를 뜻한다. 길들이지 않고 방치하면 이런 용들은 마구 날뛰면서 우울증과 불안을 비롯한 여러 정서적 건강 문제를 일으킬 수 있다. 누구나 내면에 용들이 있다. 당신에게도 있고 당신의 배우자나 연인에게도 있으며, 직장 상사, 동료, 친구, 부모, 형제자매, 자녀에게도 있다.

우리 뇌는 항상 과거에서 온 용들이 하는 말을 듣고 있다. 하지만 그게 전부는 아니다. 우리 뇌는 우리 인생에서 중요한 사람들의 말과 행동에도 주목하고 있으며, 그들은 그들 자신의 용들이 하는 말을 듣고 있다. 그로 인해 관계가 엉망진창이 될 수 있다. 그동안 나는 과거에서 온 용 열세 마리를 발견했다.

- 버림받았거나 보이지 않거나 하찮은 용: 혼자라거나 존재감이 없다거나 중요하지 않다고 느낀다.
- 열등하거나 결점이 있는 용: 남들보다 부족하다고 느낀다.
- 불안한 용: 두렵고 감당하기 힘들다고 느낀다.
- 상처 입은 용: 과거 트라우마로 상처를 입었다.
- 의무감과 수치심에 괴로워하는 용: 죄책감에 시달린다.
- 특별하거나 응석받이거나 특혜를 바라는 용: 남들보다 특별하다고 느낀다.
- 책임감 강한 용: 남들을 돌봐야 한다고 생각한다.
- 화난 용: 상처와 분노를 품고 있다.

- 재단하는 용: 과거에 불의를 겪은 탓에 남들에게 가혹하거나 비판적인 의견을 제시한다.
- 죽음의 용: 미래에 의미 있는 삶을 살지 못할까 봐 두려워한다.
- 슬픔과 상실의 용: 상실감과 상실로 인한 두려움을 느낀다.
- 절망적이고 무기력한 용: 언제 어디에서나 좌절과 낙담을 느낀다.
- 조상의 용: 과거 세대 문제에 영향을 받는다.

당신과 당신의 배우자가 일상적인 논의를 하고 있다고 하자. 둘 중 누구도 모르게 당신이 한 말이 배우자 내면의 용을 자극해 난데없이 배우자의 용들이 되살아나 당신의 용들에게 싸움을 건다. 그러면 당신의 용들도 으르렁거리며 나타나 차분하게 이야기하던 두 사람이 눈 깜짝할 사이에 소리를 지르며 싸우기 시작한다. 마치 머릿속에서 「왕좌의 게임Game of Thrones」 전투가 벌어지고 있는 것만 같다. 두 사람 모두가 내면의 용들을 길들이지 않는 한, 서로 깊이 사랑한다고 하더라도 불행한 관계로 치달을 수 있다.

자기 내면의 용들을 길들이려면 먼저 알아보는 법을 배워야 한다. 당신 안에 어떤 용들이 있는지 찾아보자. 용들의 기원, 용들을 자극하는 요인, 용들이 어떻게 당신을 반응하게 만드는지 관찰해보자. 사랑하는 사람 내면에 어떤 용들이 있는지에 대해서도 이야기를 나눠보자. 그러면 그의 용들이 어떻게 당신의 용들에게 불을 뿜는지도 알게 될 것이다.

세계로 연결된 행복의 가치

세상은 생각보다 작고, 세상 속 사람들은 생각보다 아름답다.

_버트램 반 먼스터Bertram Van Munster, 미국 프로듀서 겸 감독

디즈니랜드에 있는 놀이기구인 '작은 세상It's a Small World'을 타봤는가?

'작은 세상'은 여전히 디즈니랜드에서 가장 인기 있는 놀이기구이며 내가 제일 좋아하는 기구 중 하나다. 자녀들이 어렸을 때 아이들과 이 보트 놀이기구를 타면서 즐거운 시간을 보냈고 나중에는 손주들과 함께 탔다. 마지막으로 '작은 세상'을 탔던 때는 팬데믹이 닥치기 직전으로 자기 엄마처럼 바쁘고 사교적인 손녀 헤이븐을 데리고 갔다. 헤이븐은 탑승한 10분 동안 주위를 두리번거리고 행복하게 노래하는 인형들을 가리키며 놀라움과 큰 기쁨을 느꼈다.

377

나는 '역사상 가장 행복한 크루즈 항해'로 불리던 이 보트 놀이기구를 처음 탔던 때(열두 살이었다)를 아직 기억한다. 세계 여러 나라를 대표하는 민속 의상을 차려입은 알록달록한 로봇 인형들이 고음의 어린이 목소리로 같은 노래를 부르는 사이로 보트가 구불구불한 길을 따라 느릿느릿하게 지나간다.

탑승 시간이 끝날 무렵 인형들은 기억하기 쉽지만 지루하기 짝이 없는 그 노래를 여러 언어로 부르며 전 세계의 화합을 이룬다. "함께 나누는 기쁨과 슬픔…… 작고 작은 이 세상."

그리고 이제 나는 머릿속에서 이 노래를 떨쳐낼 수 없다! 제이슨 리처즈Jason Richards는 「애틀랜틱Atlantic」에 기고한 글에서 「작은 세상」을 가리켜 "역사상 가장 짜증 나는 노래"라고 칭하며 "그 테마 파크의 세계 화합 찬가만큼 일관되게 사람들의 신경을 건드린 노래는 없었다"라고 썼다.

왜 노래가 우리 뇌리에 박힐까?

왜 어떤 노래들은 우리 뇌에 들어와 박힐까? 그 노래들이 귀벌레earworm(귓가에 계속 맴돌며 뇌리를 떠나지 않는 노래)이기 때문이다. 이는 한 세기 전에 독일인들이 만든 용어(독일어로는 'ohrwurms'라고 한다)다. 서구권에서 「작은 세상」, 「YMCA」, 「돈 스톱 빌리빈Don't Stop Believin'」(미국 유명 록 밴드 저니Jouney의 히트곡) 같은 끈질긴 곡조들이 끊임없이 머릿속을 맴돈다고 말하는 사람이 98퍼센트에 이르는 이유가 여기에 있다.

과학자들은 이 현상을 '곡조 강박 증후군stuck tune syndrome', '음악 이미지 반복musical imagery repetition'이라는 명칭으로 부른다. 다트머스대학교 연구원들은 참가자들이 어떤 노래를 들을 때 왼쪽 일차 청각 겉질(청력 및 소리 처리와 연관된 뇌 영역)이 활성화된다는 사실을 발견했다. 이 뇌 영역은 참가자들이 어떤 노래를 생각할 때도 활발히 움직인다. 이는 청각 겉질의 기억 메커니즘이 귀벌레에게 '먹이를 제공'할 수도 있음을 시사한다.

치료법이 있을까? 잘 이겨내는 것 외에는 별로 할 수 있는 일이 없다. 네덜란드 흐로닝언에 있는 렌티스 정신의학 연구소의 정신 건강 및 자폐증 부서 연구원들은 그 노래를 소리 내어 부르거나(개입) 다른 활동에 집중(주의 전환)하면 그 노래가 머릿속에서 계속 되풀이되는 증상을 멈출 수 있다고 말한다.

일반적으로는 그 짜증 나는 노래를 머릿속에서 적극적으로 차단하려고 애를 쓰든, 그저 수동적으로 받아들이든 효과가 없기는 마찬가지다.

하지만 배우이자 디즈니 광팬인 존 스타모스John Stamos는 코로나19 팬데믹에 대처하는 방법으로 「작은 세상」의 가사를 인스타그램 계정에 올렸다. 스타모스는 이 노래의 가사가 "우리는 높은 산과 깊은 바다, 언어, 문화, 정치로 나뉘어 있지만 우리를 비추는 바로 그 달과 해가 이탈리아, 스페인을 비롯한 세계 모든 곳을 비춘다"라는 사실을 다시 한 번 일깨운다고 썼다.

디즈니가 아무리 노력해도 행복은 모든 곳에서 똑같지 않다. 영국의 연구자 해리 워커Harry Walker와 이자 카베치야Iza Kavedžija는 사람들이 행복을 정의하고 측정하고 추구하는 방식이 생활양식과 가치에 대해 많은 것을 알려준다고 말하면서 "당신이 생각하는 행복의 정의를 말해주면 당신이 누구인지 말해주겠습니다"라고 단언했다.

다른 나라 사람들은 무엇에서 행복을 느끼며, 어떻게 하면 그들이 가장 행복하다고 느끼는 풍습을 우리 생활에 끼워 넣을 수 있을까? 그 답을 찾기 위해 지금부터 상상의 보트를 타고 행복과 자족, 만족과 관련된 특별한 단어와 함께 세계 곳곳의 10여 개국을 누벼보도록 하자. 행복으로 가는 비밀 일곱 가지가 어떻게 나타나는지 유심히 지켜보자.

덴마크: 휘게

먼저 연례 「세계 행복 보고서 *World Happiness Report* 」에서 매년 세상에서 가장 행복한 국가 2, 3위에 꾸준히 오르는 덴마크부터 시작하고자 한다. 덴마크인이 그렇게 행복한 이유는 교육비와 의료비가 무료이기 때문일까, 범죄와 정치 부패가 비교적 낮기 때문일까? 아니면 단순히 덴마크 특유의 '휘게 *hygge* ' 때문일까?

휘게는 '아늑한 자족'으로 의역할 수 있는 단어로, 미묘하지만 지각할 수 있는 분위기나 아늑한 성질과 관련이 있다. 북해 연안의 음울한 기후와 겨울내 매일 밤이 열일곱 시간 동안 이어지는 덴마크의 특성에 맞게 휘게는 밖이 어둡고 추울 때 잠옷을 입고 웅크리고 앉아 아늑하게 보내는 시간이다. 덴마크인들은 겨울철에 초를 켜고 장작 난로에 불을 피우고 따뜻한 담요와 푹신한 슬리퍼를 꺼낸다. 휘게가 일상에서 많이 사용하는 단어 세 개의 어원이라는 점에서도 이 개념이 덴마크인들의 사고에 얼마나 단단히 자리 잡고 있는지 알 수 있다.

- 휘게크록Hyggekrog: 책 읽는 자리
- 휘게북서Hyggebukser: 편한 바지
- 휘게소커Hyggesokker: 털양말

덴마크인들은 함께 요리하고 식탁에 둘러앉아 건강한 식사를 한 다음 식기를 씻고 보드 게임을 꺼내오는 '휘게 저녁 시간'을 자주 계획한다. 지붕 위로 빗줄기가 퍼부을 때 혼자 웅크리고 앉아 드라마를 몰아 볼 수도 있지만, 휘게란 눈보라가 치는 와중에 아늑한 숲속 통나무집에 친구들과 스스럼없이 모였을 때 진가를 발휘한다.

휘게는 삶에서 가장 중요한 것들에 감사하도록 돕는다. 이 단어는 '위로' 혹은 '위안'을 의미하는 16세기 노르웨이 용어 '후가hugga'에서 유래했다. 영어 단어 '허그hug' 역시 이 단어에서 생겨났다.

미국에서는 자기 안의 덴마크인과 만나는 과정을 쓴 20여 권의 책이 휘게 열풍을 불러일으켰고 2016년 무렵에 뿌리를 내렸다. 『세계에서 가장 행복한 덴마크 사람들The Year of Living Danishly』을 쓴 영국 저널리스트 헬렌 러셀Helen Russell은 차 한 잔과 묵직한 담요 같은 "부드럽고 마음을 달래주는 물건을 낙으로 삼는 것"이 휘게라고 말했다.

휘게를 다룬 가장 유명한 출판물은 마이크 비킹Meik Wiking이 쓴 『휘게 라이프, 편안하게 함께 따뜻하게The Little Book of Hygge』다. 영국에서 출판 당시 큰 인기를 얻으며 그해 옥스퍼드 사전이 뽑은 10대 신조어 중 하나로 '휘게'가 올랐고, 이후 2017년에 미국에서 출판됐다. 서평자들은 이 책을 곤도 마리에Marie Kondo가 쓴 『정리의 힘The Life-Changing Magic of Tidying Up』과 비교해 손색이 없다고 평했다. 메인주에서 몰타, 모리셔스에 이르기까지 휘게는 전 세계 곳곳에서 양초와 폭신한 담요 유행에 박차를 가했다.

비킹은 크리스마스에 친구들과 함께 숲속 오두막집에서 친구들과 어울렸을 때 느낀 휘게에 관한 전형적인 이야기를 들려줬다. 그들은 눈을 헤치고 오래 걸은 끝에 시골 오두막집으로 돌아왔다. 두꺼운 스웨터와 털양말을 신은 친구들은 불길이 피어오르는 난로에 모여 따뜻하게 데운 와인을 즐겼다. 그렇게 탁탁 소리를 내며 타오르는 불을 보면서 지나간 크리스마스의 기억을 떠올렸다. 그 순간에 벅차오른 친구 한 명이 "이보다 더 휘게일 수 있을까?"라고 말했다. 모두가 동의하며 고개를 끄덕이다가 한 여성이 "그럼, 밖에 폭풍우가 휘몰아친다면 가능하지"라고 말하자 끄덕임을 멈췄다.

이 글을 읽으면서 나는 뉴포트 비치에서 하는 크리스마스 농담이 떠올랐다. "불을 피울 수 있게 에어컨을 틀자."

다행히 휘게는 3미터 높이로 눈이 쌓이는 겨울철의 전유물이 아니다. 언제 어디서든 휘게를 경험하자.

휘게와 함께 더 행복해지자!

- 집 안에 촛불을 몇 개 켜두자. 촛불을 켜고 저녁을 먹으면 식탁에 따뜻한 온기와 색다른 빛을 더할 수 있다. 독성이 없는 향초와 무향 양초를 잘 섞어서 사용해보자.
- 앞에서 소개한 건강한 핫 초콜릿이나 카푸치노처럼 따뜻하고 풍부한 음료를 마시자.
- 좋은 책을 들고 신발을 벗은 다음 소파에 웅크리고 앉자. 전자기기는 치

워두자.

- 사람들에게서 벗어나 주변 산이나 호숫가, 해변을 따라 자연 속을 걷자.
- 친구들을 멋진 저녁 식사에 초대하자. 팬데믹 동안에는 저녁 파티가 드물었다. 친구들과 모이는 습관을 되찾자. 함께 요리하고 휘게를 경험하자!

네덜란드: 허젤리헤이트

덴마크 다음으로 살펴볼 목적지는 네덜란드다. 네덜란드는 유럽연합에서 가장 인구밀도가 높은 국가(인구 100만 명 이상인 국가들 중)이자 전 세계에서 열두 번째로 인구밀도가 높은 나라다. 튤립 꽃밭과 풍차, 치즈 시장, 나막신, 수많은 운하, 옛 명화로 유명한 네덜란드인들은 세상에서 가장 행복한 국민들에 속한다. 어디에나 자전거를 타고 다니는 덕분에 교통 체증에 시달릴 일이 없다는 점도 그 원인 중 하나일 것이다. 약 1800만 명인 네덜란드 인구가 보유한 자전거는 2200만 대에 이르고 그중 대부분이 검은색 3단 '오마피츠omafiets'(할머니 자전거라는 뜻)다.

네덜란드어 '허젤리헤이트gezelligheid'는 '안락하고 편안한 기분과 단란함을 아우르는 행복감'을 이르는 단어다. 맥락에 따라서 '사교적이고 느긋한 상황'으로 번역할 수도 있으나 '아늑함과 흥겨움, 재미'를 가리킬 수도 있다. 이 발음하기 어려운 단어를 즐겨 말하는 네덜란드인들은 허젤리헤이트가 '번역할 수 없는 단어'라고 말한다. 그들은 '허젤리헤이트(명사형)'와 '허젤리흐gezellig(형용사)'가 단어라기보다는 느낌에 가깝다고 얘기한다. 언뜻 보기에 일상생활에서 일어나는 대수롭지 않은 활동에서 허젤리헤이트를 경험하는 경우가 많다. 바로 소소한 순간들이다!

『네덜란드 사람들이 좋아하는 것Stuff Dutch People Like』을 쓴 저자 콜린 헤스커Colleen Geske는 "네덜란드 사람들은 모든 것을 저마다의 허젤리헤이트 척도에 맞춰 평가하는 경향이 있어서 이해하기가 어렵다"라고 설명했다. 헤스커는 "어떤 장소가 허젤리흐일 수 있고, 방이 허젤리흐일 수도 있고, 사람이 허젤리흐일 수도 있고, 저녁 시간이 허젤리흐일 수도 있다"라고 말하면서 허젤리흐는 아늑하거나 진기하거나 사랑스럽다는 의미이지만 동시에 사랑하는 사람과 보내는 시간이나 오랫동안 만나지 못한 친구와 만남, 일반적인 단란함을 함축하기도 한다고 설명했다. 허젤리헤이트는 네덜란드인들이 행복을 느끼는 비결로 꼽힌다.

그렇다면 3단 자전거를 타고 풍차를 지나쳐 달릴 일이 없는 우리 삶에 어떻게 하면 허젤리흐를 더할 수 있을까? 허젤리헤이트는 휘게와 유사한 여러 특징 및 따뜻하고 폭신한 양말과 타오르는 불꽃에서 연상되는 느낌도 담고 있지만 허젤리헤이트는 거의 모든 상황에 적용할 수 있다. 허젤리흐는 '느긋하고 보람 있는 어떤 일을 한다'는 의미다.

허젤리헤이트와 함께 더 행복해지자!

· 시간을 내서 자전거를 타거나 보트를 타러 가자.

- 대화가 흘러가도록 하자. 친구나 가족과 함께 있을 때는 스마트폰을 들여다보지 말자. 네덜란드인들은 이럴 때 "Gezelligheid kent gee tijd"라는 말을 쓰는데, 이는 '아늑함은 시간을 모른다'라는 뜻이다. 일정을 연달아 잡지 말자. 사이사이 여유를 배치해두자.
- 카페에서 친구들과 만날 때는 오로지 그 순간에 충실하자. 그러면 바쁜 일에서 벗어난 시간이 더욱 '허젤리흐'해질 것이다.

독일: 게뮈틀리히카이트

덴마크, 네덜란드와 국경을 맞대고 있는 독일은 '게뮈틀리히카이트gemütlichkeit'라는 개념을 포용한다. 게뮈틀리히카이트는 독일식 휘게라고 볼 수 있지만 가정을 중심으로 하지 않는다는 점이 다르다. 이 길고 복잡한 단어의 중심에는 '관계가 건강할수록 더 행복해진다'는 생각이 있다.

유치원kindergarten, 불안angst, 샤덴프로이데schadenfreude(다른 사람의 불행에서 쾌감을 느낌), 우버über(공항으로 갈 때 사용하는 차량 호출 서비스가 아니라 위나 너머를 뜻하는 단어)처럼 게뮈틀리히카이트도 영어권에서 쓰는 차용어이므로 들어본 사람도 있을 것이다. 이 단어는 '가슴', '마음', '심성', '느낌'을 의미하는 명사 '게뮈트gemüt'에서 유래했다. 게뮈틀리히카이트는 따뜻한 느낌, 느긋한 웰빙 감각, 환영하는 열린 태도, 깊은 안락함에 대한 인식을 높인다. 이는 사람들이 서로 함께 있는 시간을 즐기도록 장려하는 아늑함과 소속감이다.

게뮈틀리히카이트의 핵심은 옥토버페스트Oktoberfest(매년 10월 독일 뮌헨에서 열리는 맥주 축제) 모임에서 함께한 사람들과 떠들썩하게 노래하거나 친구들과 함께 긴장을 풀 때처럼 다른 사람들과 함께 활동적인 일을 하는 것이다. 모두가 사교 본능을 억누르고 집 안에 머물러야 했던 팬데믹 기간에는 이런 모임을 가지기가 쉽지 않았다. 암울한 아이러니의 순간에 미국 정부 지도자들은 우리가 할 수 있는 가장 사교적인 행동이 바로 '사람들과 어울리지 않는 것'이라고 말했다.

10대 후반부터 20대 초반에 걸쳐 3년 가까이 독일에서 군인으로 복무했을 때 나는 게뮈틀리히카이트를 자주 목격했다. 기다리고 있던 친구들이 찾아왔을 때 독일인들은 문을 열면서 "Kommt rein. Mach's euch gemütlich(어서 들어와. 게뮈틀리히를 즐겨)"라고 말하곤 한다.

그렇다면 이런 독일어로 손님을 맞이하지 않는 우리는 어떻게 하면 삶에 게뮈틀리히카이트를 더할 수 있을까?

게뮈틀리히카이트와 함께 더 행복해지자!

- 일부러 사람들과 어울리는 시간을 내도록 하자. 정신없이 바쁘게 돌아가는 일상 속에서 다른 부부나 친구들과 함께 어울려 즐기는 재미있는 일을 계획하려면 끊임없는 노력이 필요하다. 함께 스핀 강습을 하거나 춤을 배우거나 동네 공원으로 소풍을 가자.
- 농산물 시장으로 향해 게뮈틀리히카이트를 경험하고 그 분위기를 만끽하자. 좌판을 돌아보고 신선한 농산물을 구경하며 밀랍 립밤과 목욕용 소금 같은 수제 미용용품들을 확인하고 퀼트나 도자기 같은 수공예품을 만져보자.

- 한동안 만나지 못한 친구들과 함께 다과회를 갖자. 카페인이 들어 있는 일반 커피를 하루 한 잔 넘게 마시는 것은 추천하지 않지만(디카페인 커피라면 괜찮다) 친구 집에 모여 허브차나 콤부차 같은 건강한 음료를 마시는 것은 미뤄뒀던 안부를 전하기에 아주 좋은 방법이다.

노르웨이: 프리루프트슬리브

스칸디나비아 국가 중 한 나라인 노르웨이에는 그들만의 휘게가 있다. 노르웨이인들이라면 누구나 '프리루프트슬리브friluftsliv'라는 표현을 쓴다. 이는 아무리 일기예보가 암울하더라도 야외에서 시간을 보내겠다는 결심을 의미한다. 폭풍우가 치는 야외에서 보내는 시간이 맑은 정신 건강을 되찾는 데 효과가 있다고 믿는 노르웨이인들은 잠옷과 슬리퍼 차림으로 타오르는 난롯가에 옹기종기 모여 있지 않는다. 휘게가 실내에서 안락함을 찾는 개념이라면 프리루프트슬리브는 야외에서 안락함을 찾는 개념이다.

『인형의 집A Doll's House』을 쓴 노르웨이 극작가 헨리크 입센Henrik Ibsen이 1859년에 만든 단어인 프리루프트슬리브는 '자유로운 분위기의 삶'이라는 뜻이지만 '야외 생활'이라는 번역이 더 어울린다. 프리루프트슬리브는 자연의 치유 효과를 완전히 이해하라고 권한다.

노르웨이인들은 사람들이 단체로 자연을 접할 시간을 잃고 있으므로 프리루프트슬리브가 간절히 필요하다고 말한다. 2015년 스탠퍼드대학교 연구원들은 자연 속을 걸으면 정신 건강이 측정 가능한 수준으로 개선되며 우울증에 걸릴 위험도 줄일 수 있다는 정량적 증거를 발견했다. 자연 지역에서 90분 동안 걸은 사람들은 혼잡한 도심 지역을 걸은 참가자들에 비해 뇌의 둘레계통 부위 활성도가 낮게 나타났다.

이 연구의 공동저자이자 스탠퍼드 우즈 환경연구소 선임 연구원인 그레친 데일리Gretchen Daily는 "이 결과는 빠르게 도시화되는 현대 세계에서 접근 가능한 자연 지역이 정신 건강에 필수적일 수 있음을 암시합니다"라고 말했다. 현재 세계 인구 절반이 도시에 살고 있으며 2050년이면 이 비율이 거의 70퍼센트까지 증가할 것으로 예상된다.

팬데믹 기간 동안 노르웨이인들은 야외를 사랑하는 노르웨이의 성향을 폐쇄 공간에서 벗어나는 것과 동일하게 보면서 프리루프트슬리브는 노르웨이 문화에 한층 더 깊이 파고들었다. 노르웨이는 전 세계에서 가장 날씨가 나쁜 곳 중 하나라는 점에서 노르웨이인들에게 경의를 표할 만하다. 겨울철 짧은 낮 시간 동안에는 잿빛 구름이 전국을 뒤덮고, 여름철에는 주로 비가 퍼붓는다. 하지만 노르웨이인들은 "나쁜 날씨는 없어, 나쁜 옷차림만 있을 뿐"이라는 말로 기운을 북돋운다.

그렇다면 자연과 다시 관계를 맺고 야외 생활을 즐긴다는 개념인 프리루프트슬리브를 어떻게 우리 삶에 더할 수 있을까?

프리루프트슬리브와 함께 더 행복해지자!

- 도시를 벗어나 자연이 잘 보존된 지역으로 가서 처음 가보는 길을 걸어보자. 신선한 공기를 마시고 소박한 야외를 만끽하자.

- 수영을 즐기자. 기분 전환 차원에서 차가운 물에 잠시 몸을 담그는 것은 새해를 프리루프트슬리브 방식으로 시작하는 한 방법이 될 수 있다고 생각한다.
- 자연 속의 스포츠 여행 계획을 세워보자. 한 번도 본 적 없는 아름다운 풍경을 접하게 될 것이다.

스웨덴: 라곰

스웨덴은 노르웨이와 덴마크에 인접한 국가이므로 스웨덴인들은 휘게와 프리루프트슬리브에 대해 잘 알고 있고, 심지어 이 단어들을 자국어와 함께 사용하기도 한다. 스웨덴인들은 겨울철에 아늑하게 지내고 계절에 관계없이 야외에서 많은 시간을 보낸다.

다른 스칸디나비아국가들에는 없지만 스웨덴에는 있는 개념이라면 '라곰lagom'을 꼽을 수 있다. 라곰은 '딱 적당한', '너무 많지도 너무 적지도 않은', '딱 알맞은 만큼'이라고 번역할 수 있는 'lagom är bäst'라는 구절에서 유래된 말이다. 스웨덴에서는 친구에게 안부를 물으면 "라곰"이라는 대답이 돌아오곤 한다.

"날씨가 어때?"

"라곰."

"그 사람은 키가 얼마나 커?"

"라곰."

라곰은 균형 잡히고 지속 가능하면서도 즐겁게 살아가는 방식에 대한 스웨덴 문화 규범과 사회적 이상을 반영한다. 라곰을 생활에 더 하는 아이디어를 몇 가지 소개한다.

라곰와 함께 더 행복해지자!

- 잡동사니를 치우자. 주변에서 잡동사니를 없애면 생산성이 증가하고 뇌가 정보를 처리하기 쉬워진다. 잡동사니는 정신 건강과 신체 건강에도 악영향을 미친다. 연구에 따르면 어수선한 집에 사는 사람들은 스트레스 호르몬인 코르티솔 수치가 더 높다고 한다.
- 삶을 단순하게 유지하자. 물론 말은 쉬워도 실천하기는 어려운 일이다. 하지만 삶을 복잡하게 만들지 않으면 직장에서도 가정에서도 훨씬 더 많은 것을 성취할 수 있다.
- 너무 많이 먹지 말고 딱 적당하게 알맞게 먹자. 스웨덴 사람들은 통곡물과 기름기 없는 단백질(생선과 야생 동물을 많이 섭취)을 골고루 섭취하고 채소와 딸기류, 수백 년 전부터 내려오는 요구르트와 비슷한 발효 음료인 케피르를 비롯한 발효 유제품에 초점을 맞추는 다채로운 식생활을 즐긴다.

튀르키예: 케이프

유럽 대륙 남동쪽에 있는 튀르키예에는 하루 중 잠시 휴식 시간을 즐기는 습관을 가리키는 표현이 있다. 바로 '케이프keyif'다. 영어로는 '즐거움'이나 '기쁨'으로 번역되는 튀르키예어인 '케이프'는 '분주함에서 벗어나 한가하게 즐거운 순간을 만끽한다'는 뜻에 더 가깝다.

케이프는 그 순간을 음미하라고 일깨우는 개념이다. 예를 들어 튀르키예 사람들에게 케이프란 보스포루스해협(유럽과 아시아를 가르는 해협) 공원 벤치에 앉아 저녁노을을 보거나, 연락선 뱃고물에서 갈매기들에게 빵조각을 던지거나, 길모퉁이에서 집시 뮤지션들이 펼치는 거리 공연을 감상하는 것을 의미한다.

이곳의 한 관광 가이드가 들려준 말이다. "이스탄불에는 서양에는 없는 여가가 있습니다. 그게 바로 우리의 비밀인 케이프죠. 케이프의 본질은 가만히 앉아서 아무것도 하지 않는 것이에요. 사람들은 대개 하던 일을 멈추면 다른 일을 합니다. 잡지를 읽거나 이메일을 확인하거나 미래 혹은 과거에 대해 생각하죠. 하지만 케이프의 핵심은 멈춰서 그냥 그 순간을 즐기는 것입니다. 저에게 케이프란 붐비지 않는 곳에 있는 것이에요."

일행 몇몇과 멋진 풍경을 보면서 몇 시간씩 앉아 있는 것을 좋아하는 튀르키예 사람들에게서 알 수 있듯이 케이프에는 빈둥거림이 따른다. 사람에 따라서는 그렇게 흘려보낼 시간도 없고 그럴 이유도 없다고 생각할 수 있으며, 그런 생각도 일리가 있다. 하지만 직장과 가정에서 바쁘게 맡은 바 책임을 다하러 돌아가기 전에 조용한 곳에서 잠시 휴식하고 마음을 챙기는 시간을 가지며 기운을 보충하고 재충전한다는 생각도 고려할 가치가 있다. 케이프 개념에 잘 맞는 아이디어를 몇 가지 소개한다.

케이프와 함께 더 행복해지자!

- 일과 중에 친구나 배우자와 함께 주사위 게임을 하자. 집에서 일을 한다면 직소 퍼즐을 맞춰보자. 밀어닥치는 이메일로 다시 돌아가기 전에 앉은자리에서 일어나 퍼즐 몇 조각을 맞추면 뇌 건강에 좋다.
- 편안하고 고요한 환경인 튀르키예 대중목욕탕에서 온탕에 몸을 담그고 즐기거나 원적외선 사우나를 하자.
- 친구들과 야외 카페에 앉아 사람들을 구경하자.

나이지리아: 우분투

아프리카 대륙으로 옮겨가 보면 나이지리아인들은 '우분투ubuntu'라는 고대 철학에 따른다. 우분투는 '한 개인은 다른 사람들을 통해 비로소 한 인간이 된다'라고 번역되는 줄루족 관용구 'Umuntu ngumuntu ngabantu'에서 유래한 단어다. 쉽게 설명하자면 이 말은 공동체가 사회를 구성하는 기본 요소라는 뜻이다.

남아프리카공화국의 대주교이자 노벨상 수상자이며 내 어머니와 동갑인 데스몬드 투투Desmond Tutu는 "우분투는 인간다움의 본질입니다. 이는 나의 인간성이 여러분의 인간성에 얽혀 있고 떼려야 뗄 수 없는 밀접한 관계에 있다는 뜻입니다. 나는 속하기 때문에 인간입니다. 우분투는 공동체에 관한 개념입니다"라고 말했다.

투투 대주교는 '우분투'라는 개념을 서구 사회에 소개한 사람이다. 하지만 투투 대주교가 우분투를 뒷받침하는 철학을 창설한 사람은 아니다. 우분투는 2000년 동안 이어져 내려온 개념이며 부족 이주로 인해 사하라사막 이남의 모든 국가에서 우분투에 담긴 공동체 생활 의미를 찾아볼 수 있다. 우분투는 그 누구도 섬이 아니며, 좋든 나쁘든 간에 우리가 하는 모든 일은 우리 가족과 친구들, 주변 공동체에 영향을 미친다는 사실을 떠올리게 하는 개념이다. 또한 우리가 하는 선택과 우리가 다른 사람에게 미치는 영향을 두 번 생각하도록 상기시키기도 한다. 우분투는 집단 책임과 서로에 대한 존중과 사랑을 보여줌으로써 공동체의 필요를 자신보다 우선시하는 철학이다. 우분투를 우리 생활에 더하는 몇 가지 아이디어를 소개한다.

우분투와 함께 더 행복해지자!

- 지역 봉사 기구나 교회가 주최하는 '지역 봉사의 날'에 참여하자. 응급 상황실 요원들에게 줄 감사 선물 꾸러미를 만들거나 야구장을 청소하거나 싱글 맘 가정에 페인트를 칠하자.
- 친구들의 삶에 무심코 넘기기 쉬운 좋은 일이 일어났을 때 이를 축하할 방법을 찾자.
- '빨리 가고 싶으면 혼자 가고 멀리 가고 싶으면 함께 가라'라는 아프리카 속담을 마음에 새기자.

인도네시아: 가이율

기쁨을 나누고 고통을 위로하는 사람들과 함께 살아가는 삶이 어떨지 상상이 가는가? 서구 사회 독자들에게는 상상하기 힘든 개념이 겠지만, 인도네시아 공동체들은 '가이웁^{guyub}' 원칙에 따라 살아왔다. 가이웁은 더 행복하고 건강한 공동체를 이루는 인도네시아의 비밀이 라고 한다.

대체로 우분투와 비슷한 의미를 지니는 가이웁은 공동체에 속한 모든 사람이 형제자매와 같은 유대관계로 이어져 있다는 뜻이다. 가 이웁은 서로 상호 간의 관계를 맺고 강한 소속감, 연민, 서로에 대한 진심 어린 지지를 키워나가는 방법이다. 다른 사람에게 행운이 찾아 왔을 때 행복을 느끼고 자신의 존재가 다른 사람들에게 중요하다고 확신한다. 가이웁은 앞 장에서 다룬 릴레이팅 원칙 중 여러 가지를 반 영한다.

가이웁과 함께 더 행복해지자!

- 적극적 경청자가 되자. 뇌는 온 우주를 통틀어 가장 경이로운 기관이지 만 입과 귀를 동시에 사용하는 방법은 아직 알아내지 못했다. 입을 다물 고 있으면 귀가 적극적으로 들을 수 있을 것이며 주변 사람들에 대해 더 많이 배울 수 있을 것이다.

- 친절하고 적절하게 격려하는 말을 할 기회를 잡자. 우리 모두가 식사하 면서 칭찬 한마디 정도는 할 수 있다. 말 나온 김에 물어보자. 당신이 집 에서 요리하는 사람에게 마지막으로 칭찬한 때는 언제인가?

- 당신이나 자녀들이 내는 소음에 주의하자. 텔레비전 소리를 이웃들에 게 들릴 만큼 크게 틀어놓지는 않는가? 아이들이 뒷마당에서 시끄럽게 날뛰지는 않는가? 물론 즐기고 싶은 마음을 억누르고 싶지는 않겠지만

이웃이 일찍 잠자리에 든다는 사실을 안다면 주말에 늦게까지 깨어 있을 때 소리를 낮추자.

필리핀: 파키키파그캅와타오

발음하다 보면 혀가 꼬이고 마는 필리핀어 복합 명사 '파키키파그캅와타오pakikipagkapwa-tao'는 집단 조화와 통합에 가치를 두는 공동체적인 행복을 말한다. '파키키파그캅와타오'라는 마음가짐은 혼자 돋보이기보다는 사이좋게 지내자는 생각이다. 발전을 이루면 집단 전체가 혜택을 누리고 아무도 뒤처지지 않아 모두의 행복감이 증가한다.

'다른 사람들과 사이좋게 지내기'라는 뜻의 파키키파그캅와타오 정신은 필리핀인들의 정신과 가치 체계에 새겨져 있다. 그래서 필리핀에서는 여러 세대가 한 집에 살거나 서로 가까운 곳에 모여 산다. 필리핀에서는 성당 역시 공동체 유대를 위한 공공장소로서 중요한 역할을 수행한다.

팬데믹 기간 동안에 SIM인터내셔널SIM International 같은 기독교 구호 단체들은 가난한 지역사회에 쌀과 달걀, 라면, 통조림을 나눠주면서 정기적으로 활동을 펼쳤다.

필리핀에서 활동한 한 SIM 책임자는 이런 친절한 행위와 복음, 필리핀 문화 사이에서 독특한 연관성을 발견했다. "우리는 '공동 정체성'을 뜻하는 단어 '캅와kapwa'에서 온 필리핀인들의 주요 핵심 가치인 파키키파그캅와타오와 '영웅'을 뜻하는 단어 '바야니bayani'에서 온 '바

야니한^{bayanihan}(공동체 정신)'에 따라 움직였습니다. 서로에게 영웅이
되어줬죠."

생활 속에서 파키키파그캅와타오 정신을 더하고 공동체에서 바야
니가 되는 법에 관한 몇 가지 아이디어를 소개한다.

파키키파그캅와타오와 함께 더 행복해지자!

- 음식 기부 운동에 참여하자. 팬데믹 기간 동안에 실업률이 급증했고 우
  리 모두가 굶주린 가족들이 탄 자동차들이 길게 늘어선 의기소침한 모
  습을 봤다.
- 외국 땅에 사는 아이를 후원하면 불우한 환경에 처한 소년 소녀에게 동
  냥이 아니라 자립할 힘을 줄 수 있다. 월드비전^{World Vision}과 컴패션^{Compassion International}이 평판이 좋은 단체들이다.
- 국경없는의사회^{Doctors Without Borders} 같은 국제 인도주의 단체를 도울 수
  있는 방법을 알아보자.

일본: 신린요쿠

수천 년 동안 이어온 문화를 자랑하는 일본에는 '신린요쿠^{shin-rin-yoku}'라고 하는 비교적 새로운 전통이 있다. 신린요쿠는 '삼림욕' 혹
은 '삼림 공기 들이마시기'로 번역할 수 있다. 이 용어는 1980년대에
도시 생활로 인한 기력 소진을 해소하는 수단으로 등장했으며 일본
인들이 광활한 숲과 다시 친해지는 계기가 됐다. 신린요쿠는 숲을 천

천히 걸으면서 오감을 동원해 자연과 교감하는 간단한 기법이다.

신린요쿠는 새로운 개념이 아니다. 노르웨이인들이 실천하는 프리루프트슬리브와 비슷하다. 하지만 일본인들 사이에서 삼림욕은 도시 생활로 인한 스트레스를 줄이고 기분을 북돋는 단골 방식이 됐다. 깐깐한 직업윤리가 몸에 밴 도쿄 직장인들은 울창한 숲을 걸을 때 행복해진다는 사실을 알게 됐다. 신린요쿠는 일본에 깊이 뿌리내려 지금은 자격증을 갖춘 가이드가 상주하는 공인 신린요쿠 숲이 전국에 마흔네 곳 있다.

황홀하고 평화로운 에메랄드빛 풍경 속을 거니는 데 몸에 좋지 않을 이유가 어디 있겠는가. 실제로 일본의 숲 스물네 곳에서 실시한 연구에서 '숲에서 시간을 보내면 코르티솔 농도와 맥박수가 낮아지며, 혈압을 낮추고 부교감(휴식과 소화) 신경 활동을 증가시키고 교감(투쟁 도피 반응) 신경 에너지를 낮출 수 있다'라고 밝혔다.

도시에서 벗어나 푸르른 숲에 몸을 '담그고' 싶다면 다음에 소개하는 아이디어들을 참고하자.

신린요쿠와 함께 더 행복해지자!

- 다음 휴가 때 삼림욕을 할 수 있는 곳으로 가자.
- 감각을 전과 완전히 다르게 사용해보자. 걷다가 이따금씩 멈춰 서서 주변 자연을 둘러보자. 오감 중 네 가지, 즉 시각과 후각, 청각, 촉각을 활용하자. 무성한 나뭇잎이 하늘을 가린 곳이 있으면 나뭇잎 사이로 비치는 햇살에 주의를 기울여보자. 나뭇잎과 나무껍질의 무늬를 잘 살펴보자. 새들이 지저귀는 소리에도 귀를 기울이자. 비옥한 흙 내음을 맡아보자.

- 가까운 곳에 숲이 없거나 건조 기후에 살고 있다면 공원을 걸어보자. 전화기는 골칫거리와 함께 집에 두고 나가자.

하와이: 호오포노포노

세계 일주를 마치고 이제 다시 미국으로 돌아왔다. 마지막 방문지는 하와이다. 규모가 큰 섬 여덟 개와 부속도서로 이뤄진 군도인 하와이는 2020년 개인 금융 웹사이트 월릿허브 WalletHub가 미국 50개 주를 다음 세 가지 주요 관점에 따라 비교해서 선정한 '미국에서 가장 행복한 주'에 이름을 올렸다.

- 정서적, 신체적 웰빙
- 업무 환경
- 지역사회와 환경

나는 하와이에 2년 동안 살았다. 호놀룰루에 있는 트리플러 육군 병원에서 아동청소년 정신의학 연구원으로 근무했다. 멋진 무지개와 날씨, 해변, 추억이 가득한 그 시절은 내 인생에서 가장 행복했던 시기 중 한때로 꼽힌다. 하와이를 방문할 때면 비행기가 호놀룰루 국제 공항에 착륙하려고 할 때 행복의 화학물질들이 샘솟는다.

하와이는 서른 가지 기준을 조사한 연구에서도 성인 우울증 환자 수가 적고 이혼율이 낮아 최고 점수를 얻었다. 내 생각에는 하와이의 해변과 따뜻한 무역풍, 흔들리는 야자수, 웅장한 산들 역시 하와이가 높은 점수를 얻는 데 기여한 것 같다.

서양인들이 하와이에 발을 들이기 한참 전부터 하와이에 살았던 원주민 조상들에게 물려받은 전통을 이어나가는 하와이 사람들 역시 아름답다. '호오포노포노ho'oponopono'라고 하는 이 관습은 '호오ho'o(만들다)'와 '포노pono(옳고 그름)'라는 하와이 말에서 유래했다. 포노를 두 번 반복하는 이유는 '시시비비'처럼 강조하기 위함이고, 자기 자신과 타인 모두에게 적용된다.

하와이어 사전에는 호오포노포노가 '정신적 정화. 기도, 토론, 고백, 회개, 상호 보상과 용서로 관계를 바로잡는 가족회의'라는 뜻이라고 나온다. 고대 하와이 사람들은 실수나 죄, 분노가 신체 질병을 일으킨다고 믿었다. 이를 치료하는 방법은 '용서'라고 정했다.

호오포노포노와 함께 더 행복해지자!

- 누군가에게 용서를 구해야 하거나 누군가를 용서해야 하는지 스스로에게 물어보자. 만약 그렇다면 '호오포노포노 기도'라고 하는 다음 네 구절에 따라 이뤄지는 호오포노포노식 용서를 실천해보자.

"사랑합니다."

"미안합니다."

"용서해주세요."

"고맙습니다."

- 짧고 간단한 기도이지만 얼굴을 맞대고 말하기란 어려울 수도 있다. 그래도 시도해보자.

- 호오포노포노 기도를 종이에 적어 매일 보는 장소에 붙이자. 그 종이를 보면서 자기 자신과 타인을 용서하는 것이 치유를 돕는 방법임을 떠올리도록 하자.
- 호오포노포노를 좀 더 간단하게 실천하는 방법은 '풀 오하나pule 'ohana'라고 하는 가족회의를 하는 것이다. 이는 우리 집에서 저녁 식사 시간에 온 가족이 모여 그날 무엇이 잘 풀렸는지 이야기하듯이 가족이 모여 그날 하루를 되돌아보는 시간이다.

세계 일주를 끝내며

세계 곳곳의 행복 수준을 살펴보면서 이탈리아인과 그 뒤를 잇는 그리스인의 행복에도 주목했다. 나는 예전부터 그들이 행복한 이유가 햇볕이 내리쬐는 기후에 살면서 흡수하는 비타민 D 덕분이 아닐지 궁금했다. 태양이 방출하는 자외선으로 인체가 만들어내는 비타민 D는 기분과 인지 기능, 소화에 중요한 역할을 하므로 '행복 호르몬'이라고 불린다.

또한 지중해 국가들은 생선을 많이 소비한다. 사이러스 라지Cyrus Raji 박사는 생선 소비 연구를 이끄는 수석 연구원이었다. 그는 「애틀랜틱」에 "일주일에 딱 한 번이라도 생선을 먹은 사람은 그리 자주 생선을 먹지 않는 사람보다 해마(기억 및 학습 중추)가 14퍼센트 더 큽니다"라고 말했다.

세계에서 가장 행복한 사람들에 속하는 스칸디나비아 국가 국민들은 생선을 많이 먹을 뿐 아니라 햇빛이 부족해 비타민 D가 잘 흡수되지 않는 겨울철에는 특히 대구 간유를 아주 많이 섭취한다.

행복한 국민들과 관련해서 한 국가를 더 언급하고 싶다. 바로 국민의 행복을 진지하게 고민하는 부탄이다. 인도와 네팔, 중국 사이에 자리 잡은 이 멀고 작고 신비로운 불교 왕국은 경제 성장보다 국민의 행복을 더 우선시해왔다. 부탄인들은 국민 총생산에 초점을 맞추는 대신 2008년 헌법에 '국민총행복지수Gross National Happiness Index'라는 개념을 새겨 넣었다.

실제로 부탄에서는 국민의 웰빙 수준을 높이지 않는 한 그 어떤 법도 통과시킬 수 없다. 국가 인구 조사를 실시할 때 모든 부탄 국민에게 '당신은 행복합니까?'라고 묻는다. 이런 부탄의 방식이 알려지기 시작하면서 캐나다, 프랑스, 영국 같은 국가들도 공식 통계에 국민행복지수를 넣기 시작했다.

부탄인들이 행복 지수 개념을 만들면서 2011년에는 국제연합UN이 부탄의 수도 팀부에서 회의를 개최했다. 이 회의에서 국제연합 대표단은 각국 정부를 초청해 '사회·경제적 발전을 달성하는 측정하는 방식을 결정할 때 행복과 웰빙을 좀 더 중시'하도록 촉구했다. 그 결과 2012년에 국제연합 의뢰로 갤럽이 실시한 최초의 「세계 행복 보고서」가 발간됐다. 이 보고서에서는 다음과 같은 주요 변수 여섯 가지로 국가의 행복 수준을 측정했다.

1. 1인당 GDP
2. 건강 기대 수명

3. 사회적 지지

4. 선택의 자유

5. 관용

6. 부패 인식

지난 10년 동안 네 국가가 1위를 차지했다. 덴마크가 2012년, 2013년, 2016년, 스위스가 2015년, 노르웨이가 2017년, 핀란드가 2018년, 2019년, 2020년에 1위였다. 휘게와 프리루프트슬리브는 확실히 효과가 있는 모양이다.

당신의 행복은 영속적이어야 한다

지속적으로 행복하려면 오랜 시간 동안 반복해서 올바른 결정을 내려 좋은 기분을 느끼는 신경 경로를 구축해야 한다. 이는 건강 유지와 마찬가지로 매일 꾸준히 노력해야 하는 일이다. 치료를 시작했다가도 한두 번 만에 그만두는 환자들이 있다. 그들은 "저한테는 이 치료가 효과가 없어요"라고 말한다. 이는 건강에 좋지 않은 결정을 수천 번 내린 끝에 20킬로그램 넘게 감량해야 하는 사람이 월요일 점심 식사로 건강에 좋은 샐러드를 먹은 다음 금요일이 되면 4킬로그램이 빠졌을 것이라고 기대하는 것과 같다. 건강과 마찬가지로 행복에도 시간이 걸린다. 행복은 행복으로 가는 비밀 일곱 가지를 토대로 삶의 네 영역 안에서 실현된다.

행복은 노력해야 얻을 수 있다. 로라 클레리와 스티븐 힐턴은 그렇게 하고 있다. 2021년 7월에 추후 경과를 확인하고자 연락했을 때 이 두 인플루언서는 몰라볼 정도로 좋아졌다고 말했다. 스티븐은 우울증이 사라졌다고 했다고, 로라는 슬픔과 호르몬성 감정 기복, 둘째 아이 퍼넬러피가 태어난 이후로 겪고 있었던 산후 우울증에서 벗어나고 있다고 했다.

로라는 덧붙여 말했다. "보충제 효과를 실감하고 있어요. 비건 오메가-3와 해피 사프란, 출산 후 영양보충제들을 먹은 지 3주 만에 훨씬 더 기분이 좋아지기 시작했어요."

두 사람의 관계도 원만해지고 더 끈끈해졌으며 덕분에 둘 다 더 행복해졌다. 이 두 사람이 한바탕 말싸움을 벌였던 원인이 무엇이었는지 기억하는가? 로라는 스티븐이 잠잘 시간에 침실로 달려와 일 관련 이야기를 신나서 떠들어대는 바람에 짜증이 났다. 로라가 바쁜 하루를 보낸 끝에 긴장을 풀고 휴식하면서 분주한 마음을 가라앉히고 싶을 때였다. 그 문제는 대체로 해결됐다.

"놀랄 만큼 달라졌어요. 스티븐은 요즘도 가끔 떠오른 생각을 들려주고 싶어 안달 난 마음에 침실로 들어오곤 해요. 하지만 곧 멈추고 '신경 쓰지 마'라고 말하고는 다음 날까지 기다린답니다."

연습하고 매일 노력을 기울인 덕분에 두 사람은 함께 더 행복해지고 있다.

매일 행복으로 가는 비밀 일곱 가지를 적용하고 관련 질문을 생각하면 기분이 좋아지는 신경 경로를 강화하는 동시에 기분이 나빠지는 신경 경로를 줄이게 된다. 당신도 할 수 있다. 내가 소개한 내용 중 복잡하거나 어려운 일은 하나도 없다. 간단한 질문 일곱 가지를 스스로에게 물어보면서 행복으로 가는 간단한 비밀 일곱 가지를 떠올리며 최선의 결정을 내리면 된다.

비밀 1: 자신의 뇌 유형을 알자.

질문 1: 내가 행복해지는 고유한 요인에 초점을 맞추고 있는가?

비밀 2: 뇌의 물리적 기능을 최적화하자.

질문 2: 이것은 뇌에 이로운가, 아니면 해로운가?

비밀 3: 자기 뇌에 맞는 영양분을 공급하자.

질문 3: 나는 내 뇌에 필요한 영양분을 공급하고 있는가?

비밀 4: 내 사랑에 보답할 음식을 고르자.

질문 4: 오늘 나는 내 사랑에 보답할 음식을 골랐는가?

비밀 5: 마음을 다스리고 머릿속을 맴도는 소음과 심리적 거리를 두자.

질문 5: 그 생각은 진실인가? 오늘은 어떤 일이 잘 풀렸나?

비밀 6: 다른 사람을 볼 때 마음에 들지 않는 점보다 마음에 드는 점에 더 주목하자.

질문 6: 오늘 내가 이끌어낸 그의 행동은 내가 좋아하는 행동인가, 싫어하는 행동인가?

비밀 7: 명확하게 규정한 가치와 목적, 목표를 바탕으로 하루하루 살아나가자.

질문 7: 그것이 잘 들어맞는가? 오늘 내가 한 행동이 내 삶의 목표에 부합하는가?

이 비밀과 질문들을 매일 보는 곳에 붙여두자. 기분이 처지거나 불행이 마음속으로 파고들기 시작하면 질문들을 바탕으로 어떻게 하면 기분이 좋아질지 생각해보자.

당신이 내리는 결정의 질보다 당신의 건강과 행복을 더 크게 좌우하는 요소는 없다. 결정의 질은 뇌의 물리적 건강 상태를 직접적으로 반영한다. 신경과학에 따르면 우리는 다음과 같은 경우에 더욱 바람직한 결정을 내릴 수 있다.

1. **자기가 무엇을 원하는지 알 때:** 따라서 자기에게 중요한 가치와 목적, 목표(한 장의 기적)를 꼭 파악해야 한다.

2. **혈당 균형이 잡혔을 때:** 저혈당은 뇌, 특히 앞이마겉질로 가는 혈류 저하를 유발해 나쁜 결정을 내리기 쉽게 한다. 식사를 거르거나 술을 마시거나 젤리도넛을 먹는(당장은 혈당이 급증하지만 30분 뒤면 급격히 혈당이 떨어진다) 선택은 혈당 불균형을 일으키는 결정이다.

3. **스트레스를 관리할 때:** 시상하부는 신체의 스트레스 스위치를 켜거나 끄는 역할을 맡고 있다. 스트레스 스위치가 켜지면 사람들은 화를 벌컥 내거나 신경이 과민해지거나 감정이 마비된다. 기도, 명상, 의료 최면, 호흡에 집중하기, 산책, 창조적인 일(요리, 그림 그리기, 정원 가꾸기) 등 당신이 가장 좋아하는 스트레스 관리 기법을 실천하면서 스트레스에 대응하자.

4. **운동할 때:** 웨스턴오스트레일리아대학교 연구원들이 실시한 연구에 따르면 매일 아침 30분 동안 적절한 강도의 유산소운동을 한 참가자들은 온종일 바람직한 의사 결정과 관련된 인지 기능에 향상을 나타냈다.

가장 큰 문제는 우리가 너무 많이 앉으려 하고, 그 어느 때보다도 앉아 있는 시간이 길다는 점이다. 미국인 51,896명을 15년에 걸쳐 추적한 전국 규모 연구에서 넷플릭스, 스트리밍 비디오 게임, 소셜 미디어 포스팅, 드라마 몰아보기 시대를 살아가는 현대 20세 이상 성인들이 하루에 6.4시간을 앉아서 보낸다는 결과가 나왔다. 10대들은 앉아 있는 시간이 더 길어서 하루에 8.2시간을 앉아 있다. 각 연령대에 속한 사람들은 아이폰이 출시된 해인 2007년보다 앉아 있는 시간이 대체로 한 시간 더 늘었다. 운동을 하면 수면의 질이 높아지고 기억력이 또렷해지며 자기 긍정감이 높아진다.

5. **자기 결정을 보호했을 때:** 여러 약물 치료 프로그램에서 갈망을 줄이고 환자들이 좀 더 바람직한 결정을 내리도록 돕고자 'HALT'라는 머리글자를 사용한다. 이는 지나치게 배고프거나hungry, 화를 내거나angry, 외롭거나lonely, 피곤해지는tired 경우가 없도록 상기시켜주는 역할을 한다. 배고픔은 혈당이 낮을 때 느끼게 된다. 혈당이 낮으면 앞이마겉질로 가는 혈류가 부족해져서 나쁜 결정을 더 많이 내리게 된다. 분노 또한 앞이마겉질 기능을 저하시킨다. 외로움은 다른 사람들과 단절됐다는 느낌을 증가시킨다. 피로는 의사 결정 능력과 뇌의 갈망 조절 능력을 손상시키는 네 번째 요인이다. 수면은 바람직하고 현명한 의사 결정에 필수적이다.

분노 대신에 호기심을 키우자

나는 환자들이 첫 번째 진단 과정을 마치고 진료실에서 나가기 직전에, 화이트보드에 다음과 같은 도표를 그린다.

사람들의 변화 패턴

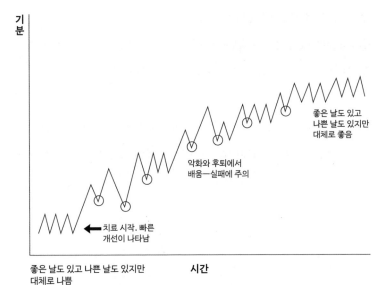

그리고 이렇게 말한다. "환자로 저를 찾아오는 사람들은 좋은 날도 있고 나쁜 날도 있지만 대체로 나쁜 날이 더 많습니다. 그러다가 그 상태를 바꾸려고 우리가 함께 노력하면 상태가 좋아지죠. 전 그게 너무 좋아요. 제가 시키는 대로 하면 훨씬 더 좋아질 가능성이 높습니다. 하지만 그냥 좋아지기만 하는 사람은 없어요. 일직선으로 상태가 좋아지지는 않습니다. 우여곡절이 있게 마련이죠. 상태가 나빠졌다고 해서 낙담하지 마세요. 그런 후퇴에서 배우고, 이를 연구하고 어떤 일이 일어났는지 찬찬히 살펴봅시다. 그렇게 하면 나쁜 날들을 좋은 데이터로 바꿀 수 있고, 앞으로 나쁜 날들이 일어날 가능성을 줄일 수 있어요. 식단이 좋지 않았을 수도 있고, 머릿속에 떠오른 부정적 생각

을 믿었을 수도 있고, 사랑하는 사람과 의견이 맞지 않았을 수도 있겠죠. 시간이 흐르고 이런 나쁜 날들에서 배운다면 이를 예방하는 전략을 세울 수 있습니다. 우리는 '안정성 향상'과 '행복 증가'라는 목표에 도달하도록 언제나 학습 모드를 유지할 것입니다."

지속적인 행복이란 우리가 일상에서 내리는 결정에 의해 단계별로 일어나는 단순한 과정이다. 또한 지속적인 행복을 찾아 나서기에 늦은 때란 없다.

낸시가 보여준 지속적인 행복으로 가는 길

낸시는 영국 옥스퍼드에서 우리 클리닉을 방문했다. 그녀는 80세였을 때 중고 서점에서 50센트 정도를 내고 나의 책 『그것은 뇌다』를 한 권 샀다.

그는 말했다. "책을 사 와서 1, 2년 정도는 그냥 방치했지만 일단 읽기 시작하니 내려놓을 수가 없었습니다. 지금까지 읽은 책 중에 가장 흥미진진하고 놀라운 내용이었거든요. 그때까지 저는 늘 비만이었고 기분이 저조할 때가 많은 우울증 성향이었어요. 의욕도 없고 활기도 없고 관절염에 시달렸죠. 그러다가 내가 쉽게 바꿀 수 있는 것들이 무엇인지부터 생각하기 시작했어요. 그러고는 책에서 추천한 내용들을 조금씩 더해나갔죠."

먼저 낸시는 뇌 건강 평가를 받았고 자신이 예민한 뇌 유형에 속해서 우울증에 걸리기 쉽다는 사실을 알게 됐다. 사프란 보충제를 섭취하고 라벤더 향기를 맡으니 기분이 좋아졌다.

두 번째로 수분 공급이 뇌 건강과 에너지에 중요하다는 사실을 알고 물을 더 많이 마시기 시작했다. 자기가 온종일 했던 일이 뇌에 좋은지 나쁜지 따져보기 시작했다. 에너지 수준이 높아지면서 걷기, 춤추기, 탁구 등 운동을 더 많이 하기 시작했고, 그러자 기분이 더 좋아졌다. 뇌를 위해서 새로운 학습도 시작했다. 프랑스어(다른 두 언어도 함께)와 기타를 배우기 시작했다.

세 번째로 멀티비타민과 오메가-3 지방산, 비타민 D(검사 결과 수치가 낮았다), 은행잎 추출물, 아세틸-엘-카르니틴acetyl-l-carnitine, 포스파티딜세린을 매일 챙겨 먹기 시작했다. 낸시는 "보충제로 큰 효과를 봤어요. 식물에 물을 주듯이 매일 뇌에 영양을 공급하는 기분이 들었어요"라고 말했다.

이런 진전에 의욕을 느낀 낸시는 네 번째로 3장에 소개한 더 행복해지는 식단에 따라 식사법을 바꿨다. "먼저 좋은 음식을 먹기 시작해서 좋지 않은 음식을 먹고 싶은 갈망을 없앴습니다. 쓰레기(나쁜 음식)가 들어갈 공간이 줄어들었죠."

낸시는 자기가 사랑하는 음식이 그 사랑에 보답하는지 자주 자문하곤 했다.

다섯 번째로 낸시는 머릿속에 떠오르는 생각들을 낱낱이 믿지 않기로 했다. ANTs를 적고 좀 더 건강한 마음으로 보니 금방 그 생각들을 떨쳐버릴 수 있었다. 또한 매일 "오늘은 멋진 날이 될 거야"라고 말하면서 시작하고 "오늘은 어떤 일이 잘 풀렸지?"라고 묻는 보물찾기로 하루를 마무리했다.

여섯 번째로 낸시는 사랑하는 사람들에게서 마음에 들지 않는 점보다 마음에 드는 점을 더 많이 찾아냈고, 이런 변화를 본 가족들도 뇌 건강에 관심을 갖기 시작했다. 살을 빼고 우울증을 떨쳐낸 엄마의 모습을 본 자녀들은 그녀가 무엇을 하고 있는지에 관심을 기울이기 시작했다. 이렇게 긍정적인 방식으로 낸시는 가족들에게 자신의 뇌와 행복을 돌보는 방법을 보여줬다.

마지막으로 낸시는 자신의 가치와 목적, 목표를 기준으로 자기가 하는 행동과 생각이 영원한 가치가 있는지 끊임없이 자문했다.

그는 말했다. "제가 아이들을 위해서 할 수 있는 최고의 일은 가능한 한 오랫동안 건강을 유지하는 거예요. 내 삶의 이 시점에 이토록 행복하고 즐겁게 지낼 수 있으리라고는 상상도 해본 적이 없어요. 인생이 완전히 바뀌었어요. 에너지, 기분, 기억력이 놀랍도록 좋아졌고 아픈 곳도 없답니다."

낸시는 자기 자신에게 주는 여든세 번째 생일 선물로 에이멘 클리닉을 방문해 뇌 스캔을 받기 위해 돈을 모았다고 했다. 낸시와 이야기를 나누면서 나는 눈물이 핑 돌기 시작했다. 낸시는 내가 내 일을 하는 이유 그 자체다. 그는 무척이나 상냥하고 고마워했으며 유머 감각도 뛰어났다. 그녀는 몸무게가 5스톤 줄었다고 말했다.

나는 "그게 얼마예요?"라고 물었다.

"32킬로그램이요. 칼로리 계치도 하지 않고 제가 원하는 것을 못하지도 않으면서 뺐죠. 예전에는 이랬어요(얼굴을 복어처럼 부풀렸다). 지금은 그렇지 않죠. 저는 소파에서 멀어졌고 근 40년 중 그 어느 때보다도 기분이 좋아요."

아래는 전형적인 80~90대에 속한 사람들의 뇌 스캔 영상이다. 나이를 먹을수록 우리 뇌는 점점 활기를 잃는다.

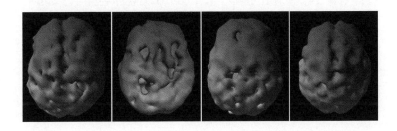

하지만 낸시의 스캔은 40대의 뇌처럼 보였다! 낸시의 뇌는 건강하고 튼튼했다. 스캔을 본 낸시는 울음을 터뜨렸다. 1년 전만 해도 그런 모습이 아니었을 것을 아는 낸시는 무척이나 행복해했다. 낸시는 행복의 궤도와 남은 인생의 궤도를 바꿨다. 당신도 바꿀 수 있다. 지금의 뇌 상태에 실망하지 않아도 된다. 몇 살에 시작하든, 뇌는 더 좋아질 수 있다.

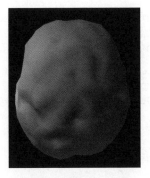

낸시의 뇌 표면 SPECT 스캔

낸시가 성공할 수 있었던 주된 이유는 바람직한 결정을 내리는 데 집요할 정도로 진지했다는 데 있었다. 그녀는 박탈감을 느끼거나 새로운 삶의 방식이 힘들다고 느끼지 않았다. 온종일 소파에서 뒹구는 것이 힘들었다. 우울한 상태가 힘들었다. 고립감과 혼자라는 느낌이 힘들었다. 그래서 성공과 행복에 박차를 가할 생활 습관을 길렀다.

낸시는 자기 삶을 책임지기 시작하기에 결코 늦은 때란 없음을 보여준다. 이제는 당신이 자신의 행복을 책임질 차례다. 당신도 행복으로 가는 비밀을 모두 손에 넣었다.

내 아내가 제일 좋아하는 단어 중 하나가 '책임감'인 이유를 들려주고자 한다. 아내에게 책임감은 모든 것을 바꿔놓은 단어였다. 20대 당시 암과 우울증을 치료하는 중이었던 아내는 삼촌이 진행하던 동기부여 세미나에 참여했다. 아내의 삼촌은 헤로인 중독자였지만 인생을 바꿀 수 있었다. 세미나에게 자기 연민에 빠진 아내를 본 그는 "넌 얼마나 많은 책임을 질 의향이 있니?"라고 물었다.

깜짝 놀란 아내는 "암에 걸린 건 제 책임이 아니에요"라고 말했다.

그는 말했다. "네 탓이라는 말이 아니야. 책임은 탓이 아니야. 책임이란 대응하는 능력이지. 50퍼센트를 책임지고 싶어? 그렇다면 결과를 바꿀 확률도 50퍼센트가 될 거야. 100퍼센트를 책임지고 싶니? 그렇지 않으면 네가 아닌 다른 누군가가 좌지우지할 거야."

아내는 "저는 100퍼센트 대응하는 능력을 갖고 싶어요"라고 대답했다. 이 순간 아내는 깨달음을 얻었다. 그때부터 곧장 아내는 자신이 내리는 결정에 책임을 지기 시작했다.

이제 당신 앞에도 같은 선택지가 놓여 있다. 당신은 당신의 행복을 50퍼센트 책임지고 싶은가, 아니면 100퍼센트 책임지고 싶은가? 결과를 얼마나 장악하고 좌우하고 싶은가?

당신이 책임을 지고 오늘 당신의 행복을 바꾸기 시작한다면, 당신의 미래는 물론 당신이 사랑하는 사람들의 미래도 바꿀 수 있다.

옮긴이 이은경

연세대학교에서 영어영문학과 심리학을 공부했다. 식품의약품안전처에서 영문에디터로 근무하며 바른번역 아카데미를 수료한 후 현재 바른번역 소속 번역가로 활동하고 있다. 『히든 스토리』, 『너의 마음에게』, 『매일 매일의 역사』, 『진정한 나로 살아갈 용기』, 『석세스 에이징』, 『인생을 바꾸는 생각들』, 『불평등 트라우마』, 『아무것도 하지 않는 하루 15분의 기적』, 『우리는 어떻게 마음을 움직이는가』, 『기후변화의 심리학』, 『슬픈 불멸주의자』, 『긍정의 재발견』, 『나와 마주서는 용기』 등을 번역했다.

마음이 아니라 뇌가 불안한 겁니다

초판 1쇄 발행 2023년 7월 26일
초판 5쇄 발행 2023년 10월 13일

지은이 다니엘 G. 에이멘
옮긴이 이은경
펴낸이 이승현

출판1 본부장 한수미
라이프 팀
편집 곽지희
디자인 김준영

펴낸곳 ㈜위즈덤하우스   **출판등록** 2000년 5월 23일 제13-1071호
주소 서울특별시 마포구 양화로 19 합정오피스빌딩 17층
전화 02) 2179-5600   **홈페이지** www.wisdomhouse.co.kr

ISBN 979-11-6812-674-9 03180